Ani Schulze

Hang in There, Baby

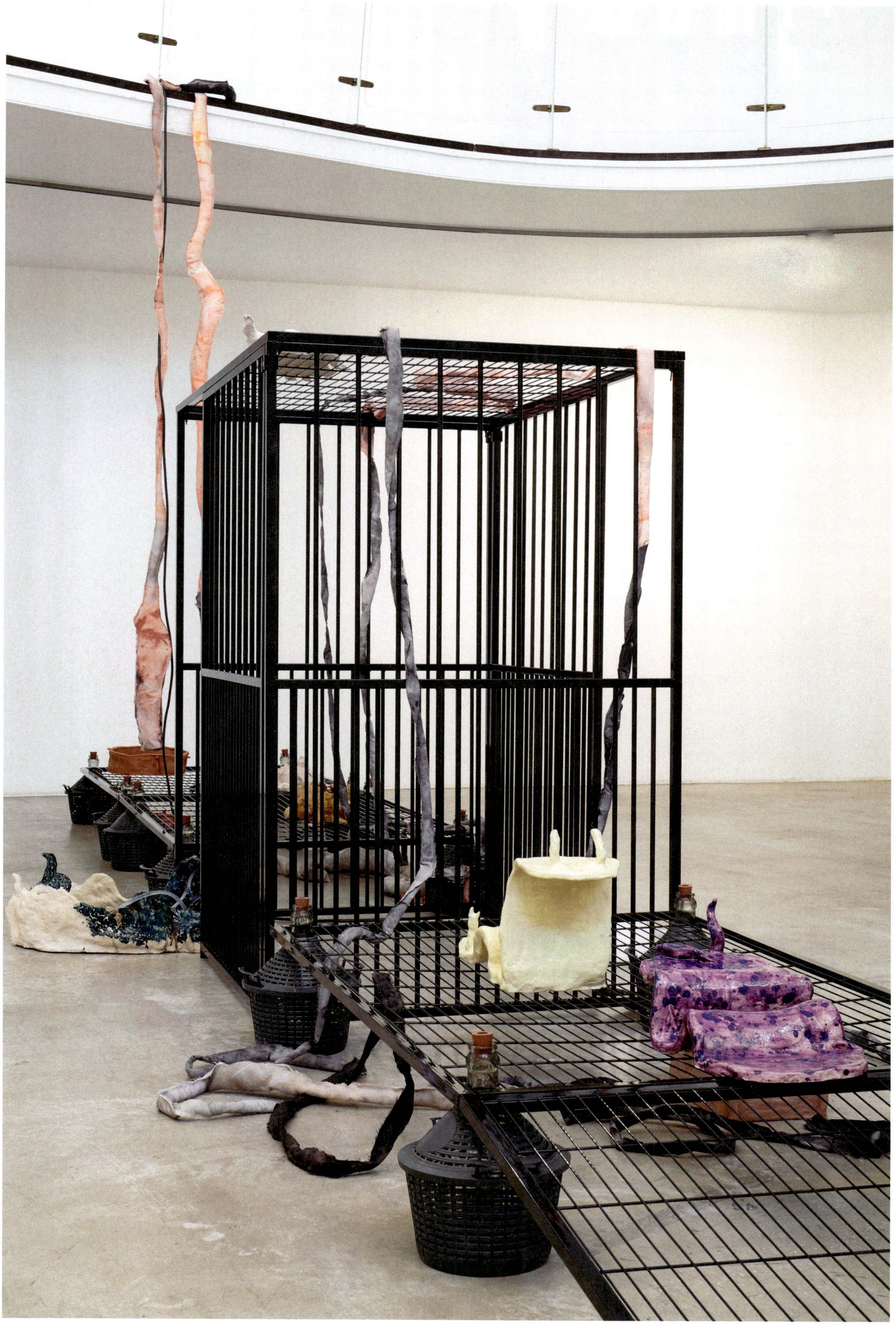

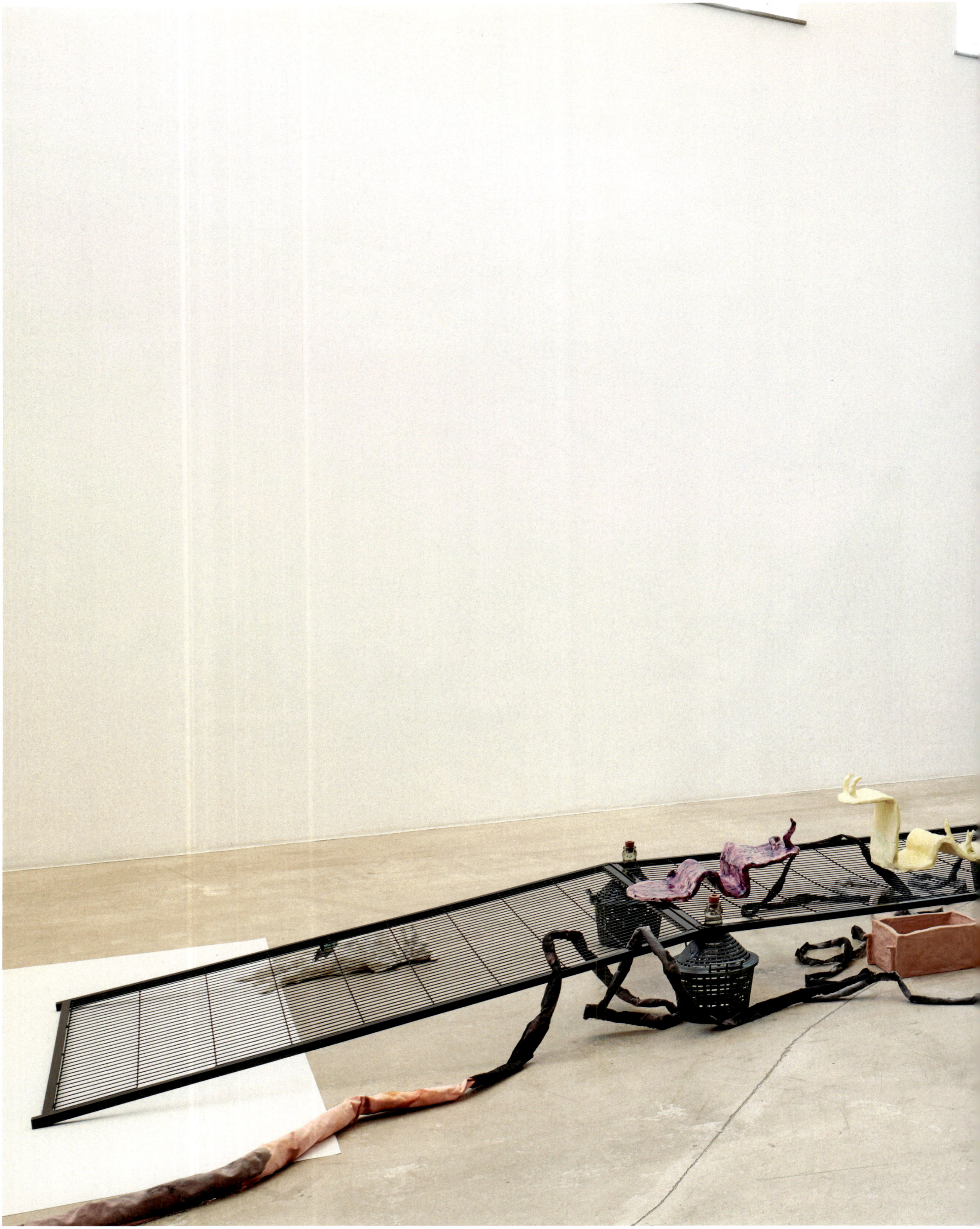

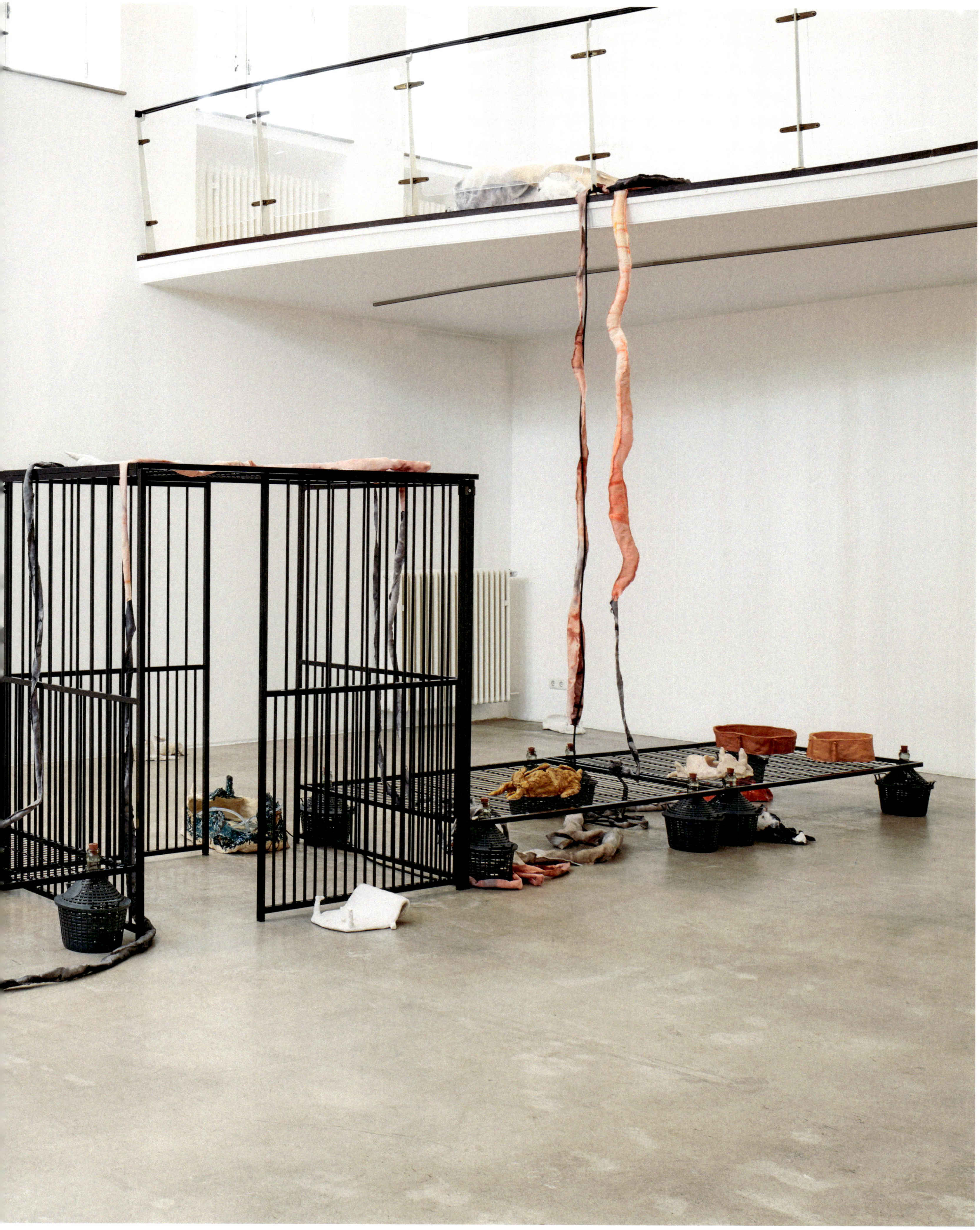

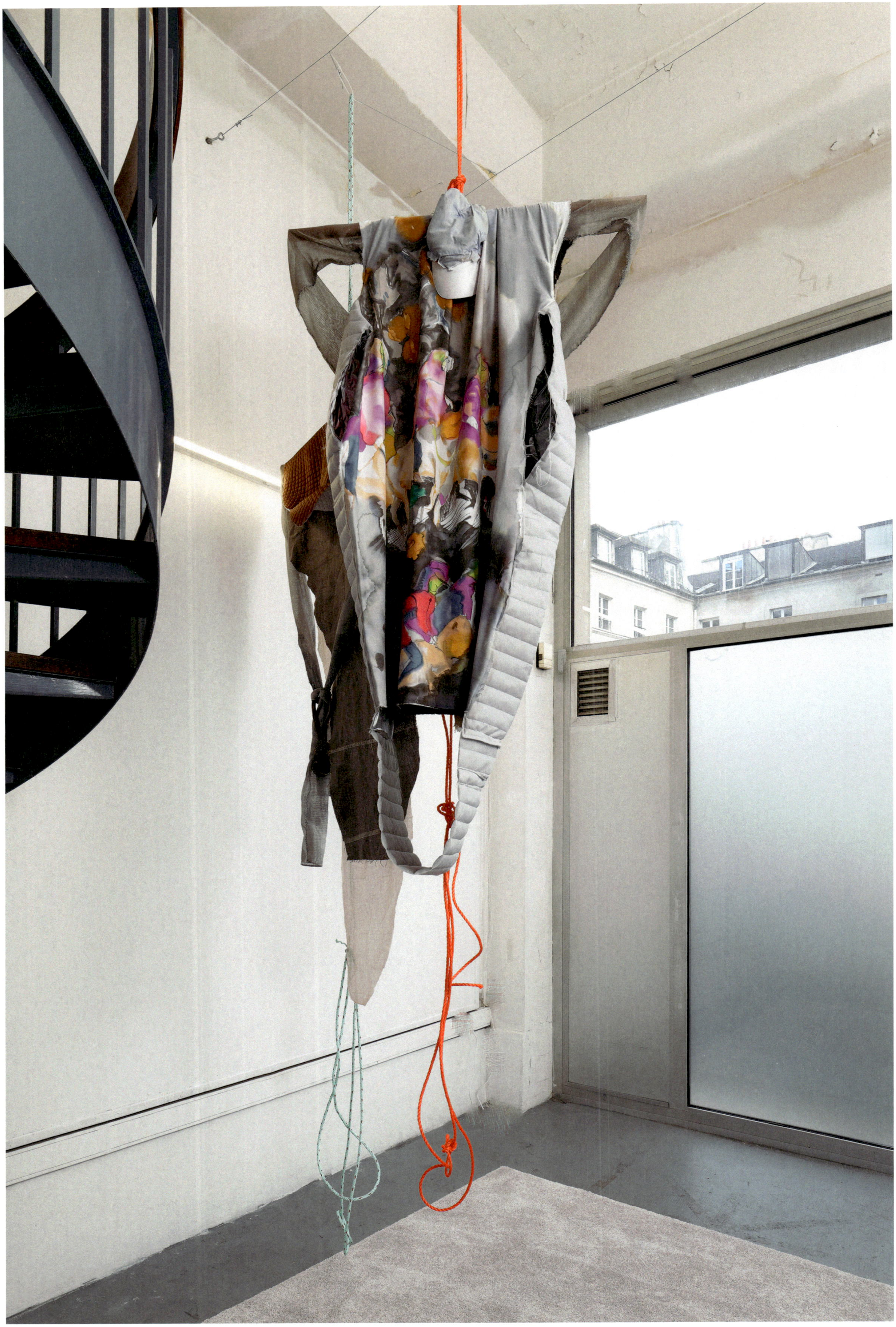

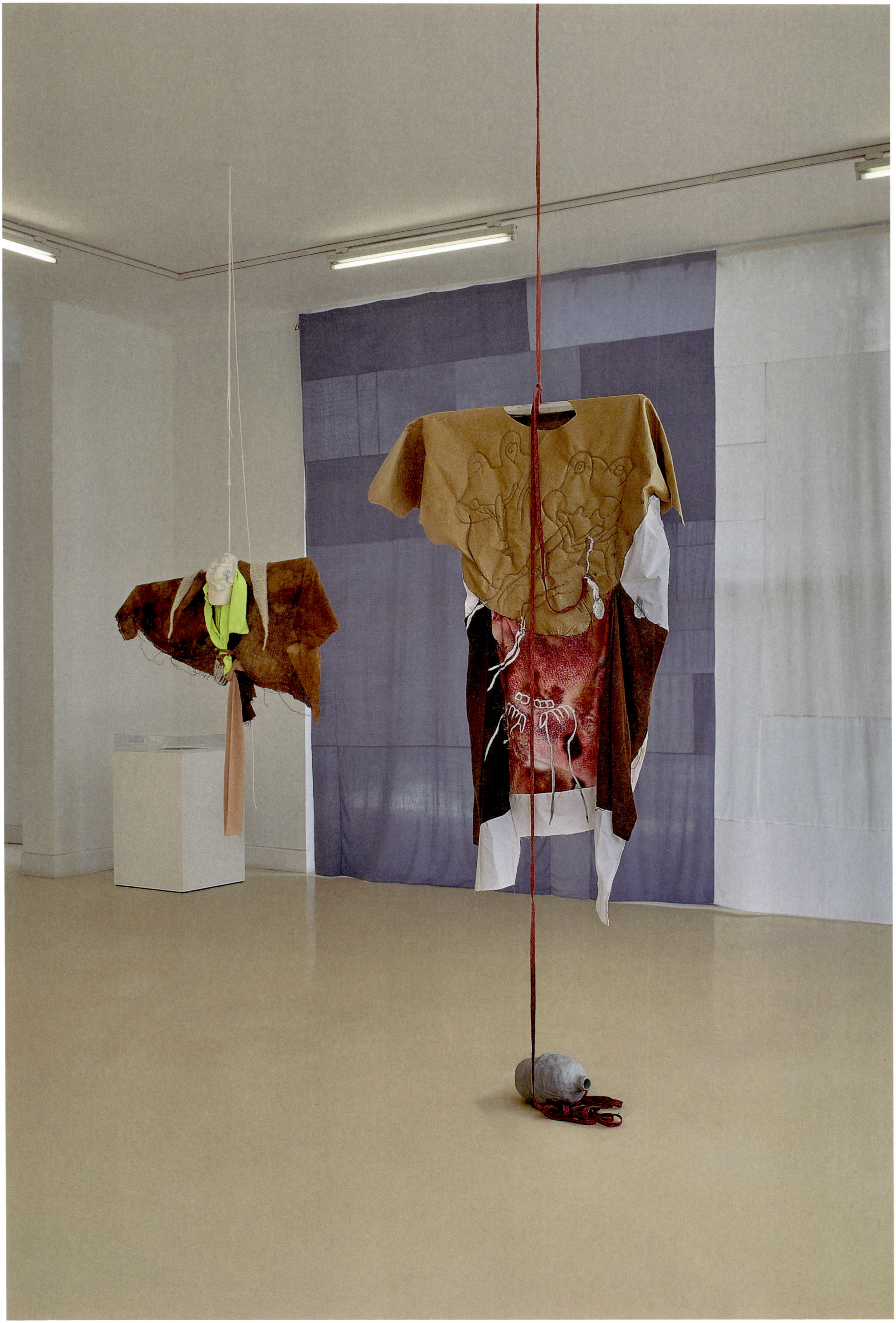

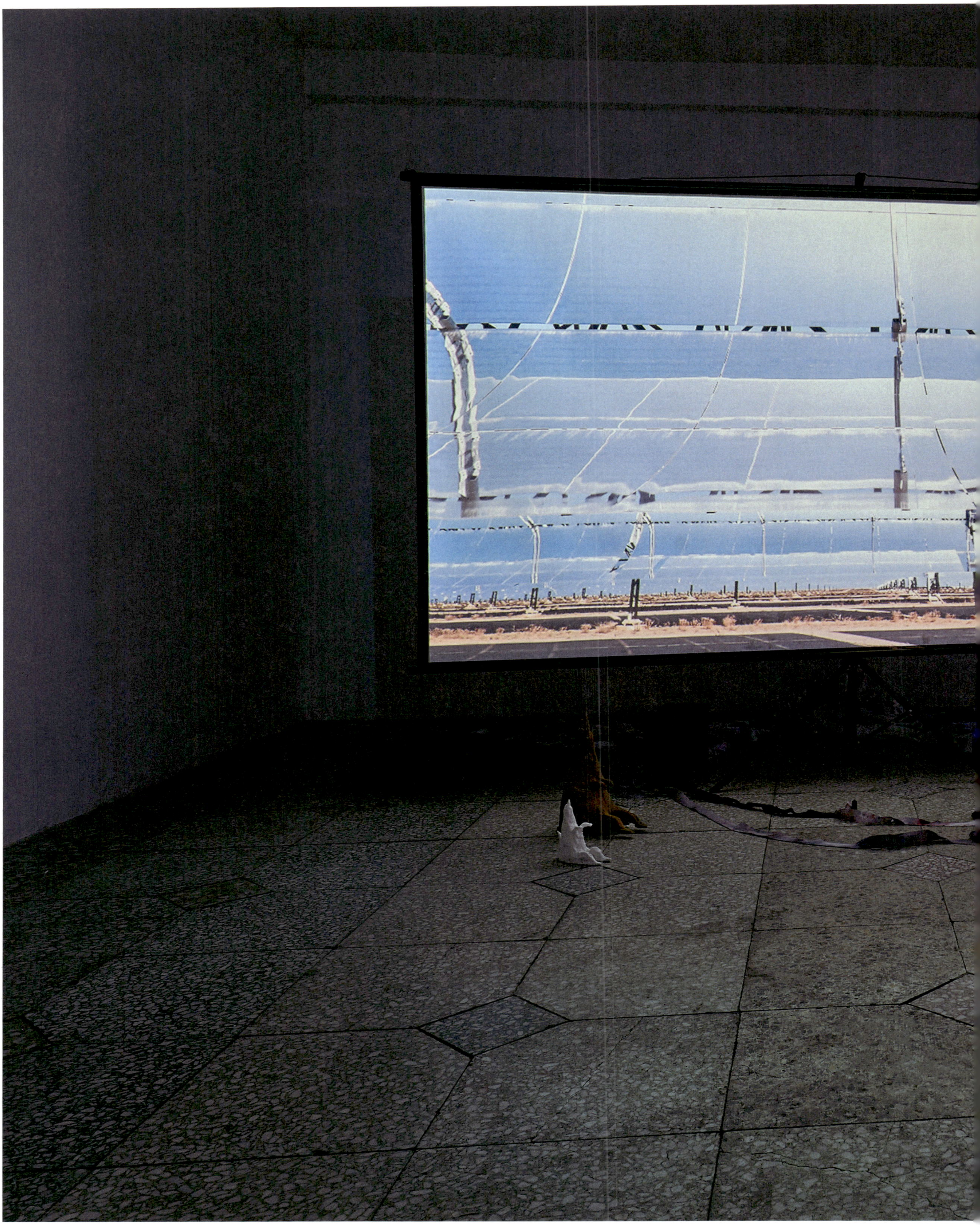

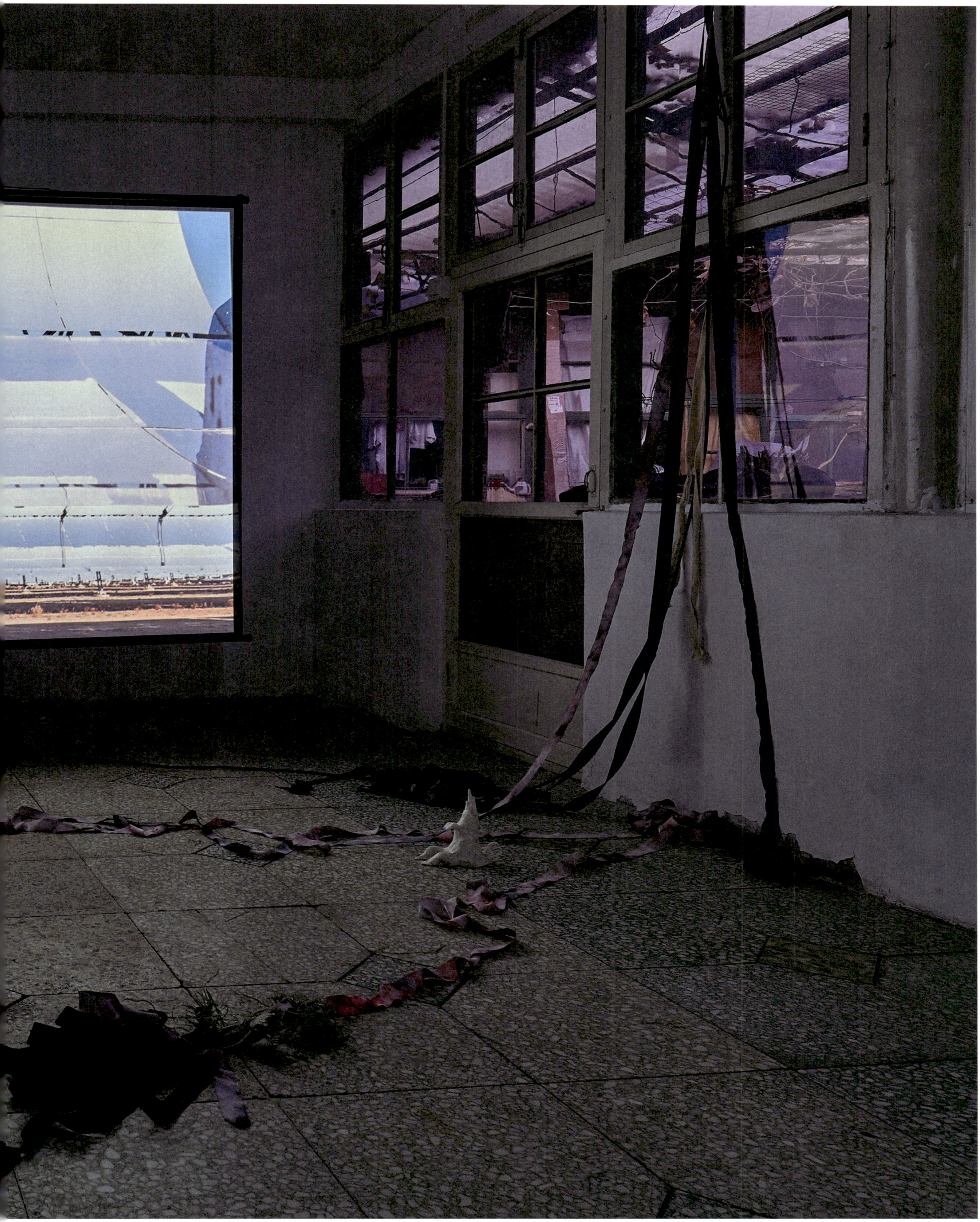

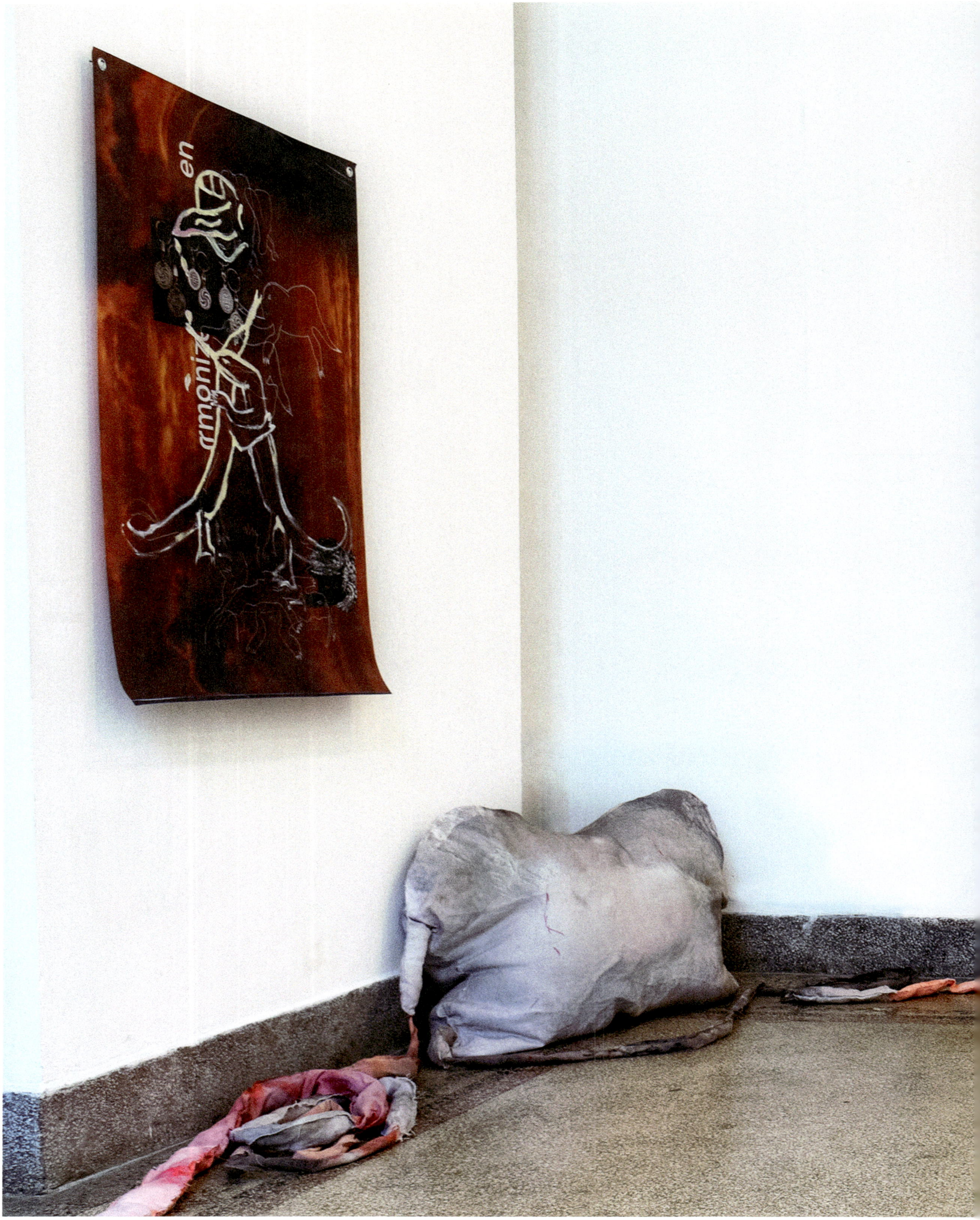

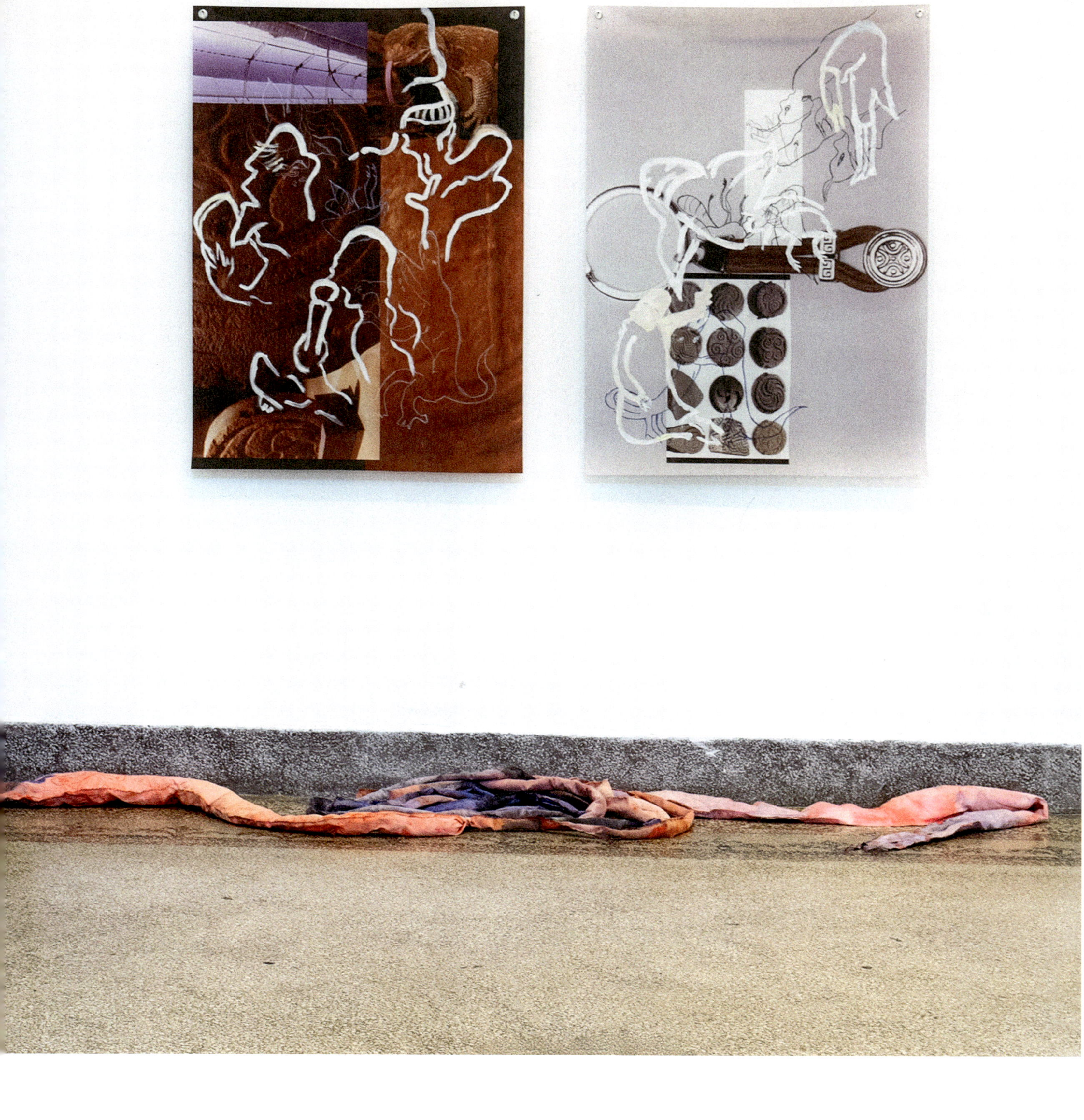

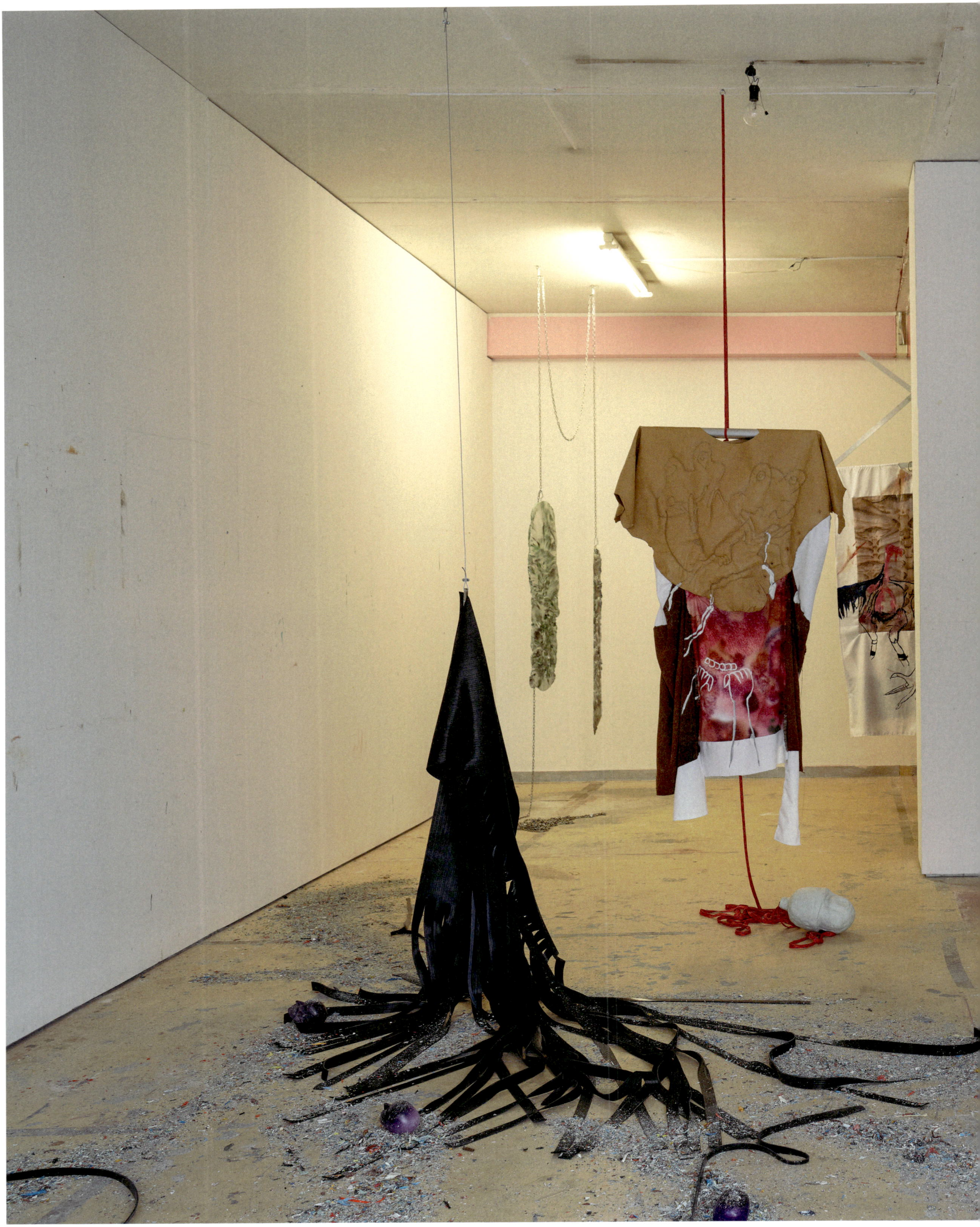

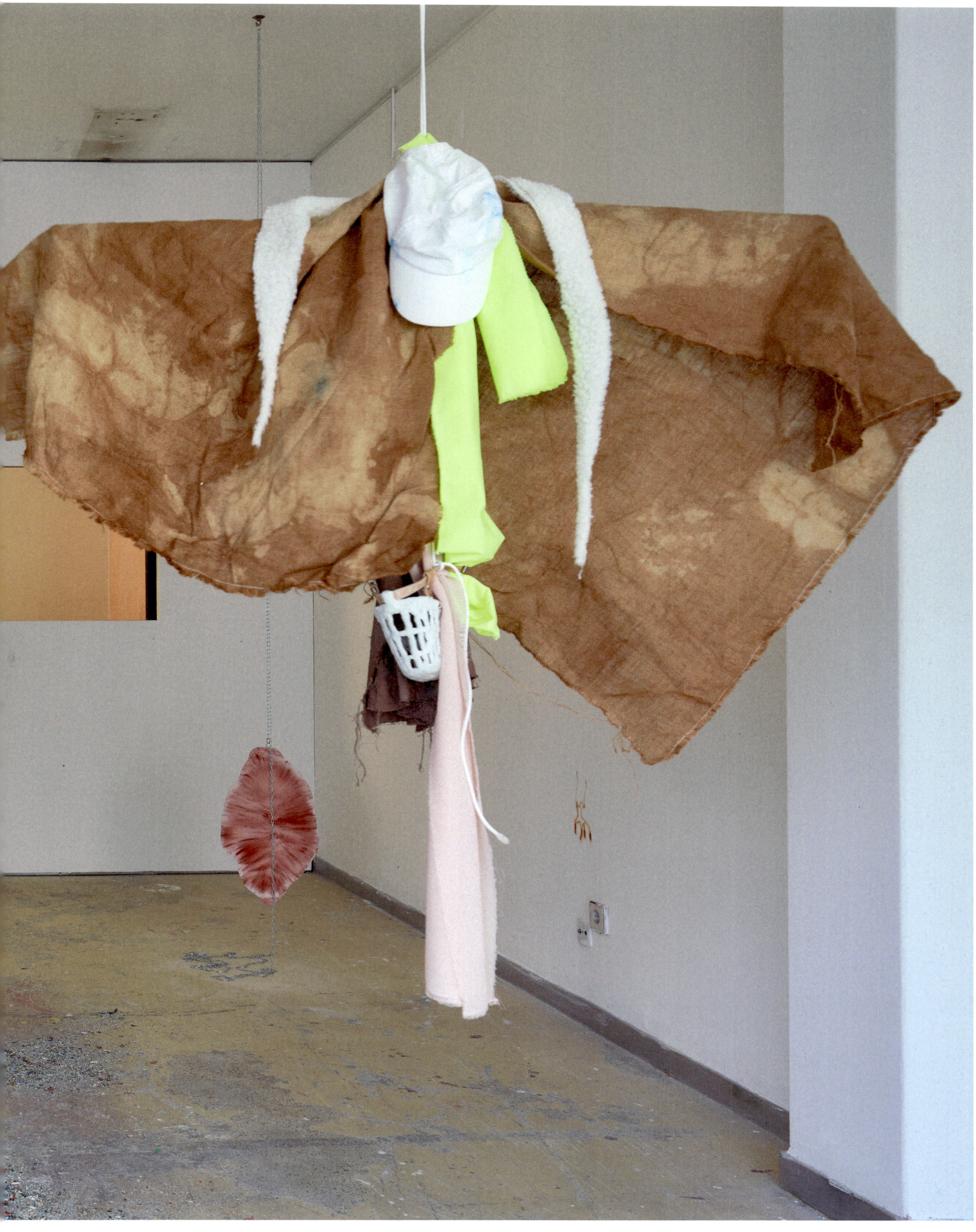

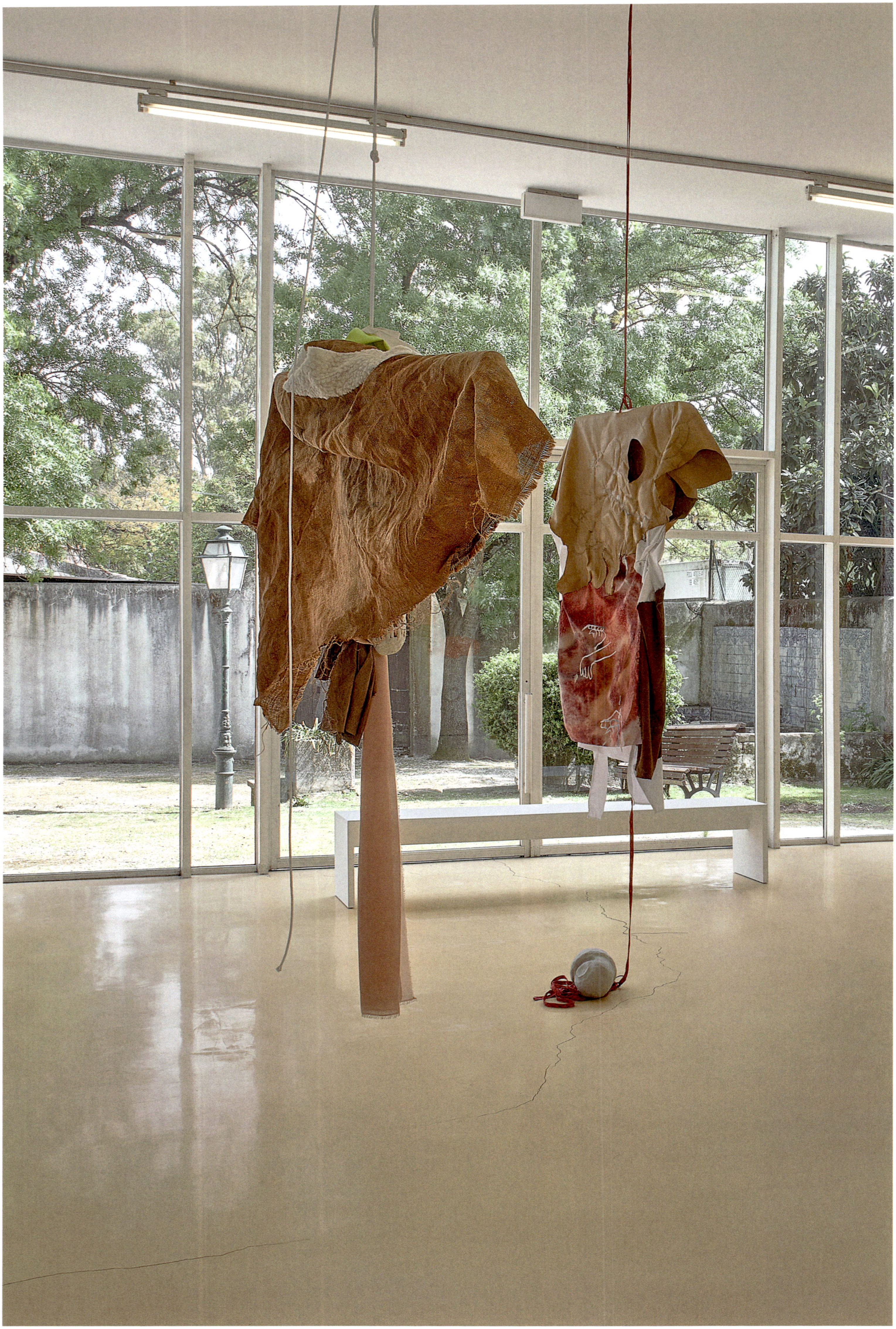

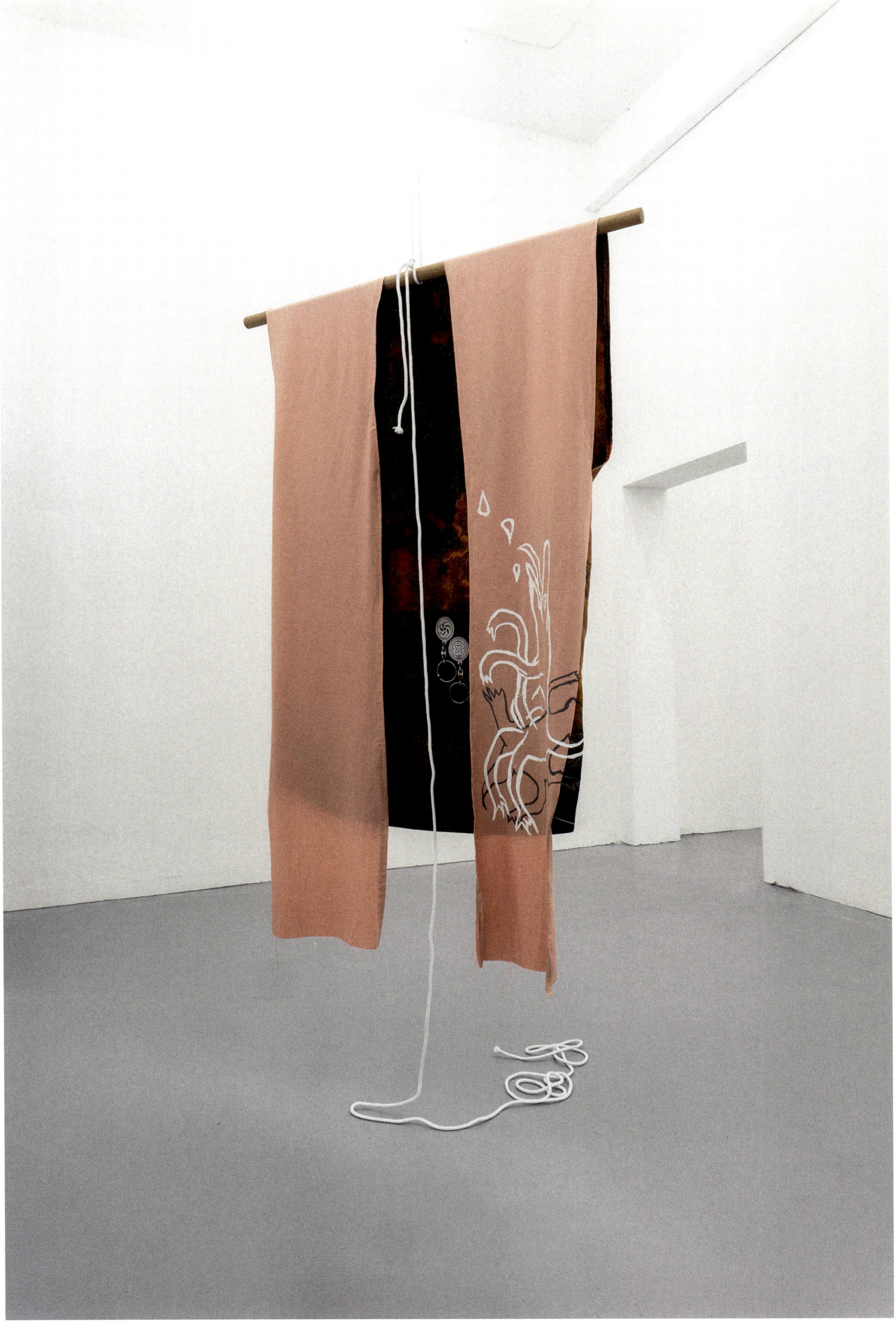

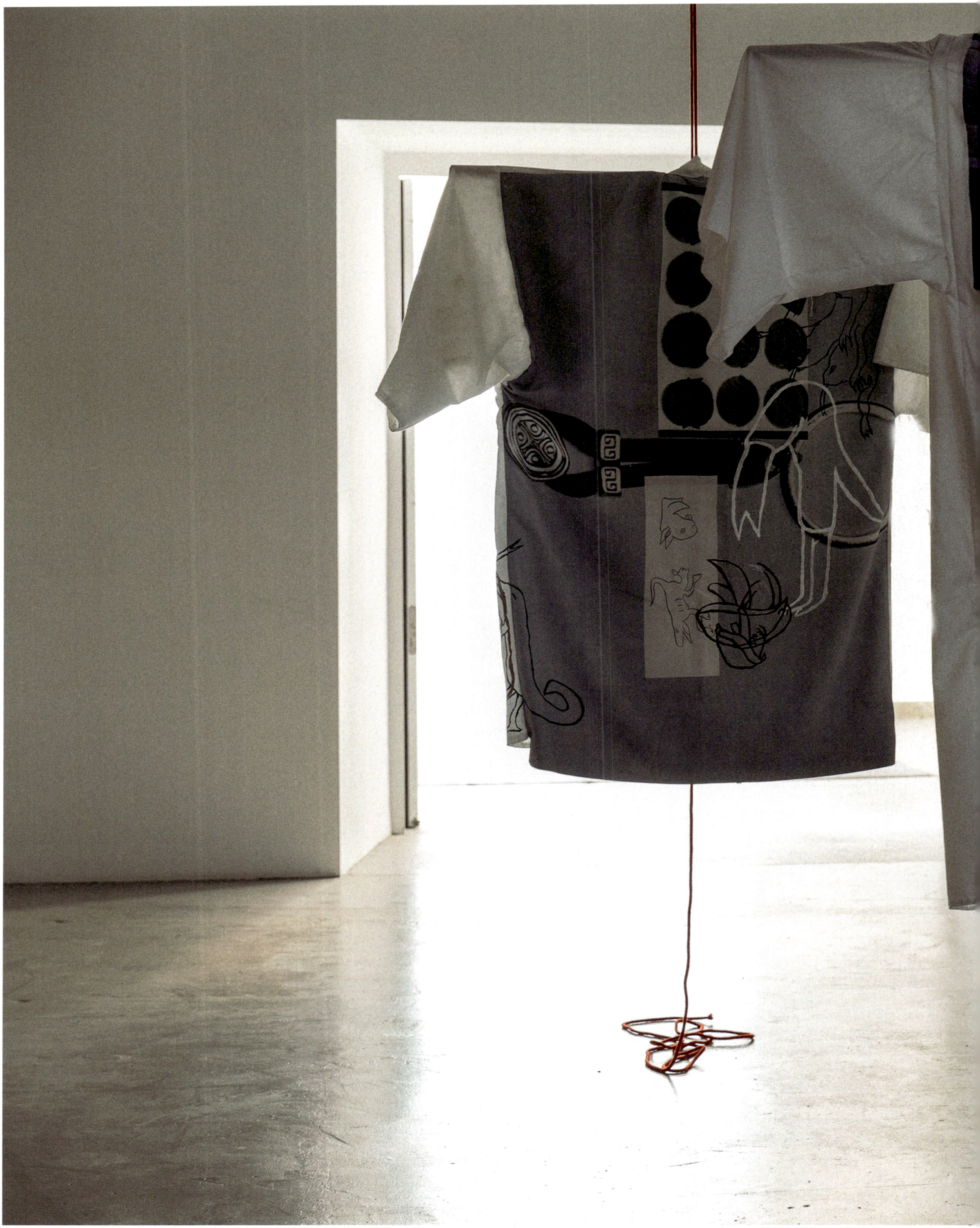

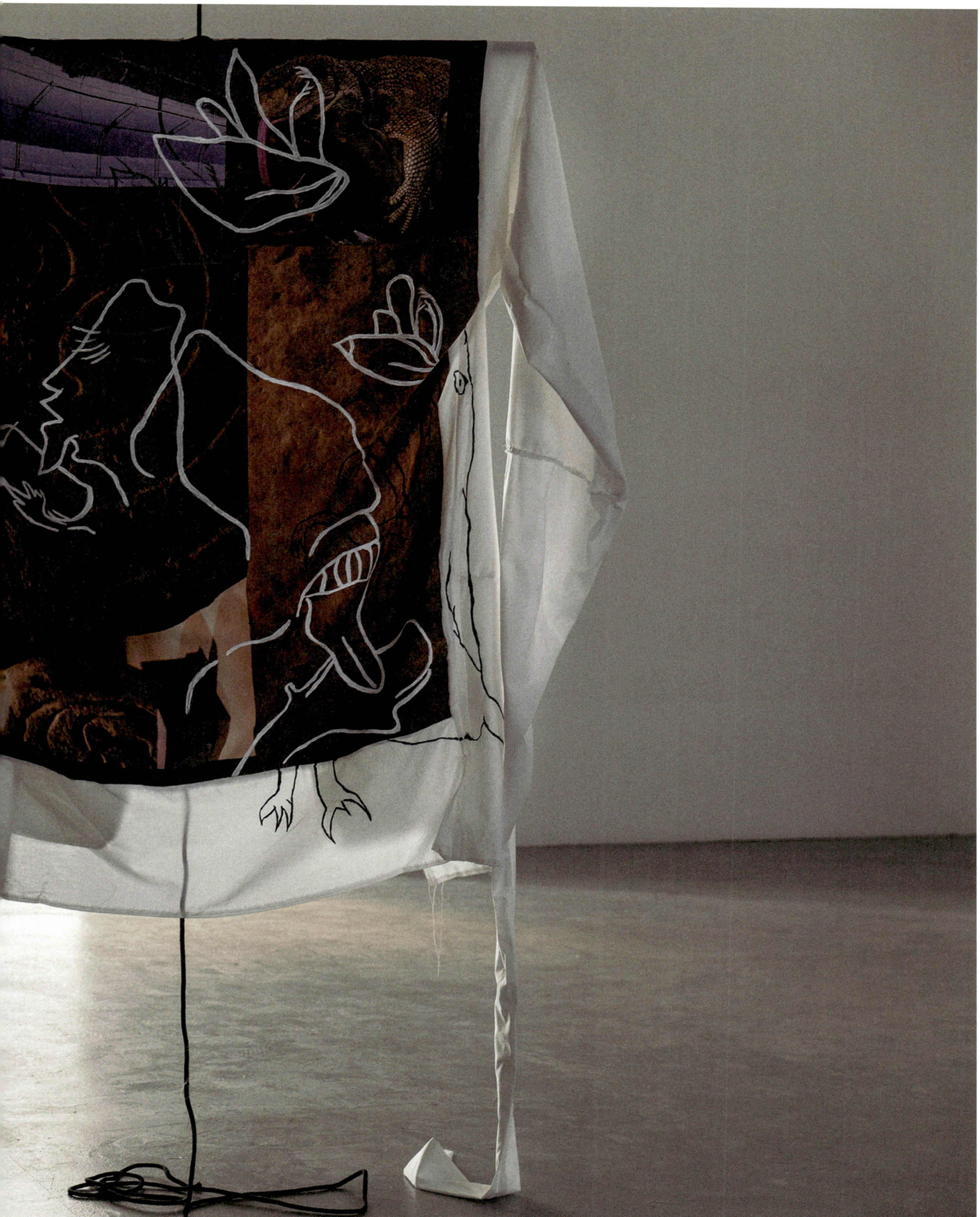

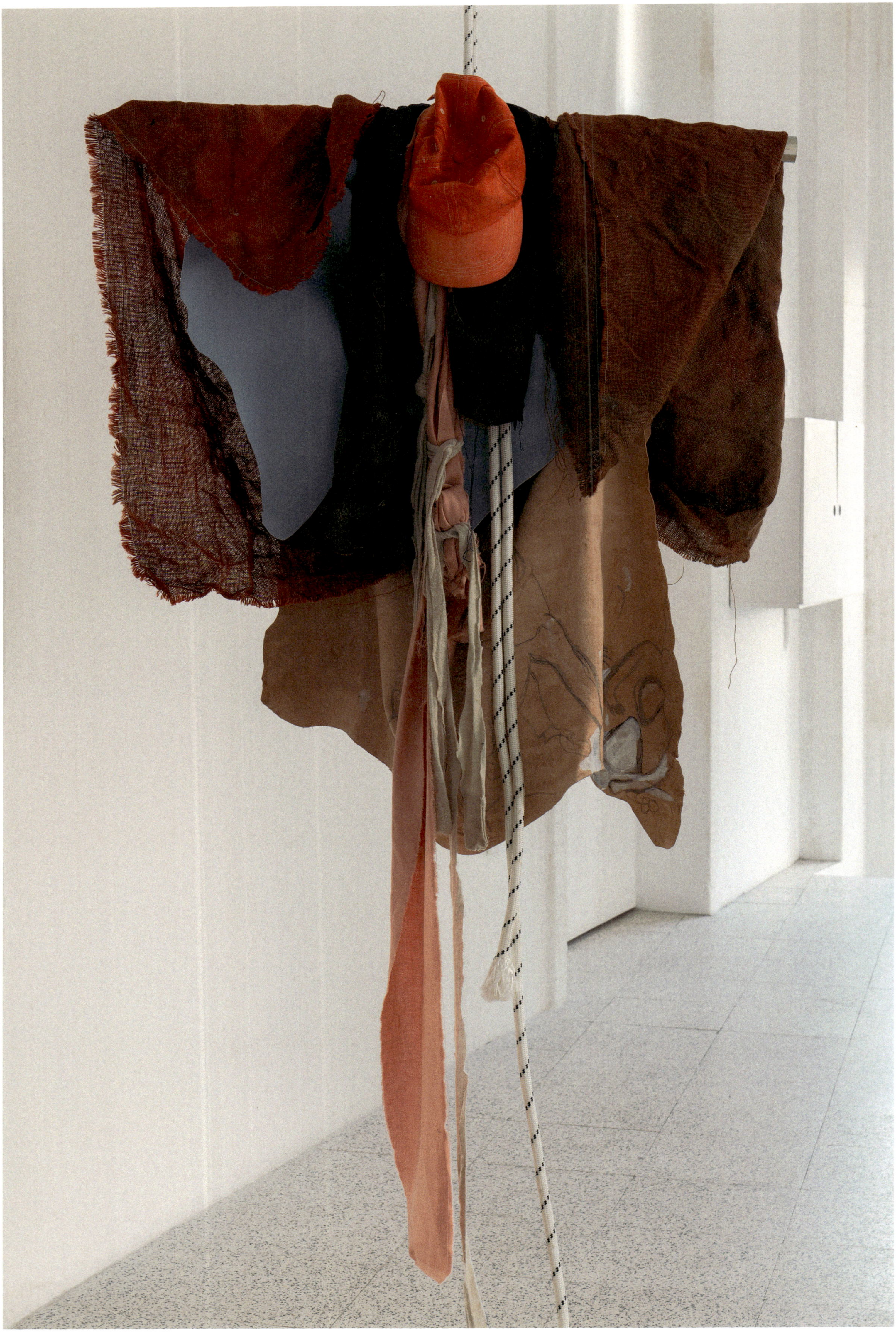

Inhaltsverzeichnis / Content

Kunstverein Siegen

Ani Schulze

Hang in There, Baby

Mousse Publishing

Diese Publikation erscheint anlässlich der Ausstellung *Lovers & Hunters* von Ani Schulze/ Published on the occasion of the exhibition Ani Schulze *Lovers & Hunters*:

24.09.2021 – 21.11.2021
Ani Schulze
Lovers & Hunters
Kunstverein Siegen

Herausgeber / Editor: Jennifer Cierlitza, Kunstverein Siegen

Konzept / Concept: Ani Schulze, Florian Lamm
Gestaltung / Design: Lamm & Kirch mit Caspar Reuss, Leipzig / Berlin
Produktion / Production:
DZA Druckerei zu Altenburg GmbH
Übersetzungen / Translation: Will Handley, Good & Cheap Translators

Bildnachweise / Photo Credits

Filipe Braga	S. / p. 10
Alwin Lay	S. / pp. 73–80
Aurélien Mole	S. / p. 4
Dinis Santos	S. / p. 16
Radostin Sedevchev	S. / p. 8
Sun Shi	S. / p. 7
Stefan Stark	S. / pp. 113, 114, 117–132
Mareike Tocha	S. / p. 1, 2
Guillaume Vieira	S. / p. 5, 12
Simon Vogel	S. / pp. 21, 22, 24–28, 30–70, 81–80, 102, 103, 105–110
Angelika Zinzow	S. / p. 13, 14

Die Deutsche Nationalbibliothek verzeichnet diese Publikation in der Deutschen Nationalbibliografie; detaillierte bibliografische Daten sind im Internet über http://dbd. dnd.de abrufbar.

The Deutsche Nationalbibliothek lists publication in the Deutsche Nationalbibliografie; detailed bibliographic data are available in the internet at http://dnb.d-nb.de.

Erschienen im / Published by:
Mousse Publishing
Contrappunto s.r.l.
via Pier Candido Decembrio 28,
20137, Milan–Italy

Available through:
Mousse Publishing, Milan
moussemagazine.it
DAP | Distributed Art Publishers, New York
artbook.com
Les presses du réel, Dijon
lespressesdureel.com
Antenne Books, London
antennebooks.com
Idea Books, Amsterdam
ideabooks.nl

First edition, 2022.
Gedruckt in Deutschland / Printed in Germany
ISBN: 978-88-6749-541-2

Kunstverein Siegen
Kornmarkt 20
57072 Siegen
+49 (0)271 21624
www.kunstverein-siegen.de

Die Publikation wird gefördert von / The publication is supported by:

Kunststiftung NRW
E.ON Stiftung gGmbH

Die Ausstellung wird gefördert durch / The exhibition is supported by:

BBK Bundesverband Bildender Künstlerinnen und Künstler
Neustart Kultur
Der Beauftragte der Bundesregierung für Kultur und Medien
Ministerium für Kultur und Wissenschaft des Landes Nordrhein-Westfalen
Sparkasse Siegen
Siegen pulsiert
Siegen-Wittgenstein in Südwestfalen

Unser Blick wandert in traumartigen Szenerien von ausgefransten Leinen-, Musselin- und Seidenstoffen über bemalte Gewänder, Alltagsgegenstände, glänzende Keramiken und gegerbtes Leder hin zu sich windenden Seilen, lackiertem Stahl und künstlichen Outdoortextilien.

In der Ausstellung *Lovers & Hunters* verbindet Ani Schulze in einzigartiger, materialintensiver Arbeitsweise verschiedene Medien wie Skulptur, Malerei, Zeichnung, Sound und Video zu einer narrativen, raumgreifenden Gesamtinszenierung, in der das Lebendige und das Nicht-Lebendige, das Menschliche und das Nicht-Menschliche sich gegenseitig durchdringen. Dabei verwebt sie verschiedene natürliche Materialien mit artifiziellen Gegenständen und stellt einen komplexen Bezugsrahmen zu persönlichen Geschichten, Träumen, mythologischen und kunsthistorischen Referenzen her.

Ein grundlegendes und wiederkehrendes Element in ihrer Arbeit ist der menschliche Körper und seine Verletzlichkeit. Die figurativen Skulpturen nehmen diverse Rollen ein: als Liebende und Bewachende, als Glücksbringer und Reisende befinden sie sich in Transformation zwischen Zeit und Raum. Dabei tauchen immer wieder Paare auf. Bizarre Charaktere, Halb- und Fabelwesen kreieren traumartige Szenarien und bilden in ihrer Gesamtheit eine fragmentarische Erzählung. Sie weisen Gegensätze, Ambivalenzen und Dualität auf, die im Titel der Ausstellung *Lovers & Hunters* (dt.: Liebende und Jagende) impliziert sind.

Our gaze wanders across dreamlike settings made from frayed linen, muslin and silk fabrics, painted garments, everyday objects, gleaming ceramics and tanned leather, as well as winding ropes, painted steel and artificial outdoor textiles.

In the exhibition *Lovers & Hunters* Ani Schulze combines different media – including sculpture, painting, drawing, sound and video – in a uniquely material-intensive way to create a narrative, extensive overall staging that interpenetrates the living and the non-living, the human and the non-human. In the process, she weaves various natural materials together with artificial objects and so creates a complex frame of reference relating to personal stories, dreams, and mythological or art-historical quotations.

One fundamental, recurring element in her work is the human body and its vulnerability. The figurative sculptures take on various roles: lovers and guards, bringers of good fortune and travellers, they exist in a state of transformation between time and space. Couples reappear again and again here. Bizarre characters, half-beings and creatures of fable populate dreamlike scenarios and, in their entirety, form a fragmentary narrative. They represent opposites, ambiguities, and the duality implied in the title of the exhibition, *Lovers & Hunters*.

Schulze depicts the alternating relation between the human body and technology by employing fables, animation and the technique of collage. More and more processes in our daily lives are now interconnected; the boundaries between the analogue and the digital are blurring as our perceptual processes change. Increasingly, technologies control and monitor our landscapes and worlds of experience.

The powerful immediacy and colouration of Schulze's works recount a permanent search for alternative identities, spaces and change. The painterly style is sketchy, the merely implied figures meander through the exhibition space on its walls, the materials seem morbid, and shapeshifting creatures appear in this cinematic collage. A surreal microcosm emerges, interweaving people, animals, plants, animate and inanimate objects, and bio-technical hybrids.

Lovers & Hunters impels its visitors through various states of longing and existence into a novel, fictional world.

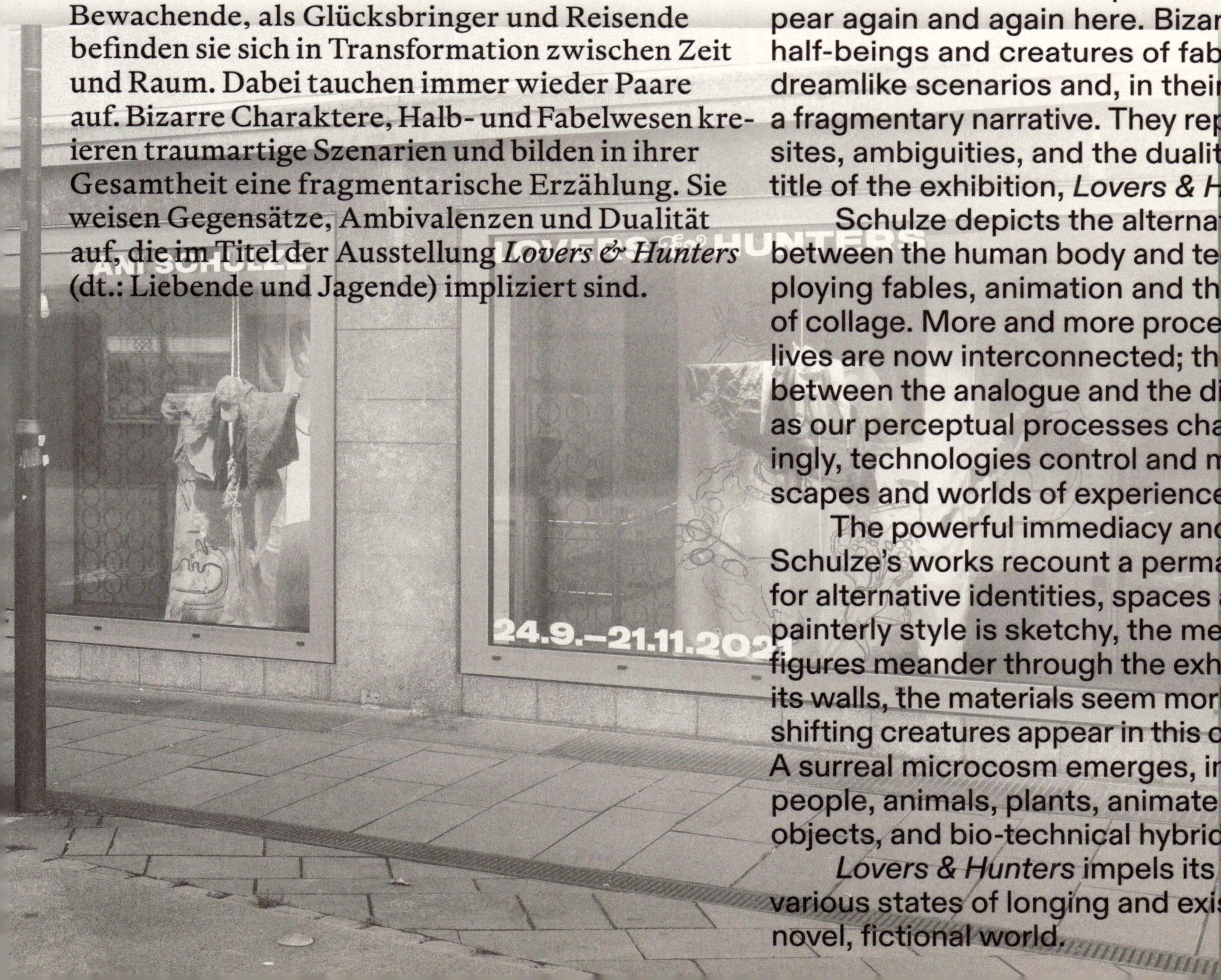

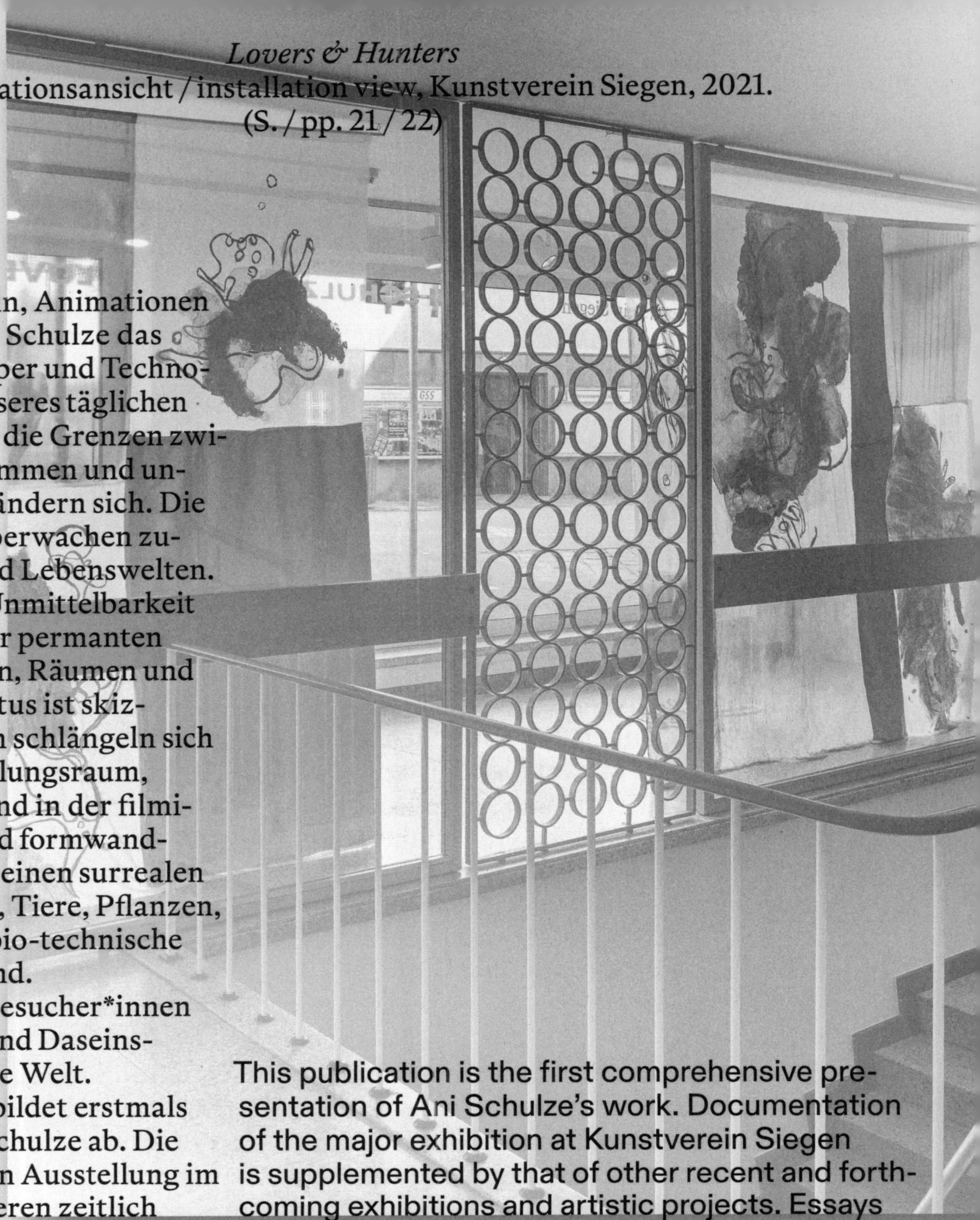

Lovers & Hunters
Installationsansicht / installation view, Kunstverein Siegen, 2021.
(S. / pp. 21 / 22)

Mittels der Verwendung von Fabeln, Animationen und der Technik der Collage stellt Schulze das wechselseitige Verhältnis von Körper und Technologie dar. Immer mehr Prozesse unseres täglichen Lebens sind miteinander vernetzt; die Grenzen zwischen analog und digital verschwimmen und unsere Wahrnehmungsprozesse verändern sich. Die Technologien kontrollieren und überwachen zunehmend unsere Landschaften und Lebenswelten.

Durch intensive Farben und Unmittelbarkeit erzählen Schulzes Arbeiten von der permanten Suche nach alternativen Identitäten, Räumen und Veränderung. Der malerische Duktus ist skizzenhaft, die angedeuteten Figuren schlängeln sich an den Wänden durch den Ausstellungsraum, die Materialien wirken morbide und in der filmischen Collage tauchen Gestalt- und formwandlerische Lebewesen auf. Sie bilden einen surrealen Mikrokosmos, in denen Menschen, Tiere, Pflanzen, belebte wie unbelebte Dinge und bio-technische Hybride miteinander verwoben sind.

Lovers & Hunters führt die Besucher*innen durch verschiedene Sehnsuchts- und Daseinszustände hinein in eine neue fiktive Welt.

Die vorliegende Publikation bildet erstmals umfassend die Arbeiten von Ani Schulze ab. Die Dokumentation der umfangreichen Ausstellung im Kunstverein Siegen wird mit weiteren zeitlich naheliegenden Ausstellungen und künstlerischen Projekten ergänzt. Die Essays von Oriane Durand und Baptist Ohrtmann bereichern die Publikation mit weiteren Perspektiven und tiefergehenden Überlegungen.

Im Namen des Kunstvereins und der Künstlerin bedanke ich mich herzlich bei den großzügigen Förderern von der Ausstellung und dem Katalog: Der BKM, dem BBK Neustart Kultur und dem Ministerium für Kultur und Wissenschaft des Landes Nordrhein-Westfalen für die Ausstellungsförderung, sowie der Kunststiftung NRW und der E.ON Stiftung, die die Umsetzung und Realisierung dieser Publikation ermöglichten.

This publication is the first comprehensive presentation of Ani Schulze's work. Documentation of the major exhibition at Kunstverein Siegen is supplemented by that of other recent and forthcoming exhibitions and artistic projects. Essays by Oriane Durand and Baptist Ohrtmann provide additional perspectives and deeper reflections.

On behalf of the Kunstverein and the artist, I would like to thank our generous sponsors: the BKM, BBK Neustart Kultur and the Ministry of Culture and Science of the State of North Rhine-Westphalia for the exhibition's funding, and the Kunststiftung NRW and the E.ON Stiftung for supporting the realisation of this publication.

In Annibale Carraccis Gemälde *Herkules am Scheideweg* (1596) ist sich der in der Bildmitte dargestellte griechische Held noch unschlüssig, ob er nach den zu seinen Füßen ausgebreiteten Schätzen greifen oder aber dem steilen Pfad den Berg hinauf folgen soll. Ani Schulze jedenfalls gehört nicht zu denen, die sich scheuen, den Styx zu überqueren und ein von Nebeln verschattetes, ungewisses Terrain zu betreten, wo die beiden Scheidewege zusammenkommen. Ihre an mythologischen Bezugnahmen wie persönlichen Geschichten reiche Ausstellung *Lovers & Hunters* im Kunstverein Siegen führt Gemälde, Zeichnungen, Skulpturen und Videoarbeiten in einer großen, narrativen Installation zusammen. Sie taucht gleichermaßen in das Körperinnere wie in komplexe Windungen der Gefühlsregungen ab. Zwischen Angst und Liebe, Einsamkeit und Geborgenheit, aber auch Berauschtheit und Verloren-Sein, entfaltet *Lovers & Hunters* eine regelrechte Geschichte der Initiation rund um Widersprüche und Bedürfnisse, die sich mit der Kunst und dem Leben verbinden. Anhand eines allegorischen und verhangenen Traumes erzählt Ani Schulze davon, dass Kunst und Mystifizierung ebenso wie der Körper die Quelle einer transzendentalen Kraft sind. Einer Kraft, die es erlaubt, Körper und Geist zu vereinen, und die „Instinkt" genannt wird.

Die Ausstellung oder der Weg durch einen Körper

Hinter großflächigen Glasscheiben hängen zwei Skulpturen von der Decke herab, die ähnlich wie Schaufensterpuppen in der Auslage eines Geschäfts arrangiert wurden. Ein Seil fungiert als Körper, eine quer dazu angebrachte Stange als Arm. Doch sie sind mehr als nur Kunststoffpuppen und bannen die Aufmerksamkeit durch ihre Kostümierung aus übereinandergelegten Stücken von Stoff, deren Ästhetik mit der eines John Galliano und Yohji Yamamoto flirtet. In der Anmutung zwischen modernen Vagabund*innen und Basecaps tragenden Türsteher*innen am Eingang eines Klubs angesiedelt, scheinen die schwebenden Figuren hier die Rolle von Wächter*innen zu übernehmen und laden uns ein, den Raum zu betrachten, in ihn einzutreten. Hinter ihnen spannen sich zwei große, patchworkartig zusammengefügte Stoffbahnen auf. Sie sind überzogen mit Linien, abstrakten Formen und Flecken. Bei näherer

In Annibale Carracci's painting *Hercules at the Crossroads* (1596), the Greek hero depicted in the centre of the picture is still undecided as to whether he should reach for the treasures spread out at his feet or follow the steep path up the mountain. In any case, Ani Schulze is not one of those who shy away from crossing the Styx and entering an uncertain terrain shaded by mist, where the two crossroads meet. Her exhibition *Lovers & Hunters* at Kunstverein Siegen, rich in mythological references as well as personal stories, brings together paintings, drawings, sculptures and video works in a large narrative installation. It delves into the interior of the body as well as into the complex twists and turns of emotions. Between fear and love, loneliness and security, between intoxication and being lost, *Lovers & Hunters* unfolds a veritable story of initiation around contradictions and the needs associated with art and life. On the basis of an allegorical and haunted dream, Schulze tells of how art and mystification, like the body, are the source of a transcendental power. A force that allows the body and spirit to unite and is called "instinct".

The exhibition or the path through a body

Two sculptures hang from the ceiling behind large glass panes, arranged like mannequins in a shop window. A rope functions as a body, a pole attached across it as an arm. But they are more than just plastic mannequins, captivating attention with their costumes of disorderly layered pieces of fabric whose aesthetics flirt with those of a John Galliano or Yohji Yamamoto. With an appearance somewhere between modern vagabonds and baseball-cap-wearing bouncers at the entrance of a club, the floating figures here seem to take on the role of guards, inviting us to look at the space, to enter it. Behind them, two large patchwork-like fabric panels stretch out. They are covered with lines, abstract shapes and spots. A closer look reveals a landscape composed of organs. Swathes of smoke and air rise from and enter mouths connected by trachea and oesophagus. Elsewhere, an erupting volcano spews red-hot lava. Whether mouth cavity and larynx or volcano – both pictorial objects refer to openings through which air, steam and liquid substances flow in or out. First and foremost,

À la fontaine (Powers)
Aquarellfarbe auf Papier / watercolour on paper,
50 × 64,5 cm, 2020.

Betrachtung zeichnet sich eine aus Organen zusammengesetzte Landschaft ab. Aus durch Luft- und Speiseröhren miteinander verbundenen Mündern steigen Schwaden von Rauch und wohl auch von Luft auf oder dringen in sie ein. An anderer Stelle speit ein ausbrechender Vulkan rot glühende Lava. Ob nun Mundhöhle und Kehlkopf oder aber Vulkan – beide Bildgegenstände verweisen auf Öffnungen, durch die Luft, Dampf und flüssige Substanzen ein- oder ausströmen. In erster Linie stehen sie für Ein- und Ausgänge. Die bildhafte Inszenierung lädt Besucher*innen weniger dazu ein, einen architektonischen Raum zu betreten, als vielmehr einen Körper durch seinen Mund. Unwillkürlich muss man an den Orkusschlund im *Parco dei Mostri* (Park der Ungeheuer)[1] denken, einen eigentümlichen, zwischen 1548 und 1580 im italienischen Bormarzo angelegten Skulpturengarten. Die massive, aus Vulkangestein gehauene Skulptur stellt einen pausbäckigen Kopf mit aufgerissenen Augen und weit geöffnetem Mund dar, der die Besucher*innen zum Eintreten auffordert. So furchterregend das Gesicht des Orkus auch wirken mag – es weckt zugleich Neugier und den Wunsch, das, was sich im Inneren des Kopfes verbirgt, zu erkunden.

1 Das italienische Wort „mostri“ (Ungeheuer) klingt ähnlich wie das Verb „mostrare“, das „zeigen“ bedeutet.

Passiert man den Eingang, so findet man sich in einem großen Ausstellungsraum wieder, dessen Wände mit verschiedenen, durch Arterien verbundenen Organen bemalt sind. Diese Malereien knüpfen an die im Schaufenster gezeigten Bildmotive an und führen somit die Vorstellung des Eintauchens in einen Körper fort. Über die dargestellten Formen hinaus vermittelt sich gleich auf mehreren Ebenen ein Eindruck von Körperlichkeit. Zunächst einmal dadurch, dass direkt die Oberflächen der Wände bemalt wurden; hierdurch werden sie selbst zu Membranen. Die Spuren herabrinnender Aquarellfarben – die bekanntermaßen mit viel Wasser vermischt werden – erinnern an das Fließen von Blut und weiterer Körperflüssigkeiten. Die Künstlerin lässt hier keinerlei Mehrdeutigkeit zu. Sie setzt Rot-, Orange-, Gelb- und Brauntöne ein, also genau mit solchen Stoffen assoziierte Farben. Auch die Vorstellung von durch die Adern beförderter Luft wird aufgerufen. Sie wird hier in Form einer Zigarette gegenständ-

they stand for entrances and exits. The installation invites visitors to enter not so much an architectural space as a body through its mouth. Involuntarily, one is reminded of the Orcus mouth in the *Parco dei Mostri* (Park of the Monsters),[1] a peculiar sculpture garden created between 1548 and 1580 in Bormarzo, Italy. The massive sculpture, carved from volcanic stone, depicts a chubby-cheeked head with its eyes open and mouth wide, beckoning visitors to enter. As frightening as the face of Orcus may seem, it also arouses curiosity and the desire to explore what is hidden inside the head.

1 The Italian word "mostri" (monster) sounds similar to the verb "mostrare", which means "to show".

Passing through the entrance, one finds oneself in a large exhibition room with walls painted with various organs connected by arteries. These paintings tie in with the pictorial motifs shown in the shop window and thus continue the idea of immersion in the body. Beyond the depicted forms, an impression of corporeality is conveyed on several levels. First of all, the surfaces of the walls are painted directly; this turns them into membranes themselves. The traces of running watercolours – which are known to be mixed with a lot of water – are reminiscent of the flow of blood and other bodily fluids. The artist does not allow any ambiguity here. She uses shades of red, orange, yellow and brown, colours associated precisely with such substances. The idea of air being carried through the veins is also invoked. It becomes visible here in the form of a cigarette – which, although poisonous, nevertheless illustrates the circularity and the exchange between the outside and the inside.

Les chiens de garde (discussing)
Aquarellfarbe auf Papier / watercolour on paper,
50 × 64,5 cm, 2020.

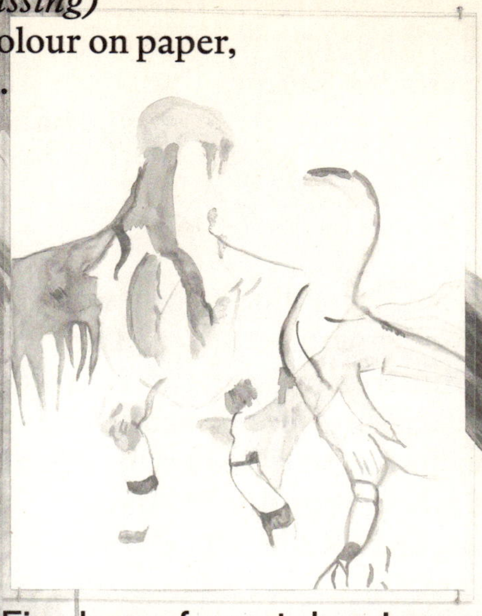

lich – die zwar giftig ist, gleichwohl aber die Zirkularität und den Austausch zwischen dem Außen und dem Innen anschaulich macht.

Fünf großformatige, unter Glas aufgehängte Zeichnungen auf Papier akzentuieren die Wandmalereien. Sie zeigen verschiedene Figuren in Aktion. Einige weisen besonders geisterhafte Züge auf, so etwa *Les chiens de garde (discussing)*, deren Konturen nur mit einigen wenigen Linien skizziert wurden. Die von einer Darstellung der Danaiden angeregten Charaktere in *A la fontaine Powers*, *À la fontaine (Tartiflette)* und *Under your Thumb* scheinen mit Wasser zu spielen oder es mithilfe von Krügen auszuschütten. Und *By Sun's Passionshape* zeigt zwei Geschöpfe – halb Mensch, halb Fabelwesen – eng im Liebesspiel umschlungen.

Zusammen bilden die Wandmalereien und Zeichnungen einen großen Fries, der sich rings um sechs in der Raummitte platzierte Skulpturen spannt. Vier von ihnen sind zu Paaren gruppiert und sind den Eingang hütenden Wächter*innen ähnlich. Sie werden von einem von der Decke herabhängenden Seil gehalten und sind mit diversen Stücken von Stoff behängt, tragen einen Helm oder aber eine Schirmmütze und sind mit weiteren charakterisierenden Attributen ausgestattet. Bei den zuletzt entstandenen Skulpturen *Jasmin* und *The Lover* handelt es sich um vom Boden aufstrebende, als Körper dienende Metallkonstruktionen. Sie stellen jeweils eine Figur dar, der eine bestimmte Rolle zugewiesen wurde: Wir sehen dort die beiden bewachenden *Les chiens de garde I und II*, die an das Aquarell *Les chiens de garde* anknüpfen, die zwei musizierenden *The Fluteplayers* sowie den von *The Lover* verkörperten Liebenden und die in *Jasmin* Gestalt annehmende Frau. Doch nur Letztere besitzt ein abstrakt anmutendes Gesicht aus zwei dünnen, weiß glasierten Keramikscheiben; das Oval stellt die runde Form des Kopfes dar und ein Loch in beiden Scheiben bildet jeweils das Auge.

Der Künstler*innen-Körper zwischen gelebter Geschichte und störendem Mythos

Verständigt man sich nun darauf, dass der Ausstellungsraum für einen menschlichen Organismus steht, so bewohnen die von den acht Skulpturen personifizierten Charaktere einen eigenständigen Körper. Ähnlich wie in der 1986 entstandenen Zeichentrickserie *Es war einmal ... das Leben*, in der kleine, als Zellen, Blutkörperchen oder Mikroben

Five large-format drawings on paper hung under glass accentuate the wall paintings. They show various figures in action. Some have particularly ghostly features, such as *Les chiens de garde*, whose contours are sketched with only a few lines. The characters in *À la fontaine (Powers), À la fontaine (Tartiflette)* and *Under Your Thumb*, inspired by a representation of the Danaids, seem to be playing with water or pouring it out with the help of jugs. And *By Sun's Passionshape* shows two creatures – half human, half mythical – closely entwined in lovemaking.

Together, the wall paintings and drawings form a large mural that stretches around six sculptures placed in the centre of the room. Four of them are grouped in pairs and resemble the guard figures at the entrance. They are held by a rope hanging from the ceiling and are hung with various textile pieces; they wear a helmet or a peaked cap and are equipped with other characteristic attributes. The most recent sculptures, *Jasmin* and *The Lover*, are metal constructions that rise from the floor and serve as bodies. They each represent a figure that has been assigned a specific role: we see there the two guarding sculptures *Les chiens de garde I* and *II*, which follow on from the watercolour *Les chiens de garde (Discussing)* and the music-making duo *The Fluteplayers* as well as *The Lover* and the woman taking shape in *Jasmin*. But only this last has an abstract-looking face made of two thin, white-glazed ceramic discs; the oval represents the round shape of the head and a hole in each disc forms the eyes.

The body of the artist between lived history and disturbing myth

If we now agree that the exhibition space stands for a human organism, the characters personified by the eight sculptures inhabit an independent body. Similar to the 1986 animated series *Once Upon a Time... Life*, in which small figures

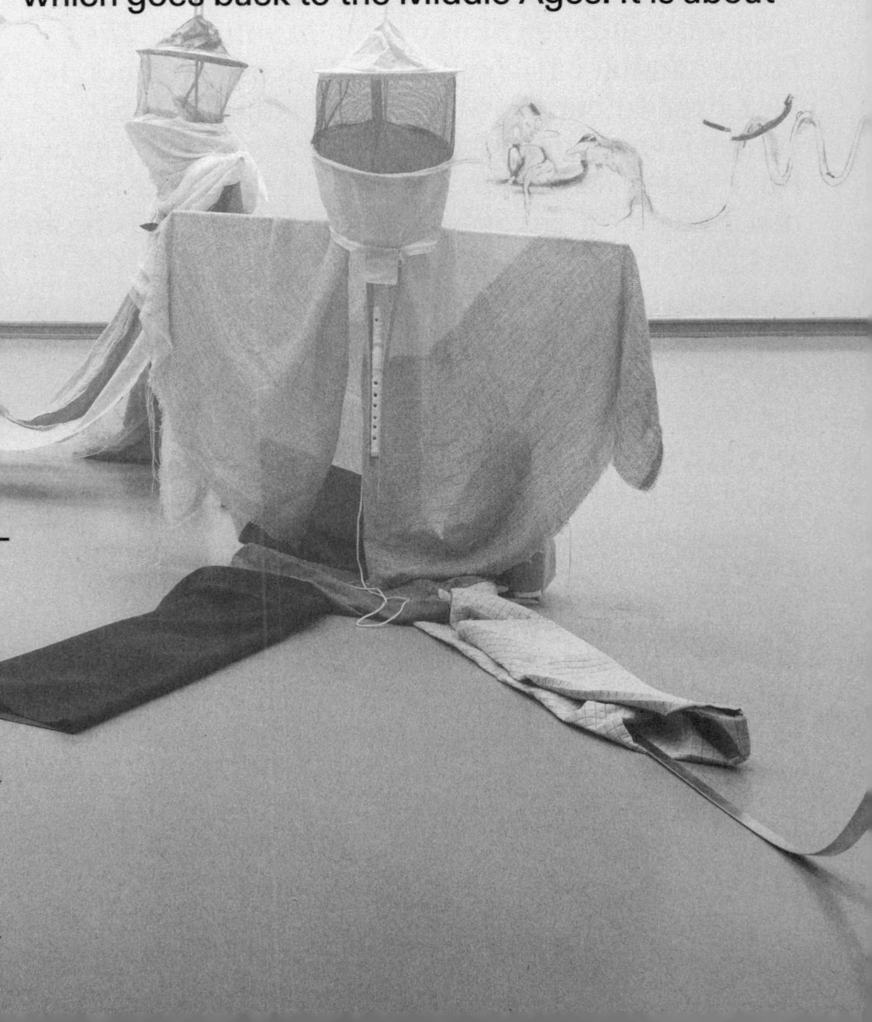

The Fluteplayers
Aluminium, Epoxy Ton, Seile, verschiedene Stoffe, Insektenschutzhüte, Acrylfarbe / aluminium, epoxy clay, ropes, various textiles, insect protection heads, acrylic paint on paper, 29,7 × 42 cm, 2020.

auftretende Figuren biologische Funktionsweisen des menschlichen Körpers vorführen, erzählen auch die einzelnen Skulpturen in *Lovers & Hunters* eine andere, innere Geschichte. Doch vermitteln sie keine naturwissenschaftlichen Beobachtungen, vielmehr scheinen sie alle verbunden mit der Künstlerin selbst. Eine ganze Reihe von Hinweisen, die Wahl der Charaktere wie auch die Titel, die sie tragen, lassen auf subtile Weise erkennen, dass es sich tatsächlich um die intime Welt Ani Schulzes handelt. Jede Figur ist Archetyp dessen, was sie darstellt. Gemeinsam sind sie die Akteur*innen einer persönlichen Erzählung, die sich zwischen Kunst und emotionalem Erleben entspinnt.

Allein der Titel *Jasmin* ist bezeichnend für eine solche Gleichsetzung. Er nimmt Bezug auf den zweiten Vornamen der Künstlerin und symbolisiert eine Art skulpturales Alter Ego: Ani Schulze könnte nicht unverkennbarer im Raum gegenwärtig sein, es sei denn, sie wäre selbst anwesend. Die mit Musikinstrumenten ausgestatteten *The Fluteplayers* wiederum verkörpern die Figur des Künstlers*der Künstlerin an sich. Abgesehen von der Tatsache, dass die Skulpturen von öffentlichen Statuen inspiriert sind, die Ani Schulze in Paris gesehen hat und die die Berufung des Künstlers*der Künstlerin darstellen sollen, bietet der Titel hier ebenfalls einen Hinweis auf ein bestimmte Lesart. Unweigerlich ruft er die ins Mittelalter zurückgehende Sage des *Rattenfängers von Hameln* in Erinnerung. Sie handelt von einem Flötenspieler, der von der Stadt beauftragt wurde, die Ratten mit der magischen Kraft seines Flötenspiels fortzulocken, um so die Ausbreitung der Pest zu verhindern. Als sich der Bürgermeister anschließend weigerte, den vereinbarten Lohn zu zahlen, rächte sich der Rattenfänger, indem er mithilfe seiner Flöte die Kinder von Hameln anlockte und für immer mit sich nahm. In verschiedenen Variationen der Erzählung tritt der Rattenfänger mal als verführerischer und skrupelloser Demagoge, mal als durchaus positiv gezeichnete Figur auf, die auch sinnbildlich für die befreiende Kraft der Kunst steht. In jedem Fall machen ihn aber seine besonderen Gaben zu einem Menschen, der am Rande der Gesellschaft lebt und dessen Existenz aufgrund seines Status als Künstler äußerst fragil ist.

Somit ist es auch kein Zufall, dass die zentral im Raum platzierten *The Fluteplayers* von *The Lover*, *Jasmin* und den zwei Wächter*innenfiguren umgeben sind. Letztere sind auch der am häufigs-

appearing as cells, blood cells or microbes demonstrate biological functions of the human body, the individual sculptures in *Lovers & Hunters* tell a different, inner story. But they do not convey scientific observations; rather, they all seem connected to the artist herself. A whole series of clues, the choice of characters as well as the names they bear, subtly reveal that this is indeed Schulze's intimate world. Each character is an archetype of what they represent. Together they are the protagonists of a personal narrative that unfolds between art and emotional experience.

The title *Jasmin* alone is indicative of such an equation. It refers to the artist's middle name and symbolises a kind of sculptural alter ego: Schulze could not be more unmistakably present in the space, unless she were there in person. *The Fluteplayers*, equipped with musical instruments, in turn embody the figure of the artist. Apart from the fact that the sculptures are inspired by public statues that Schulze saw in Paris and which are supposed to represent the vocation of the artist, the title here also offers a clue to a certain reading. It inevitably brings to mind the legend of the Pied Piper of Hamelin, which goes back to the Middle Ages. It is about

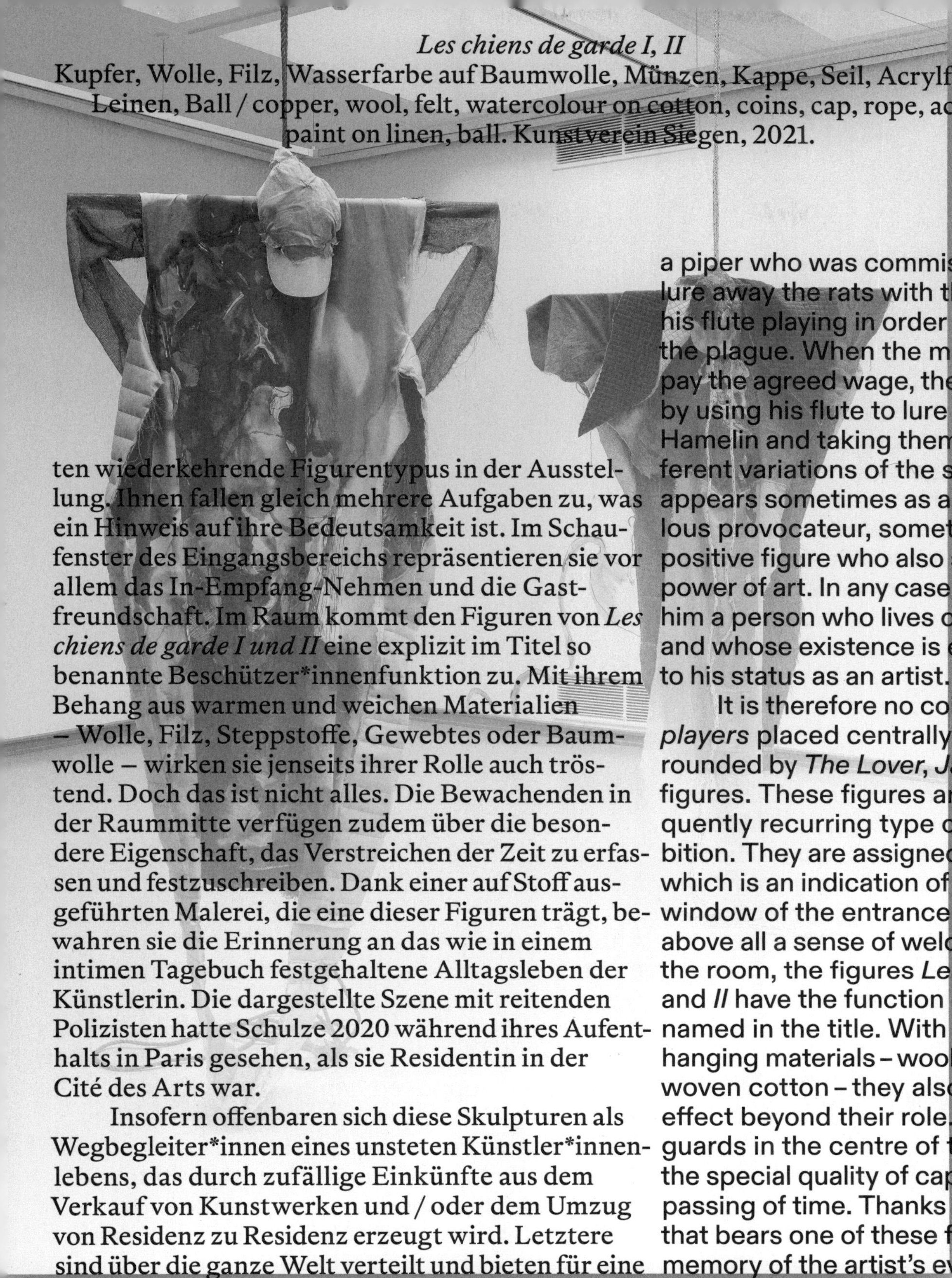

Les chiens de garde I, II
Kupfer, Wolle, Filz, Wasserfarbe auf Baumwolle, Münzen, Kappe, Seil, Acrylfarbe auf Leinen, Ball / copper, wool, felt, watercolour on cotton, coins, cap, rope, acrylic paint on linen, ball. Kunstverein Siegen, 2021.

ten wiederkehrende Figurentypus in der Ausstellung. Ihnen fallen gleich mehrere Aufgaben zu, was ein Hinweis auf ihre Bedeutsamkeit ist. Im Schaufenster des Eingangsbereichs repräsentieren sie vor allem das In-Empfang-Nehmen und die Gastfreundschaft. Im Raum kommt den Figuren von *Les chiens de garde I und II* eine explizit im Titel so benannte Beschützer*innenfunktion zu. Mit ihrem Behang aus warmen und weichen Materialien – Wolle, Filz, Steppstoffe, Gewebtes oder Baumwolle – wirken sie jenseits ihrer Rolle auch tröstend. Doch das ist nicht alles. Die Bewachenden in der Raummitte verfügen zudem über die besondere Eigenschaft, das Verstreichen der Zeit zu erfassen und festzuschreiben. Dank einer auf Stoff ausgeführten Malerei, die eine dieser Figuren trägt, bewahren sie die Erinnerung an das wie in einem intimen Tagebuch festgehaltene Alltagsleben der Künstlerin. Die dargestellte Szene mit reitenden Polizisten hatte Schulze 2020 während ihres Aufenthalts in Paris gesehen, als sie Residentin in der Cité des Arts war.

Insofern offenbaren sich diese Skulpturen als Wegbegleiter*innen eines unsteten Künstler*innenlebens, das durch zufällige Einkünfte aus dem Verkauf von Kunstwerken und / oder dem Umzug von Residenz zu Residenz erzeugt wird. Letztere sind über die ganze Welt verteilt und bieten für eine begrenzte Zeit einen räumlichen und wirtschaftlichen Rahmen, der das Arbeiten und Leben ermöglicht, aber auch zu regelmäßigen Wohnortwechseln führt. Ani Schulzes skulpturale Figuren fungieren daher auch als symbolische Quelle der Wärme und des Trostes, während sie gleichzeitig ein prekäres und instabiles Kunstsystem bewachen.

Eine weitere Verbindung zu Ani Schulzes Aufenthalt in Paris besteht in der Darstellungen der Danaiden, denn diese sind inspiriert von einem Werk Paul Sérusiers, *Frauen an der Quelle* (1899), das im Musée d'Orsay hängt. Die Geschichte, die sie illustrieren, stört wiederum die vermeintliche Harmonie des zentralen Settings. Die Danaiden, Töchter des Danaos, Fünfzig an der Zahl, sind weibliche Figuren der griechischen Mythologie.

a piper who was commissioned by the town to lure away the rats with the magical power of his flute playing in order to prevent the spread of the plague. When the mayor then refused to pay the agreed wage, the Pied Piper took revenge by using his flute to lure away the children of Hamelin and taking them with him forever. In different variations of the story, the Pied Piper appears sometimes as a seductive and unscrupulous provocateur, sometimes as a thoroughly positive figure who also symbolises the liberating power of art. In any case, his special gifts make him a person who lives on the fringes of society and whose existence is extremely fragile due to his status as an artist.

It is therefore no coincidence that *The Fluteplayers* placed centrally in the room are surrounded by *The Lover*, *Jasmin* and the two guard figures. These figures are also the most frequently recurring type of characters in the exhibition. They are assigned several tasks at once, which is an indication of their importance. In the window of the entrance area, they represent above all a sense of welcome and hospitality. In the room, the figures *Les chiens de garde I* and *II* have the function of protectors, explicitly named in the title. With their warm and soft hanging materials – wool, felt, quilted fabrics and woven cotton – they also have a comforting effect beyond their role. But that is not all. The guards in the centre of the room also have the special quality of capturing and recording the passing of time. Thanks to a painting on fabric that bears one of these figures, they preserve the memory of the artist's everyday life, recorded as if in an intimate diary. Schulze had seen the illustrated scene of policemen riding on horses, during her stay in Paris in 2020, when she was a resident at the Cité des Arts. Insofar as these sculptures reveal themselves as companions of an unsteady artist's life generated by incidental income from selling artworks and moving from residence to residence. The latter are distributed all over the world and offer a spatial and economic framework for a limited period of time that makes working and living possible but also leads to regular changes of location. Schulze's sculptural figures thus also function as a symbolic source of warmth and comfort while guarding a precarious and unsteady art system.

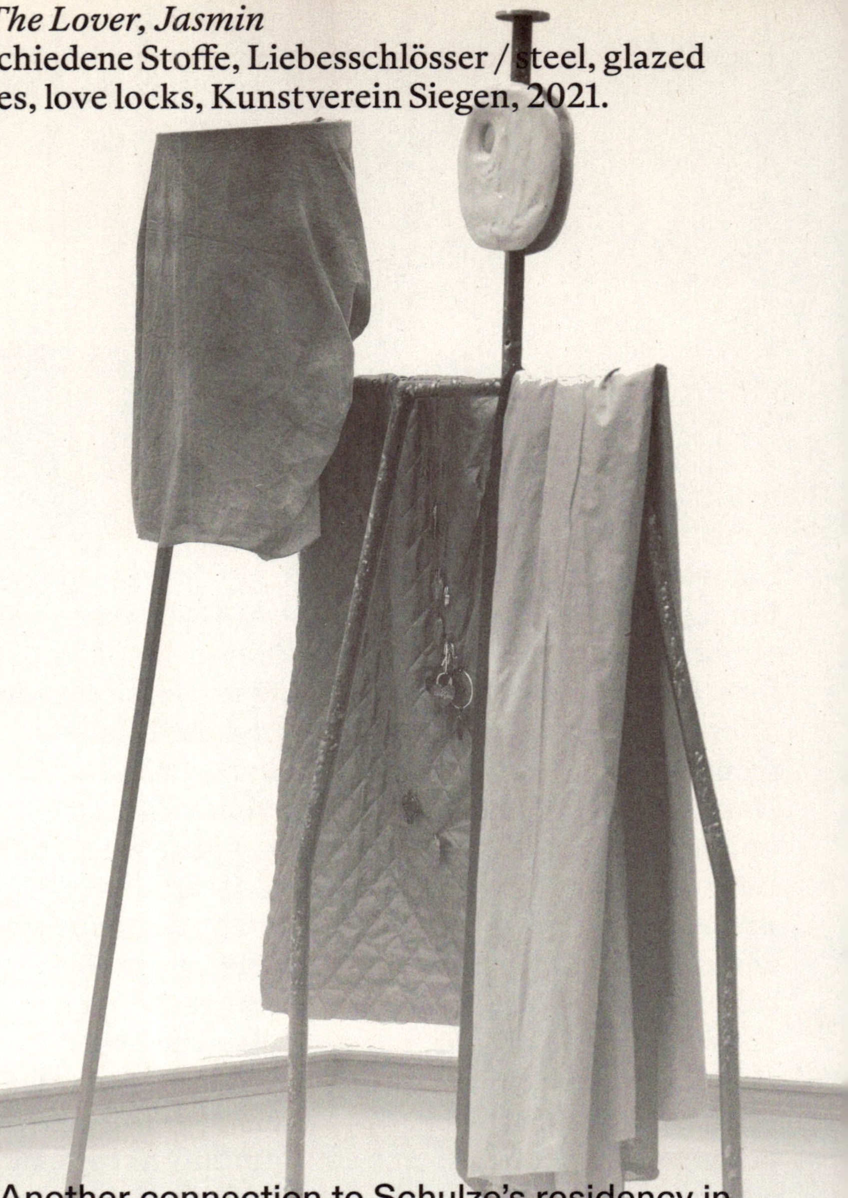

The Lover, Jasmin
Stahl, glasierte Keramik, verschiedene Stoffe, Liebesschlösser / steel, glazed ceramics, various textiles, love locks, Kunstverein Siegen, 2021.

Nach ihrer Verbannung in die Unterwelt sind sie auf ewig dazu verdammt, durchlöcherte Krüge zu füllen. Dieser Mythos handelt in vollendeter Weise von einer absurden und niemals zu vollendenden Aufgabe. In Verbindung mit der Figur des Künstlers*der Künstlerin, sprich: den *The Fluteplayers*, ließe er sich ebenso als Taumel grenzenloser Inspiration wie als die „Eroberung des Nutzlosen" deuten, um den Titel eines Buches von Werner Herzog zu zitieren. In Letzterem geht es um die Absurditäten und die Schwierigkeiten beim Filmdreh zu *Fitzcarraldo* (1982), dessen von Klaus Kinski gespielter Protagonist versucht, im Amazonas ein Dampfschiff über einen Bergrücken ziehen zu lassen.[2] Trotz seiner Verknüpfung mit der Liebesszene von *By Sun's Passionshape* und mit *The Lover* – geschmückt mit zahlreichen herzförmigen Vorhängeschlössern – suggeriert der Mythos doch eher die Vorstellung von im Körper zirkulierenden Gefühlen oder auch die Vergänglichkeit und Zerbrechlichkeit der Liebe. In beiderlei Hinsicht bringt die Geschichte der Danaiden unmerklich einen Anflug des Ungewissen in das Beziehungsgefüge der Figuren. Dieser Zweifel öffnet die Tür für ein Nachdenken über den Antagonismus, der im Titel der Ausstellung, *Lovers & Hunters*, faktisch angelegt ist.

2 Werner Herzog, *Die Eroberung des Nutzlosen*, Carl Hanser Verlag, München 2004.

Zwischen Kreativität und Liebe schwankt mein Herz

Was geschieht hier zwischen den *Lovers & Hunters*? Wer sind die *Lovers*? Die Liebe zu einem*einer anderen oder aber die vielfache Liebe? Und die *Hunters* – jagen sie die *Lovers*? Geht es um Zweifel, die Lebensumstände, um Gewohnheit, Distanz, Ungewissheit? Die Aufzählung ließe sich fortsetzen. In jedem Fall inszeniert *Lovers & Hunters* aber ein Theater der Emotionen, das von der ambivalenten Beziehung zwischen dem Schöpferischen und dem Intim- und Gefühlsleben handelt. Die durch den Topos der Danaiden oder auch nur durch die einfache Positionierung der Figuren im Saal bewirkte Uneindeutigkeit eröffnet einen Raum für die Entfaltung verschiedener Szenarien. Die sich hier manifestierenden Arten von Liebe sind an zwei mythologische Erzählungen angelehnt, die einen Weg der Deutung weisen. Doch zwischen

Another connection to Schulze's residency in Paris can be found in the depictions of the Danaids, which are inspired by a work by Paul Sérusier, *Women at the Spring* (1899), hanging in the Musée d'Orsay. The story they illustrate disturbs the supposed harmony of the central setting. The fifty daughters of Danaos, the Danaids, are prominent female figures in Greek mythology. After their banishment to the underworld, they were eternally condemned to fill jars that were full of holes. This myth deals in an accomplished manner with an absurd task that can never be completed. In connection with the figure of the artist, i.e. *The Fluteplayers*, it could be interpreted as a rapture of boundless inspiration as well as the "Conquest of the Useless", to quote the title of the book by Werner Herzog. The latter deals with the absurdities and difficulties of filming *Fitzcarraldo* (1982), whose protagonist, played by Klaus Kinski, tries to pull a steamboat over a mountain in the Amazon.[2] Despite its link to the love scene of *By Sun's Passionshape* and to *The Lover* – adorned with numerous heart-shaped locks – the myth nevertheless rather suggests the idea of feelings circulating in the body or even the transience and fragility of love. In both respects, the story of the Danaids imperceptibly brings a touch of

der Illusion der Liebe und der Liebe zur Kunst ist die Auflösung der Geschichte möglicherweise an anderer Stelle zu finden. Tatsächlich endet die Ausstellung auch nicht mit *Jasmin, The Lover* und *The Fluteplayers*. Sie wird im Untergeschoss fortgeführt, mit dem Film *Flint House Lizard*, einer Art surrealistischer Hymne auf die Wahrnehmung des Körpers.

Sowohl in der szenografischen Ausgestaltung als auch hinsichtlich des Themas spielt *Lovers & Hunters* zunächst einmal auf die Geschichte des Orpheus an, eines Helden der griechischen Mythologie, der die Figur des Dichters und Musikers verkörpert. Der Sage nach konnte Orpheus den dreiköpfigen Höllenhund Zerberus, den Hüter des Eingangs zur Unterwelt, dazu bewegen, ihn passieren zu lassen, und bat den Gott Hades um Erlaubnis, seine Geliebte Eurydike ins Leben zurückzuführen. Hades erklärte sich einverstanden, unter der Bedingung, dass sich Orpheus auf dem Rückweg durch die Vorhölle nicht nach ihr umdrehe. Als dieser jedoch Eurydikes Schritte nicht mehr hinter sich hörte, brach er sein Versprechen und verlor seine Geliebte für immer. Ebenso wie der Mythos betreten auch die Besucher*innen von *Lovers & Hunters*, sobald sie das „Tor" der Bewachenden hinter sich gelassen haben, einen ebenso seltsamen wie unbekannten Ort, an dem Erinnerungen, Wünsche und Gefühle zirkulieren. Auch wenn die Geschichte von Orpheus' Reise nicht direkt von der Rivalität zwischen Kunst und Liebe handelt, sind sie doch unverkennbar verschränkt, denn allein dank seiner musikalischen Begabung kann er den Versuch unternehmen, seine Geliebte zurückzuholen. Durch seine Tat verkörpert der griechische Held vor allem die bis über den Tod hinaus währende Treue in der Liebe. Die mit roten und schwarzen Keramikherzen, sowie mit gravierten Schlössern behängte Skulptur *The Lover* könnte Orpheus verkörpern. Mit dem Unterschied allerdings, dass in Siegen nun *Jasmin* vor *The Lover* steht. Genau genommen steht sie zwischen *The Lover* und *The Fluteplayers* und richtet jeweils ein Auge auf die beiden anderen Skulpturen. Ist es in dieser umgekehrten Anordnung also sie, die sich auf die Suche nach dem fernen Geliebten macht? Stehen die beiden *Jasmin* flankierenden Künstler*innenfiguren und der Liebende hier im Gegensatz zueinander? Ist sie in einem Zwiespalt gefangen, der sie daran hindert, sich zu entscheiden und somit ihren Weg weiterzugehen?

uncertainty into the relationship structure of the characters. This doubt opens the door for a reflection on the antagonism that is laid out in the title of the exhibition, *Lovers & Hunters*.

2 Werner Herzog, *Conquest of the Useless* (New York: Harper Collins, 2010).

My heart varies between creativity and love

What is happening here between the *Lovers & Hunters*? Who are the Lovers? Do they depict love to someone or something else or to multiple loves at once? And the Hunters – are they chasing the Lovers? Is it about doubt, life circumstances, habit, distance, uncertainty? The list could be continued. In any case, *Lovers & Hunters* stages a theatre of emotions that deals with the ambivalent relationship between the creative and the in timate and emotional. The ambiguity brought about by the topos of the Danaids, or even by the simple positioning of the characters in the hall, opens up a space for various scenarios to unfold. The types of love manifested here are based on two mythological narratives that point to a path of interpretation. But between the illusion of love and the love of art, the resolution of the story may be found elsewhere. In fact, the exhibition does not end with *Jasmin*, *The Lover* and *The Fluteplayers* either. It continues in the basement with the film *Flint House Lizard*, a kind of surrealist hymn to the perception of the body.

In terms of both scenographic design and theme, *Lovers & Hunters* first alludes to the story of Orpheus, a hero of Greek mythology who embodies the figure of the poet and musician. According to the legend, Orpheus was able to persuade the three-headed hellhound Cerberus, the guardian of the entrance to the underworld, to let him pass and asked the god Hades for permission to bring his lover Eurydice back to life. Hades agreed, on condition that Orpheus did not turn around to look at her on his way back through limbo. But when he no longer heard Eurydice's footsteps behind him, he broke his promise and lost his beloved forever. Just like the myth, the visitors to *Lovers & Hunters*, once they have left the "gate" of the guardians, enter a place that is as strange as it is unknown, where memories, desires and feelings circulate. Although the story of Orpheus' journey is not directly about the

Flint House Lizard
HD-Projektion, Polymer, glasierte Keramik, Holzkonstruktion Teppich, Farbe, Erde, Blätter / HD-projection, polymer, glazed ceramic, wooden construction, carpet, paint, earth, leaves, 2021.

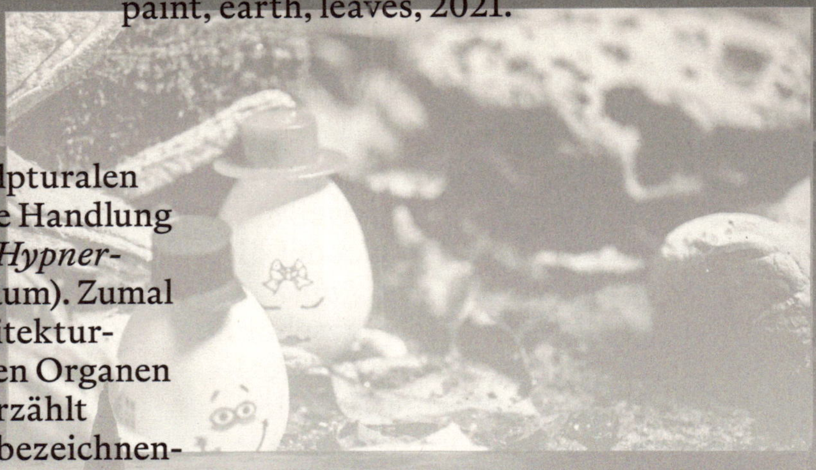

Die zweite Geschichte, die in dieser skulpturalen Konfiguration anklingt, verweist auf die Handlung des 1499 anonym erschienenen Buches *Hypnerotomachia Poliphili* (Liebeskampf im Traum). Zumal es als Anregung für einen Teil der Architekturdarstellungen diente, die sich hier mit den Organen des Wandfrieses verbinden. Das Epos erzählt vom Traum des Poliphilo, dessen Name bezeichnenderweise „der, der viele liebt" bedeutet. Als er einschläft, findet er sich in eine wundersame, von Fabelwesen bevölkerte Welt voller antiker Bauwerke versetzt. Die Nymphen, denen er begegnet, lassen sich erweichen und führen ihn zu seiner geliebten Polia. Doch als er sie in die Arme schließen will, verschwindet sie, und er begreift, dass alles nur ein Traum war. Der Großteil des Buches besteht aus minutiösen Beschreibungen von Architektur, Maschinen und prachtvollen Gärten. Poliphilos Traum soll auch als Inspiration für verschiedene Architekturen im Garten von Bormazo, in dem sich der zuvor erwähnte Orkusschlund befindet, gedient haben.[3] Im Wesentlichen kreist das Buch um zwei Themenbereiche: um die Liebeshandlung und um eine ebenso vielgestaltige wie vielschichtige Würdigung der antiken Kultur. Dabei verknüpft es zugleich die unerreichbare und illusorische mit einer vielfältigen, auf alle Formen der künstlerischen Produktion gerichteten Liebe. Aus dem *Liebeskampf im Traum* nährt sich die Konstellation, in der hier *Jasmin, The Lovers* und *The Fluteplayers* zueinander stehen, was mehrere Fragen eröffnet: Ist die Liebe des*der anderen sicher? Ist die Liebe zur Kunst leichter zugänglich, einfacher oder gar zuverlässiger als die Liebe des*der anderen?

3 Siehe den französischsprachigen Wikipedia-Eintrag zum Garten von Bomarzo unter: https://fr.wikipedia.org/wiki/Jardins_de_Bomarzo [abgerufen am 11.02.2022].

Meiner Meinung nach bietet sich die durch diesen Widerstreit aufgeworfene Problematik dazu an, über die Stellung von Künstlerinnen nachzudenken. Virginia Woolf befasste sich in *Ein Zimmer für sich allein* (1929) bereits mit den Faktoren, die Frauen den Zugang zu künstlerischer Produktion und Anerkennung erschwerten. Eine ihrer Hauptthesen, die titelgebend war, besagt: „[…] eine Frau braucht Geld und ein eigenes Zimmer, um schreiben zu können".[4] Die Notwendigkeit, über ein Arbeitszimmer zu verfügen, und ökono-

rivalry between art and love, they are unmistakably intertwined, for it is thanks to his musical talent alone that he was able to attempt to reclaim his beloved. Through his deed, the Greek hero embodies above all the fidelity in love that lasts beyond death. The sculpture *The Lover*, decorated with engraved red and black hearts and heart-shaped locks, could embody Orpheus. The difference, however, is that in Siegen *Jasmin* now stands in front of *The Lover*. Strictly speaking, she stands between *The Lover* and *The Fluteplayers* and directs one eye at each of the other two sculptures. So in this reversed arrangement, is it she who sets out in search of her distant lover? Are the two artist figures flanking *Jasmin* and *The Lover* here in opposition to each other? Is *Jasmin* caught in a dichotomy that prevents her from deciding and thus continuing on her path?

The second story echoed in this sculptural configuration refers to the plot of the book *Hypnerotomachia Poliphili* (The Strife of Love in a Dream), published anonymously in 1499 – especially since it served as inspiration for part of the architectural depictions that are combined here with the organs of the mural. The epic tells of the dream of Poliphilo, whose name significantly means "he who loves many". When he falls asleep, he finds himself transported to a wondrous world populated by mythical creatures and full of ancient buildings. The nymphs he encounters soften and lead him to his beloved Polia. But when he goes to embrace her, she disappears and he realises that it was all a dream. Most of the book consists of meticulous descriptions of architecture, machinery and magnificent gardens. Poliphilo's dream is also said to have served as inspiration for various architectural monuments in Bormazo's garden, where the previously mentioned Orcus mouth is located.[3] Essentially, the book revolves around two themes: the act of love and an appreciation of ancient culture that is as multifaceted as it is multilayered. At the

YES III
Glasierte Keramik, Teppich, Farbe, Erde, Blätter / glazed ceramic, carpet, paint, earth, leaves, 2021.

mische Zwänge wurden zuvor bereits angesprochen mit dem Bild des nomadischen Künstlers*der nomadischen Künstlerin, der*die gezwungen ist, den Ort zu wechseln, um eine angemessene Arbeitsumgebung zu finden. Die kanadische Schriftstellerin Nancy Huston stellt sich in ihrem *Journal de la création* (1990), in dem sie vor allem die Beziehungen zwischen Zeugung und künstlerischer Schöpfung anhand von Beobachtungen aus dem Leben von Künstler*innenpaaren wie etwa Sartre und Beauvoir untersucht, die einfache Frage: „Wohin steckt der Mann die Frau – oder die Frau den Mann –, um schreiben zu können?“[5] Genau hiernach scheint auch Ani Schulze in ihrem Theater der Emotionen zu fragen: Welchen Raum soll man der Kunst geben? Und welchen Raum den Gefühlen, dem Leben? Huston führt es näher aus: „Der Konflikt zwischen Kunst und Leben, Kreation und Prokreation, Geist und Körper führte bei Weitem über die biografischen Anekdoten dieses oder jenes literarischen Haushaltes hinaus. Er betraf mich ebenso, wie er auch jeden Mann und jede Frau betrifft, die heute der Kunst nachgehen möchten, ohne dabei allzu großen Schaden anzurichten – weder bei anderen noch bei sich selbst. Er betrifft im Grunde den gesamten Fragenkomplex nach der Verbindung zwischen Ethik und Ästhetik.“[6] Ani Schulze verweist letztlich auf Fragen, die dem Ort des Ego genauso gelten wie der Zeit, die man der Kunst oder dem persönlichen Leben widmet, und dem Raum, den man ihnen zugesteht. Und sie fragt danach, wie das alles die künstlerische Praxis bestimmt. Denn die zu treffende Entscheidung zwischen Kunst und Leben wird zwangsläufig vor dem Hintergrund einer Wirklichkeit getroffen, die wirtschaftliche Fragilität und Nomad*innentum, Isolation und Trennung, Schmerz und Ungewissheit umfasst.

4 Virginia Woolf, *Ein Zimmer für sich allein*, Kampa Verlag, Zürich 2019, S. 6 (Originalausgabe: *A Room of One's Own*, 1929).
5 Nancy Huston, *Journal de la création*, Paris, Seuil, 1990, S. 17.
6 Ebd., S. 18.

same time, it links the unattainable and illusory with a multifaceted love directed at all forms of artistic production. The constellation in which *Jasmin*, *The Lover* and *The Fluteplayers* stand is nourished by the struggle of love in the dream, which opens up several questions: Is this love offered from one to the other truly safe? Or is the love of art more accessible, easier and even more reliable?

3 See the English Wikipedia-entry for the gardens of Bomarzo: https://en.wikipedia.org/wiki/Gardens_of_Bomarzo [accessed 11 Feb. 2022].

In my opinion, the issues raised by this contradiction lend themselves to thinking about the position of women artists. Virginia Woolf, in *A Room of One's Own* (1929), addressed the factors that made it difficult for women to gain access to artistic production and recognition. One of her main theses, which gave rise to the title says “that a woman must have money and a room of her own if she is to write fiction”.[4] The need to have a study and economic constraints have been addressed before with the image of the nomadic artist who is forced to relocate in order to find an appropriate working environment. In her *Journal de la création* (1990) – in which she primarily examines the relationships between procreation and artistic creation through observations from the lives of artist couples such as Sartre and Beauvoir – Canadian writer Nancy Huston, asks the simple question: “Where does the man put the woman – or the woman put the man – in order to be able to write?”[5] This is precisely what Schulze seems to be asking in her theatre of emotions: Which space should one give to art? And which space for feelings, and for life? Huston elaborates: “The conflict between art and life, creation and procreation, mind and body went far beyond the biographical anecdotes of this or that literary household. It concerned me just as it concerns every man and woman who wants to pursue art today without doing too much harm – either to others or to themselves. It basically concerns the whole complex of questions about the connection between ethics and aesthetics.”[6] Schulze ultimately points to questions that apply to the place of the ego as much as to the time one devotes to art or personal life and the space one allows for them. And she asks

Lovers & Hunters
Glas, Aquarellfarbe auf Papier, Acrylfarbe auf Wand / glass, watercolour on paper, acrylic paint on the wall, 2021.

In dem von Ani Schulze so generös gezeichneten intimen inneren Porträt wird in der Tiefe des ausgestellten Körpers noch eine alternative Facette offenbar. Denn *Lovers & Hunters* wird im Souterrain des Kunstvereins fortgesetzt, wo der Film *Flint House Lizard* zu sehen ist. Dieser halbdunkle Raum gleicht einer großen Höhle. Der einzige Lichtschein stammt von der Projektion, er lässt das Raumrelief erahnen. Vor der Leinwand liegt ein teilweise mit Erde bedeckter Teppich. Drei kleine fleischfarbene Kreaturen (*Yes I, II, III*) erscheinen dort als fantastische, wie eine Mischung aus Dickbäuchen und Irrlichtern anmutende Wesen. Auf der Leinwand sind im Wechsel Nahaufnahmen von üppiger Natur und ebenfalls als Close-up gefilmte Bilder von Körpern zu sehen. Es folgen Einstellungen von Solarpaneelen und rot glühendem Magma. Die fragmentierte Erzählung endet mit einer Animation, in der sich große Würmer in einem abstrakten weißen Raum winden. Was den von Beobachtungen, Erfahrungen und Gefühlen der Künstlerin inspirierten Film besonders auszeichnet, ist die Art und Weise, in der die Gegenstände aus nächster Nähe eingefangen werden: Ihre Materialität wird nahezu greifbar, so als wären sie physisch im Raum gegenwärtig. Unterlegt wird dies durch eine Tonspur mit einem Mix aus Naturgeräuschen und Klängen, die den Eindruck von Körperlichkeit noch intensivieren. Alles im Film soll die Sinne ansprechen, den Tast-, Seh- und Hörsinn ebenso wie die animalisch-primitive Seite des Menschen. Insofern rückt er den Instinkt wieder ins Zentrum der Wahrnehmungen. Wo Kunst und Mythisierung es gestatten, die Dinge des Alltags und Emotionen zu sublimieren, da ist der Instinkt seinerseits eine Lebenskraft, die eine Vereinigung von Körper und Geist erlaubt.

how all this determines artistic practice. For the choice to be made between art and life is necessarily made against the backdrop of a reality that encompasses economic fragility and nomadity, isolation and separation, pain and uncertainty.

4 Virginia Woolf, *A Room of One's Own* (London: Penguin Books, 2004), p. 4.
5 Nancy Huston, *Journal de la création* (Paris: Seuil, 1990), p. 17).
6 Ibid., p. 18

In the intimate inner portrait so generously drawn by Schulze, another alternative facet is revealed in the depth of the body that has become an exhibition. For *Lovers & Hunters* continues in the basement of the Kunstverein, where the film *Flint House Lizard* can be seen. This dimly lit room resembles a large cave. The only glow of light comes from the projection, it gives a hint of the room's relief. In front of the screen is a carpet partially covered with earth. Three small flesh-coloured creatures (*YES I, II, III*) appear there as fantastic beings that look like a mixture of potbellies and will-o'-the-wisps. The screen alternates between close-ups of lush nature and images of bodies, also filmed in close-up. This is followed by shots of solar panels and red-hot magma. The fragmented narrative ends with an animation of large worms squirming in an abstract white space. What makes this film, inspired by the artist's observations, experiences and feelings, stand out is the way in which the objects are captured at close range: Their materiality becomes almost tangible, as if they were physically present in the space. This is underpinned by a soundtrack with a mix of natural sounds and tones that further intensify the impression of physicality. Everything in the film is meant to appeal to the senses, the senses of touch, sight and hearing as well as the animal-primitive side of human beings. *Flint House Lizard* moves the instinct back into the centre of perception, to a place where art and mythicisation allow the things of everyday life and emotions to be sublimated, where instinct becomes the essential life force, allowing a union of the body and spirit.

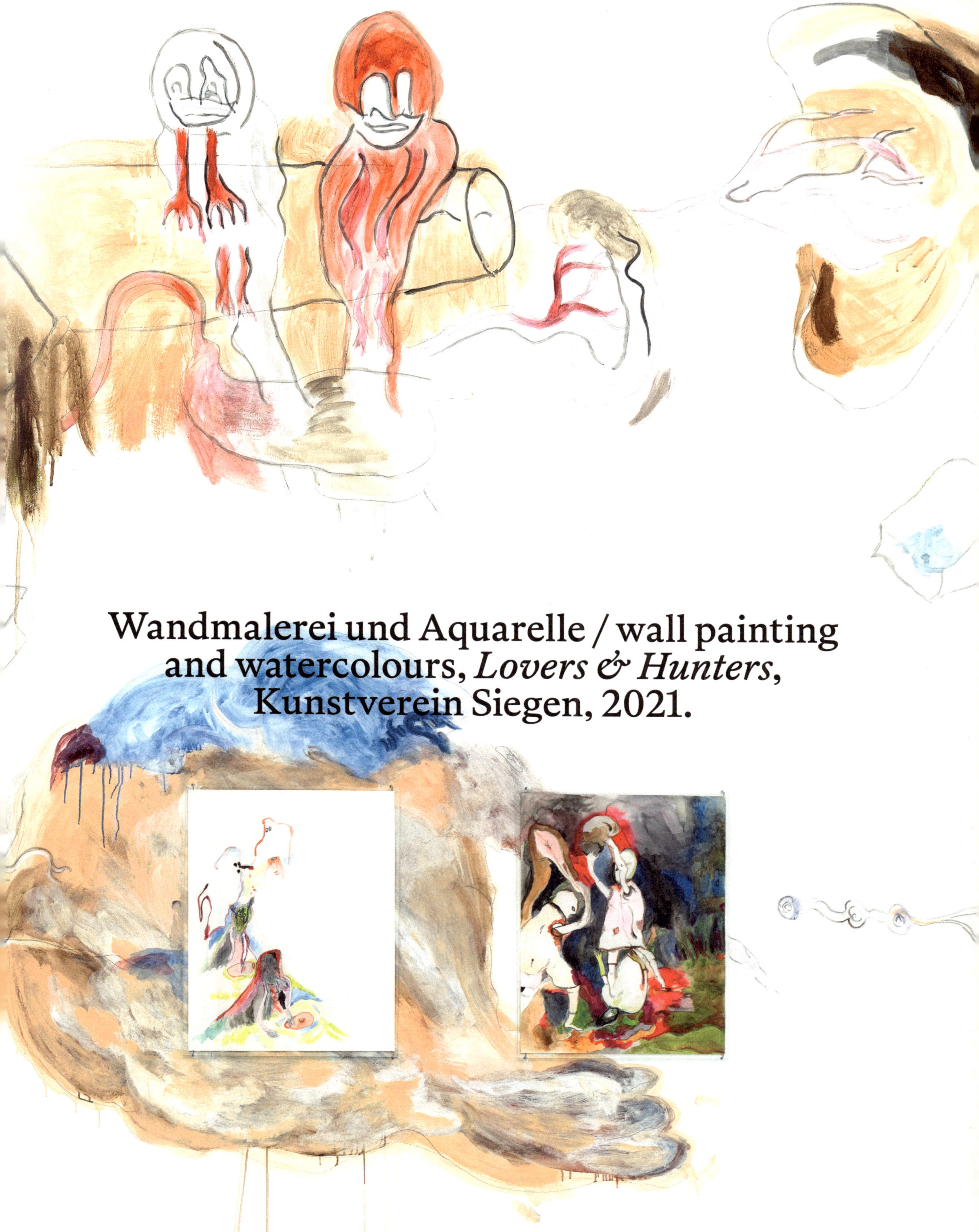

Wandmalerei und Aquarelle / wall painting and watercolours, *Lovers & Hunters*, Kunstverein Siegen, 2021.

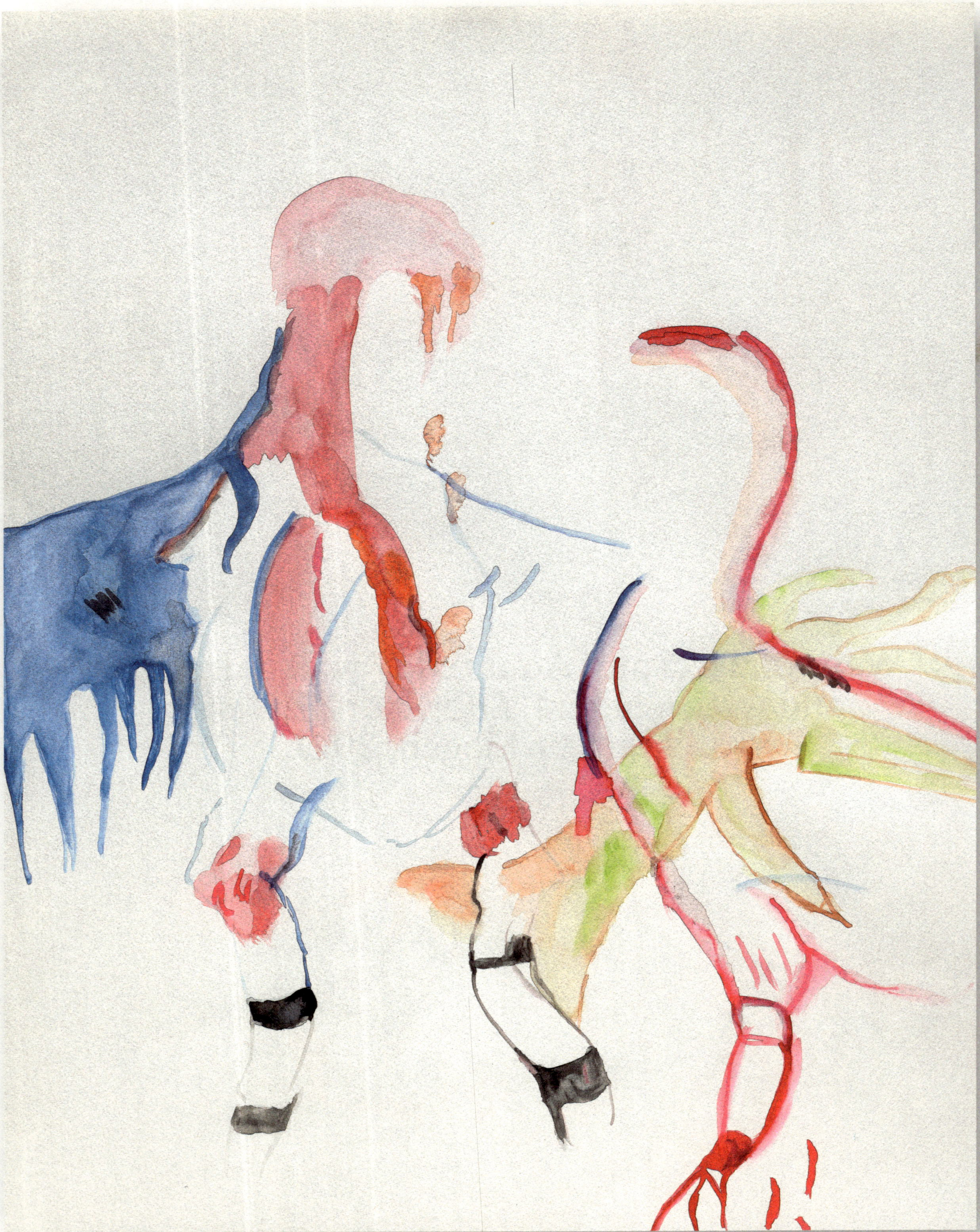

Les chiens de garde (discussing)
Aquarellfarbe auf Papier / watercolour on paper,
50 × 64,5 cm, 2020.

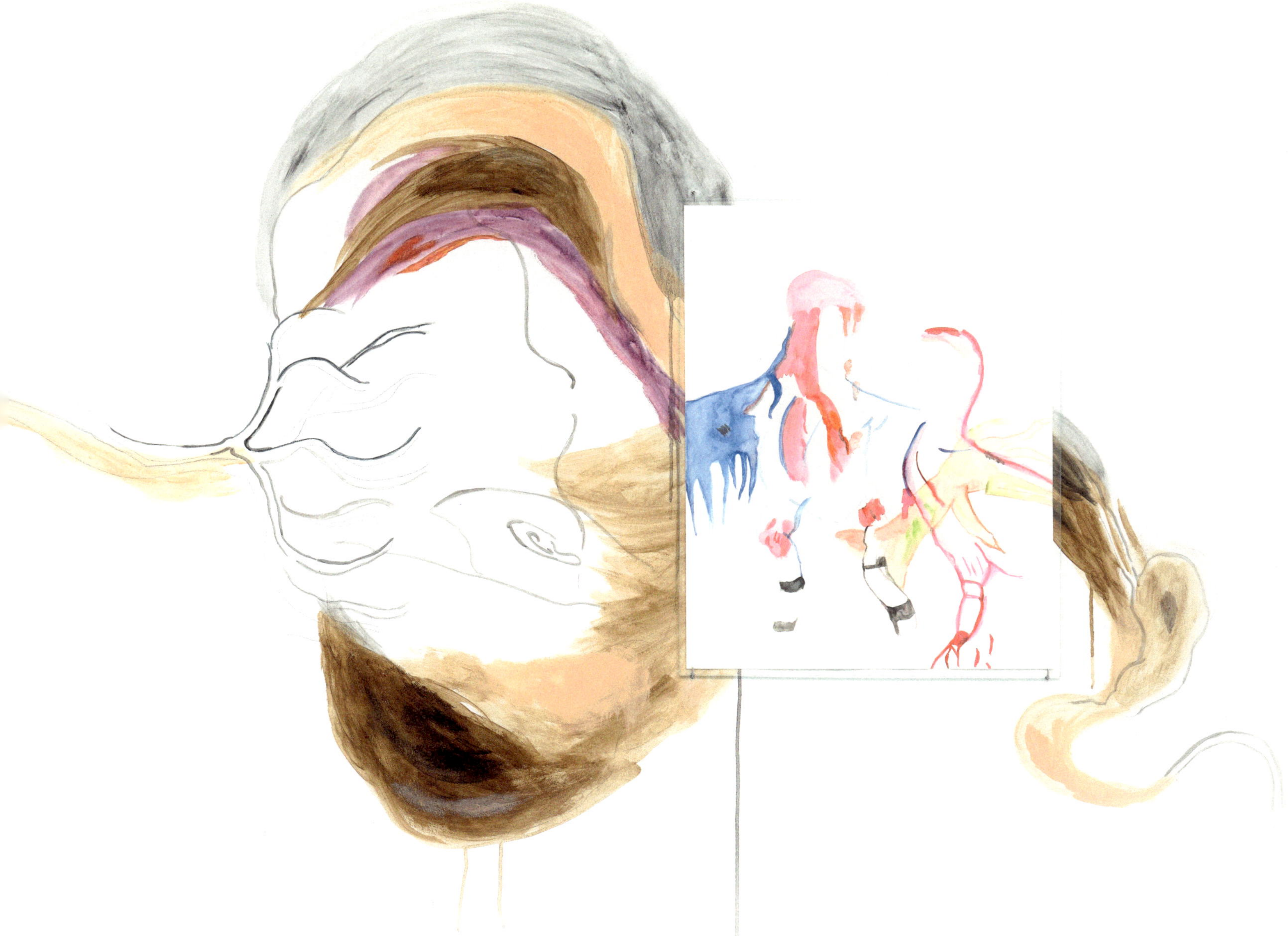

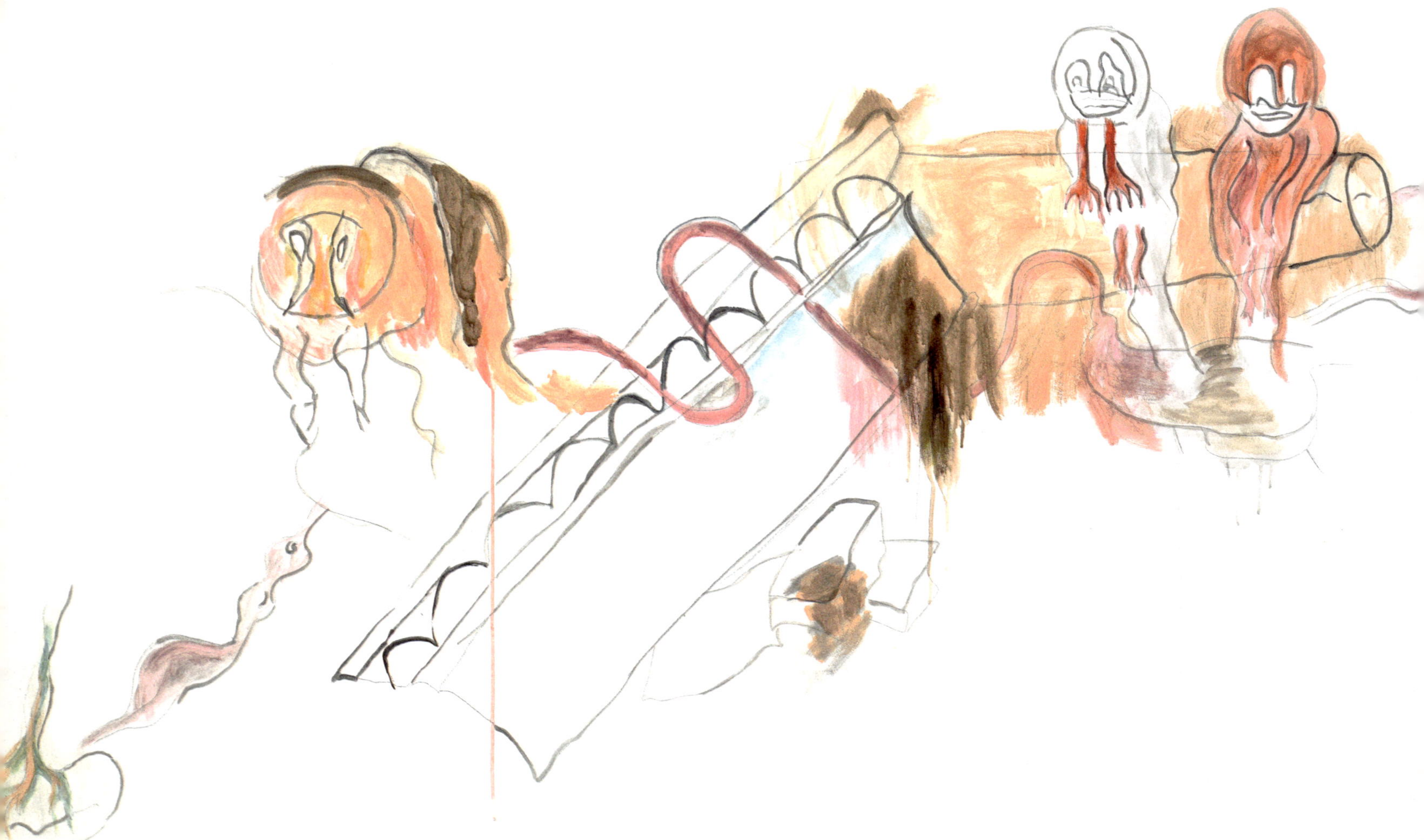

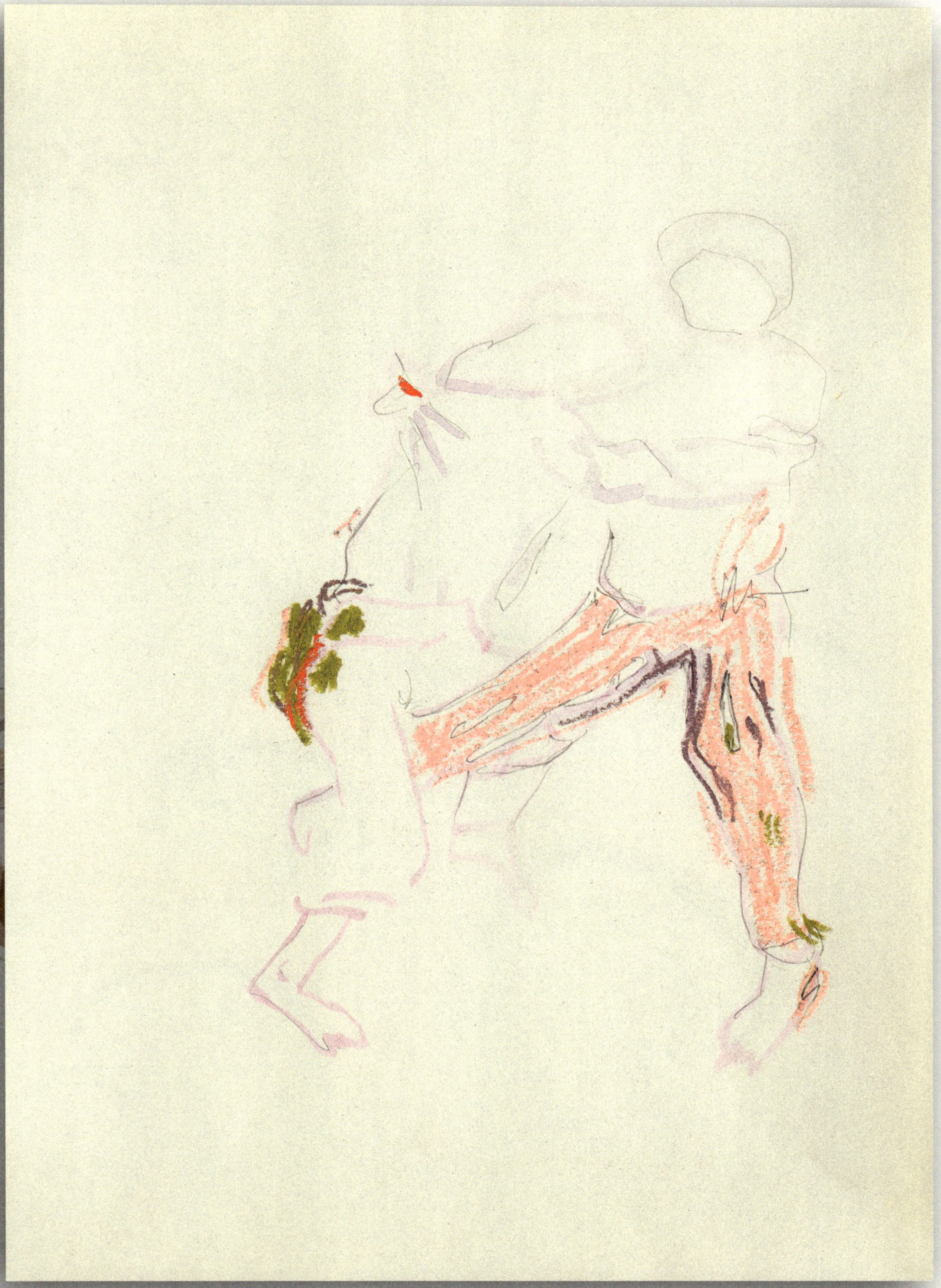

Power II
Bleistift, Ölkreide, Aquarellfarbe auf Papier / pencil, oil pastel, watercolour on paper, 29,7 × 42 cm, 2020.

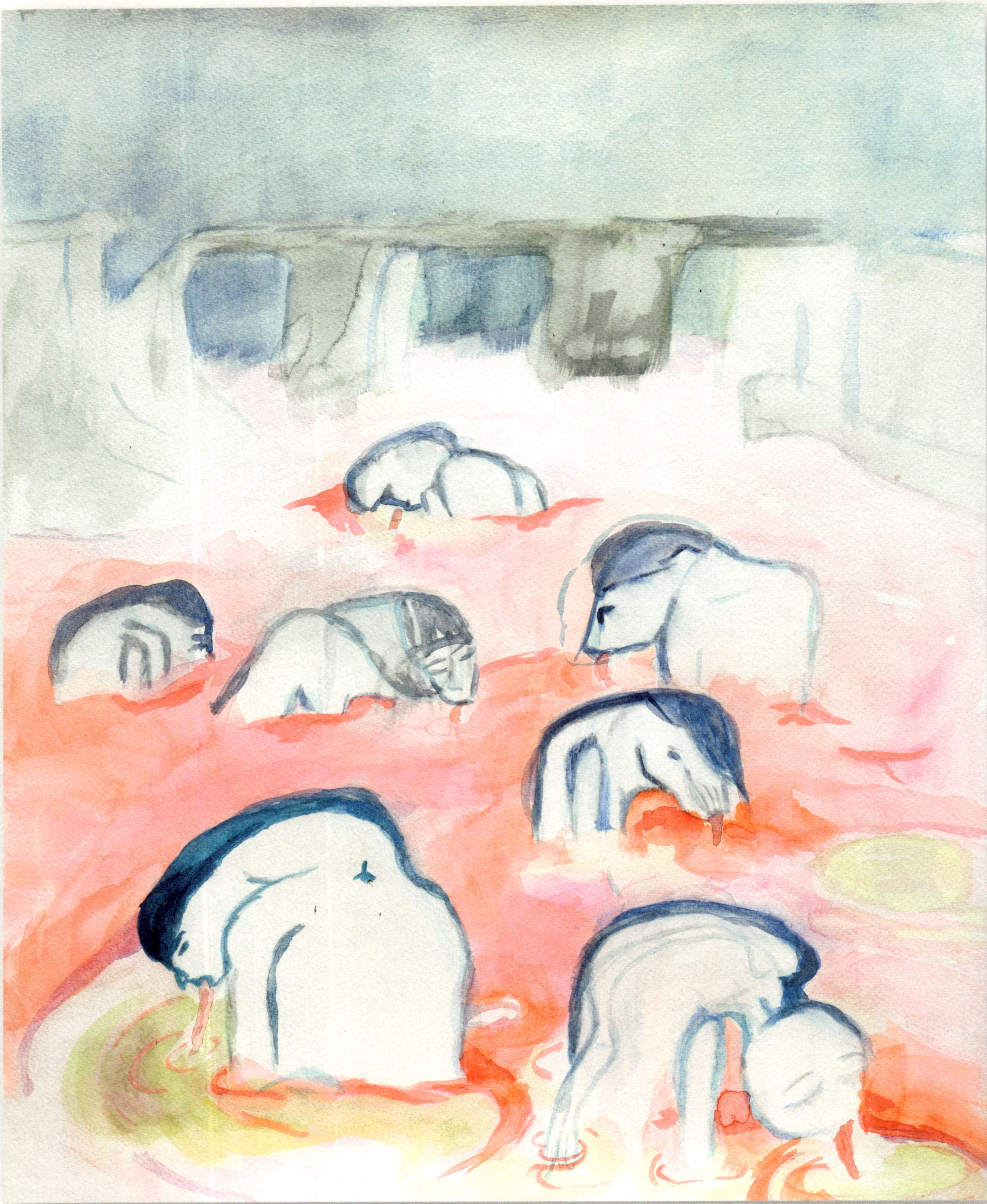

Badende I
Aquarellfarbe auf Papier / watercolour on paper,
40,6 × 50,8 cm, 2020.

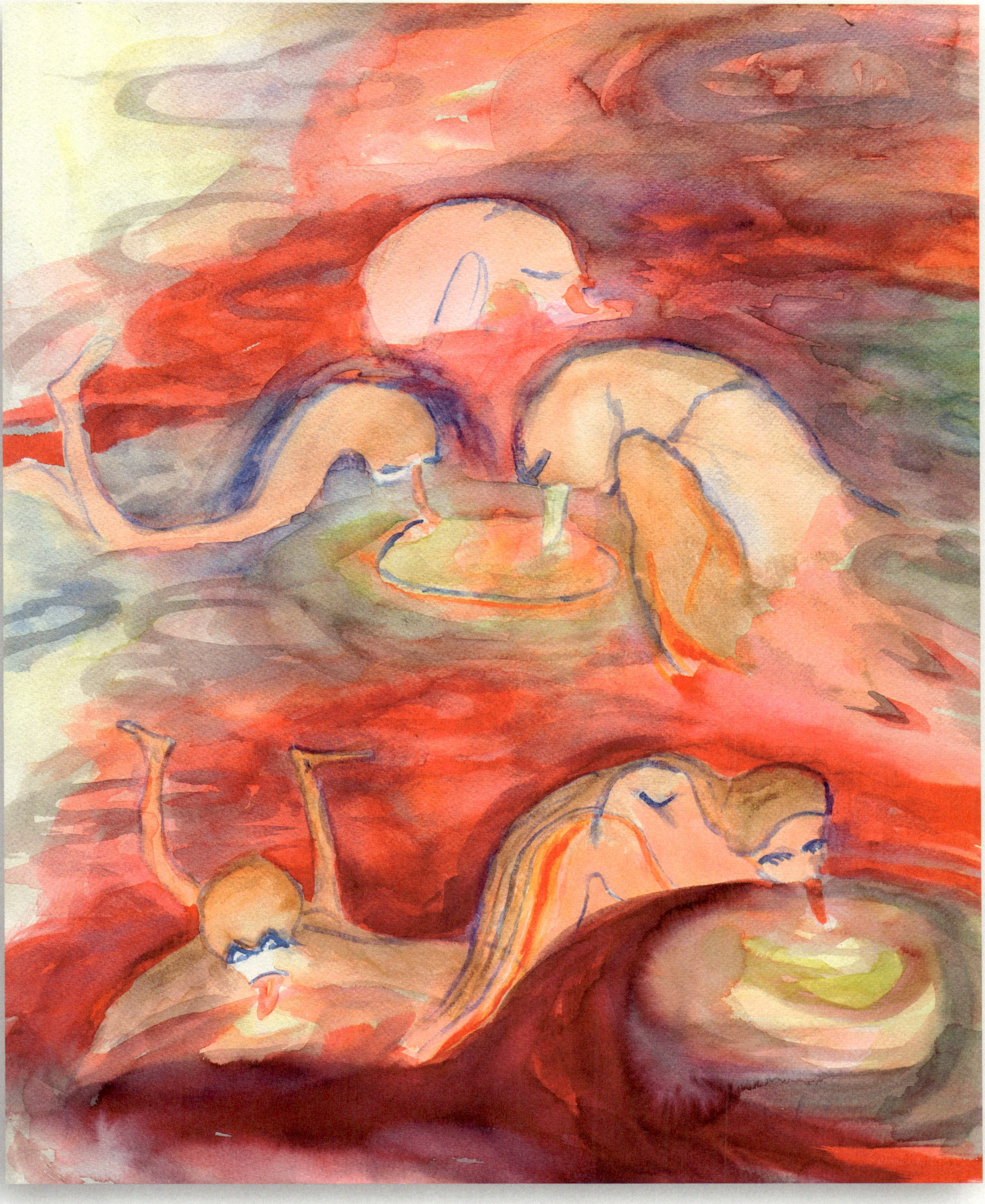

Badende II
Aquarellfarbe auf Papier / watercolour on paper, 40,6 × 50,8 cm, 2020.

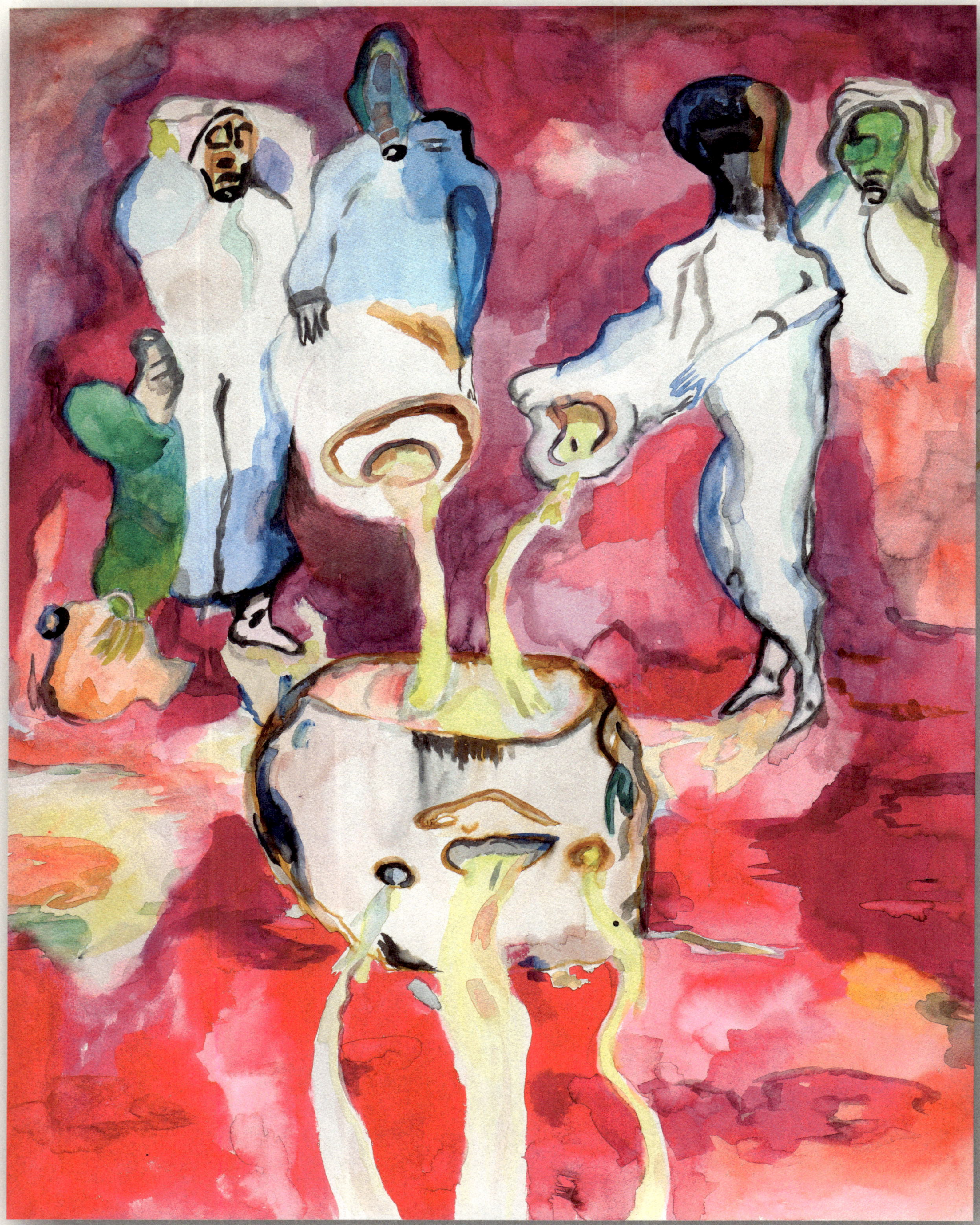

À la fontaine (Powers)
Aquarellfarbe auf Papier / watercolour on paper, 50 × 64,5 cm, 2020.

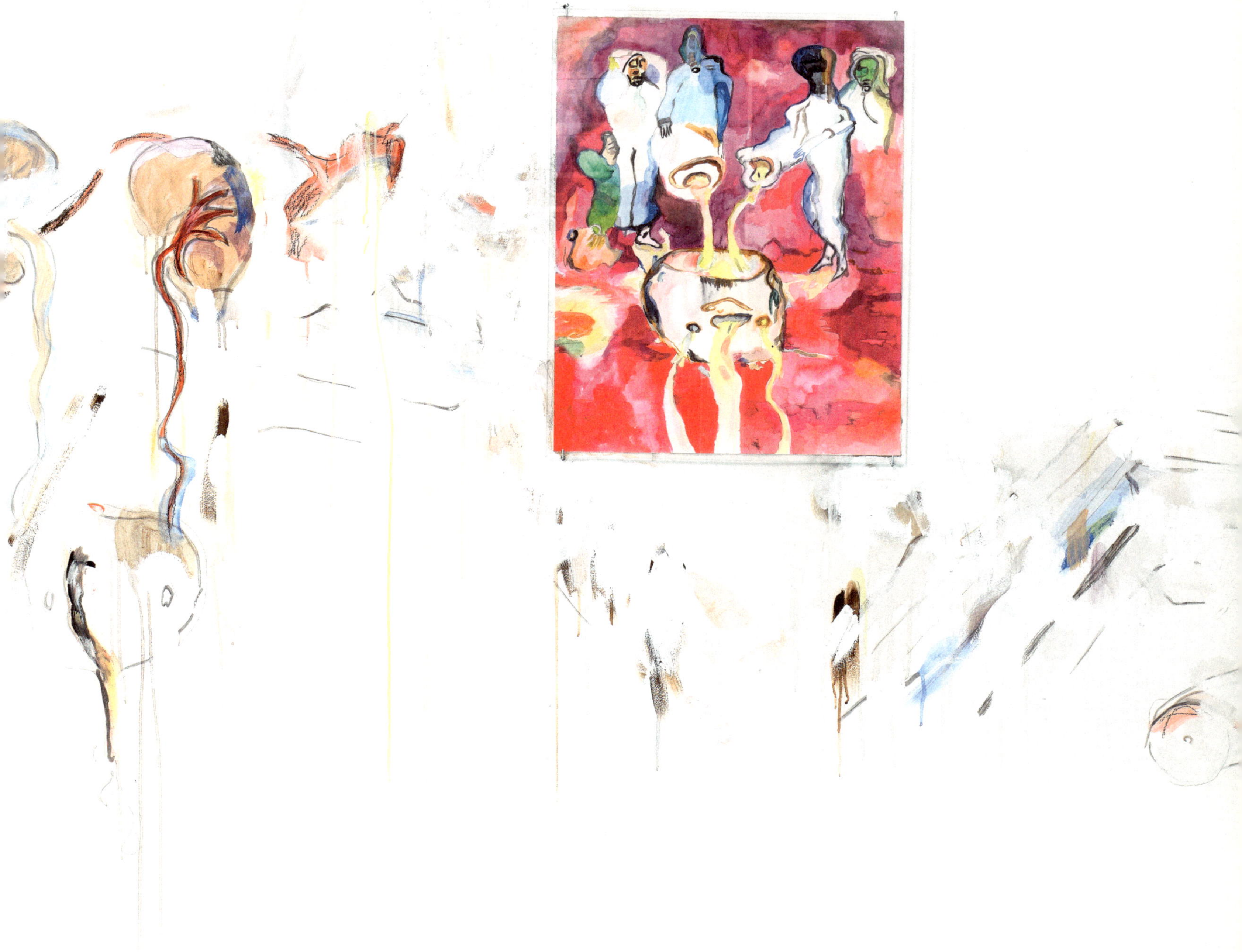

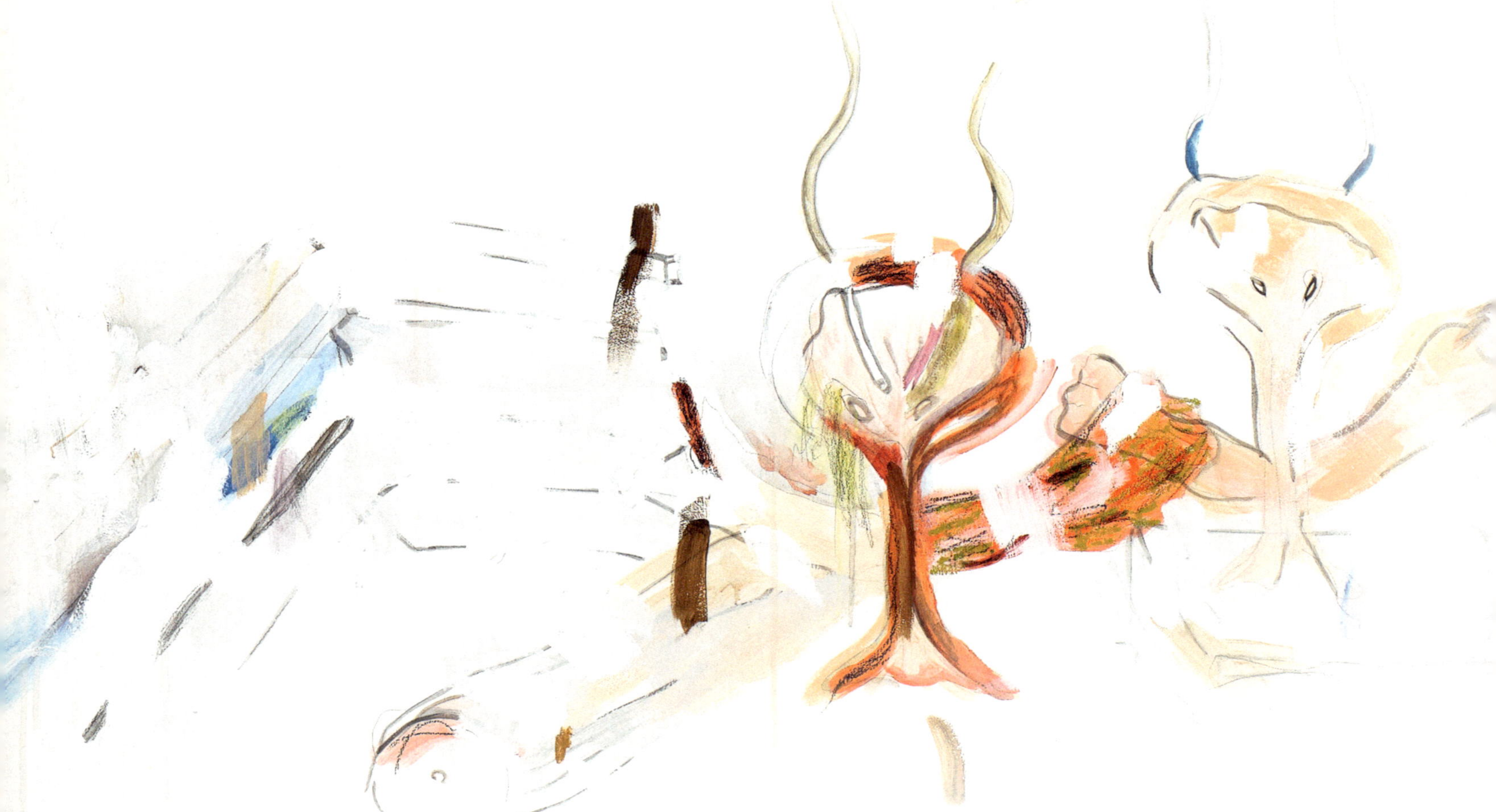

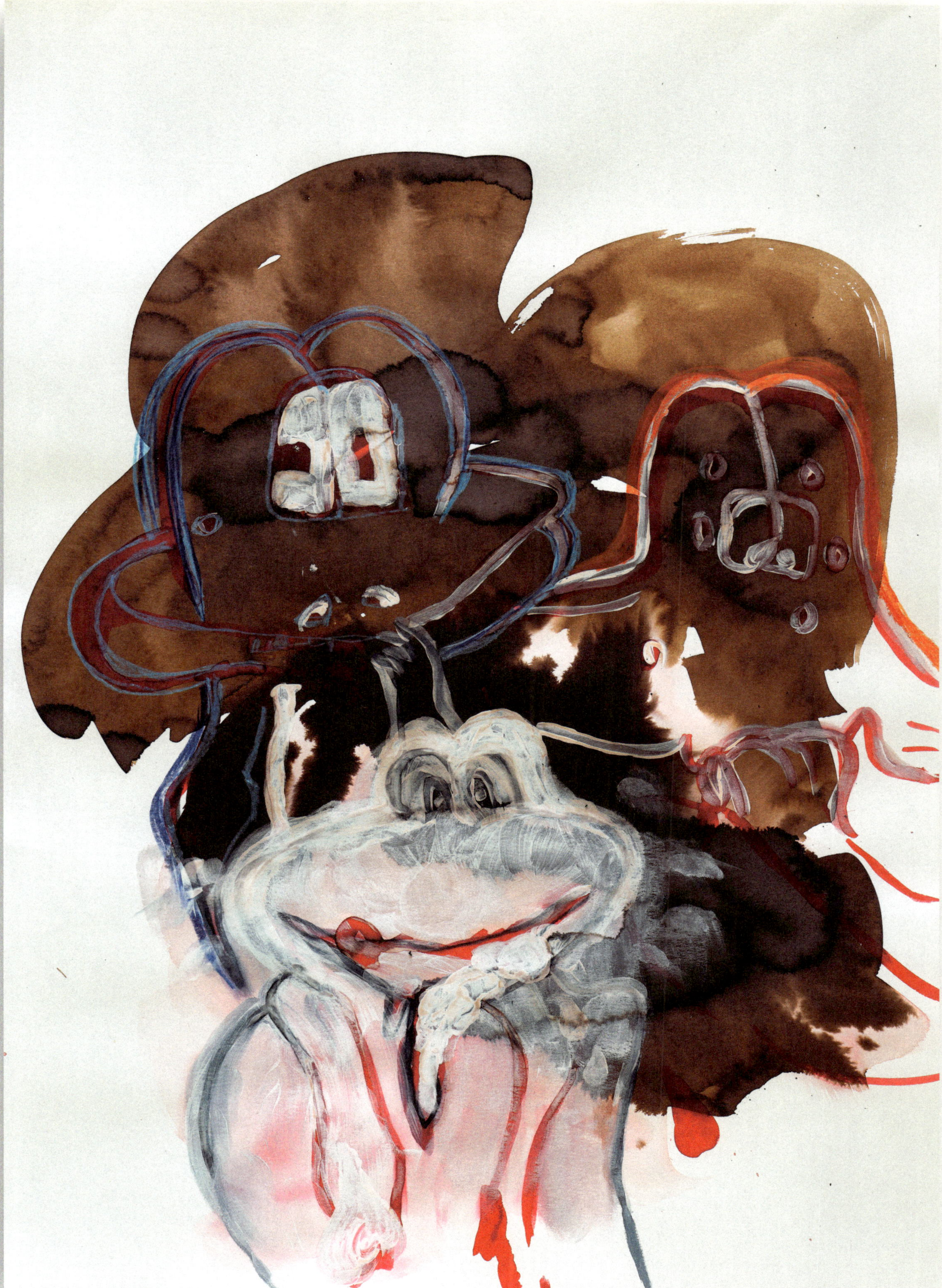

Not Welcome
Tusche, Marker und Acrylfarbe auf Papier / ink, marker and acrylic paint on paper, 50 × 64,5 cm, 2020.

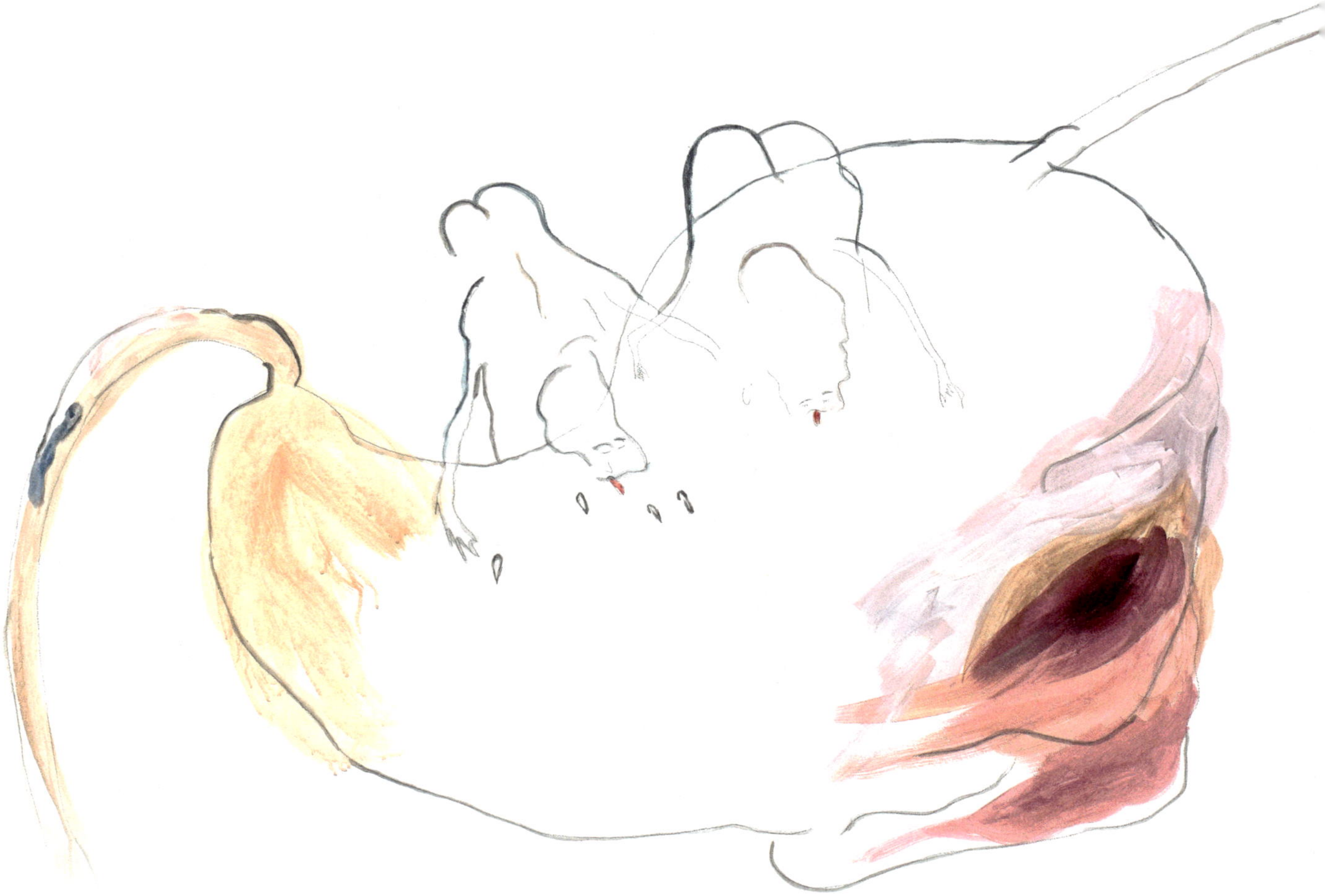

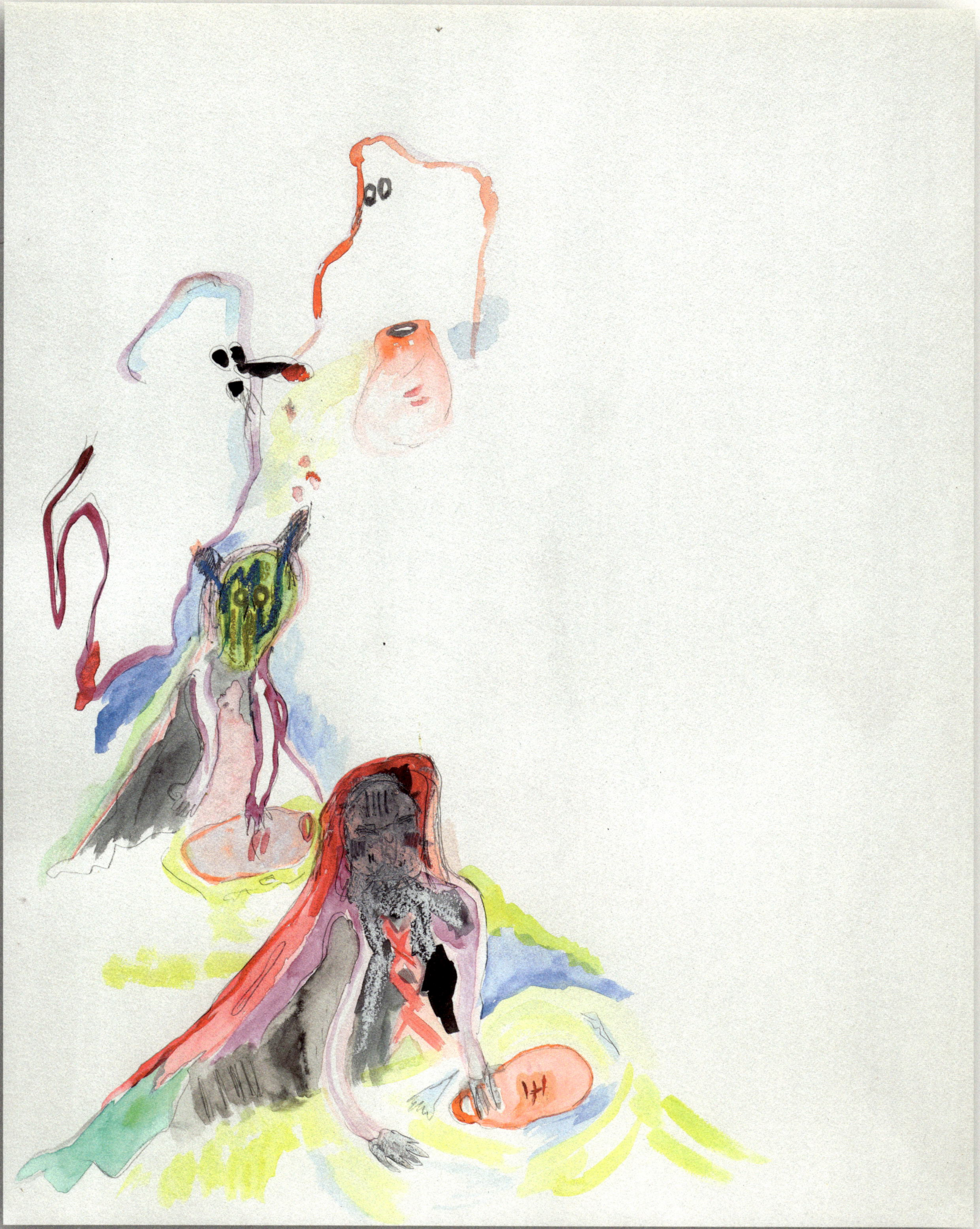

À la fontaine (Tartiflette)
Aquarellfarbe auf Papier / watercolour on paper, 50 × 64,5 cm, 2020.

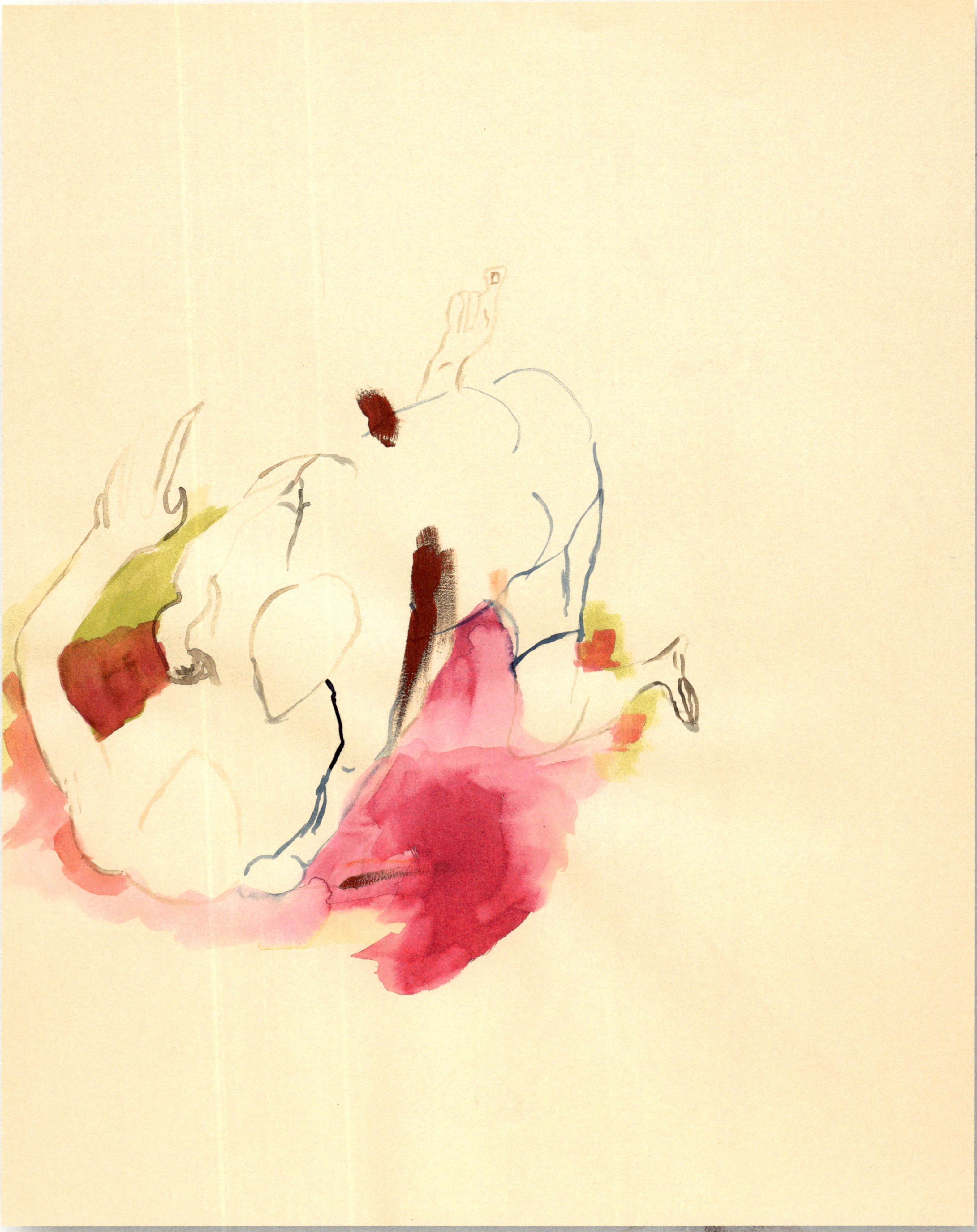

By Sun's Pashionshape (Sketch)
Aquarellfarbe auf Papier / watercolour on paper, 50 × 64,5 cm, 2020.

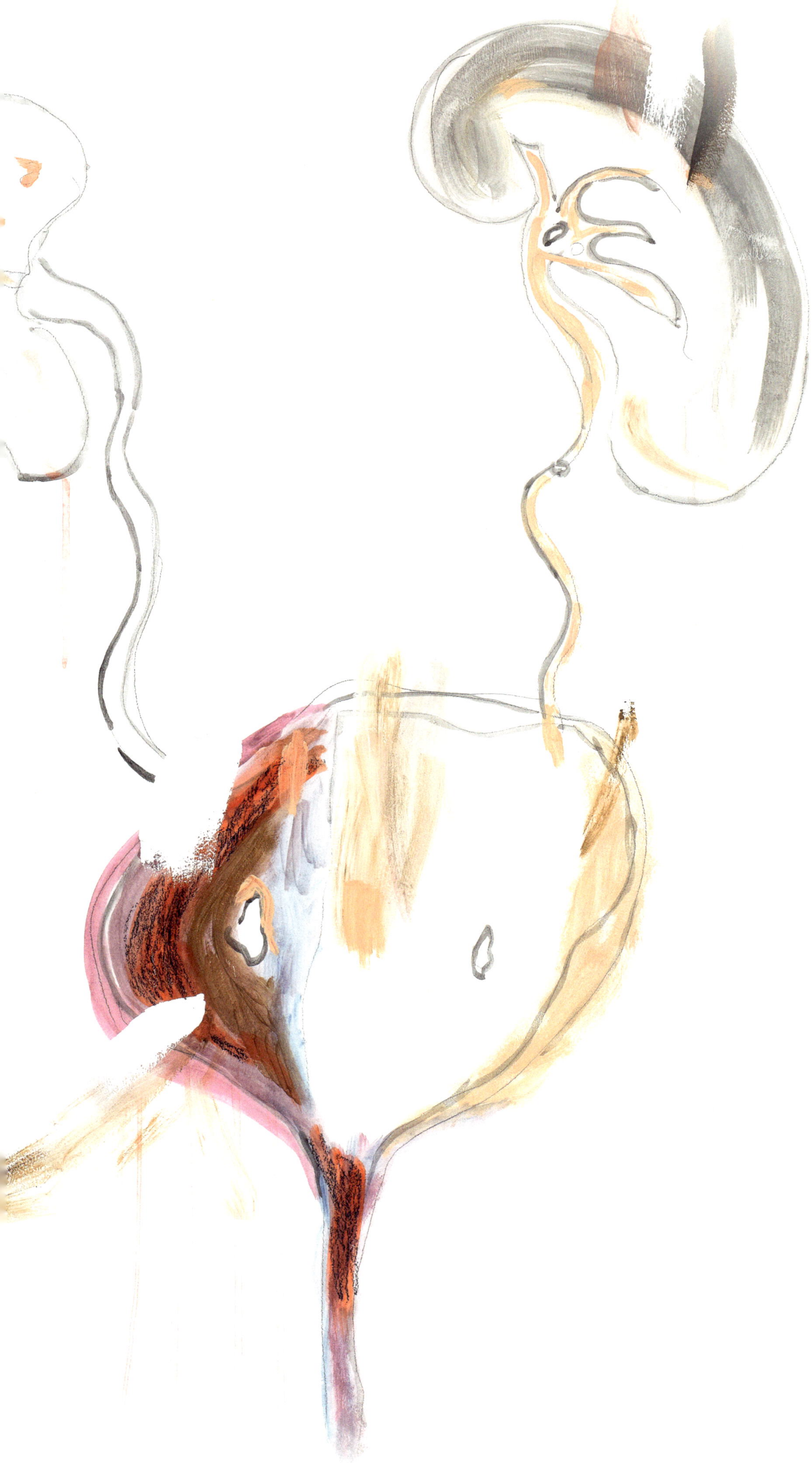

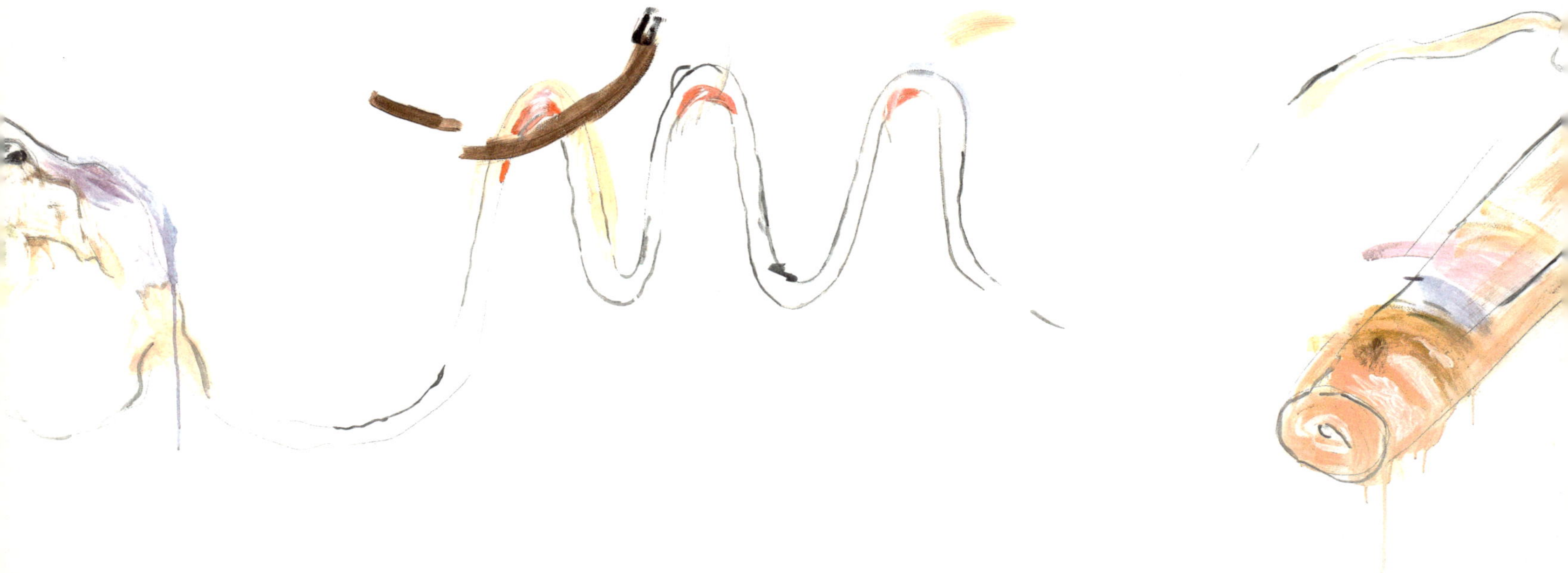

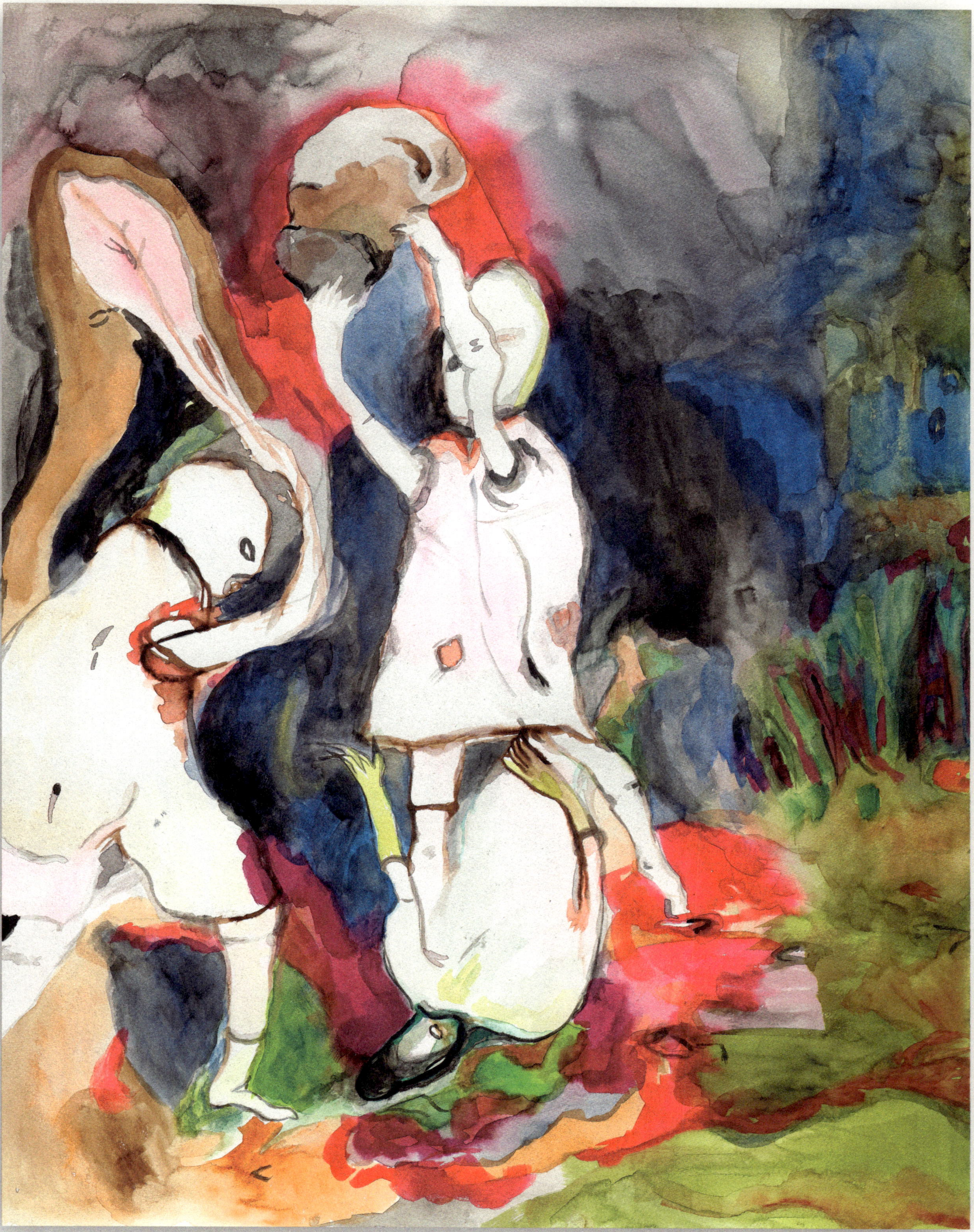

Under Your Thumb
Aquarellfarbe auf Papier / watercolour on paper, 50 × 64,5 cm, 2020.

Power I
Bleistift, Ölkreide, Acrylfarbe auf Papier / pencil, oil pastel, acrylic paint on paper, 29,7 × 42 cm, 2020.

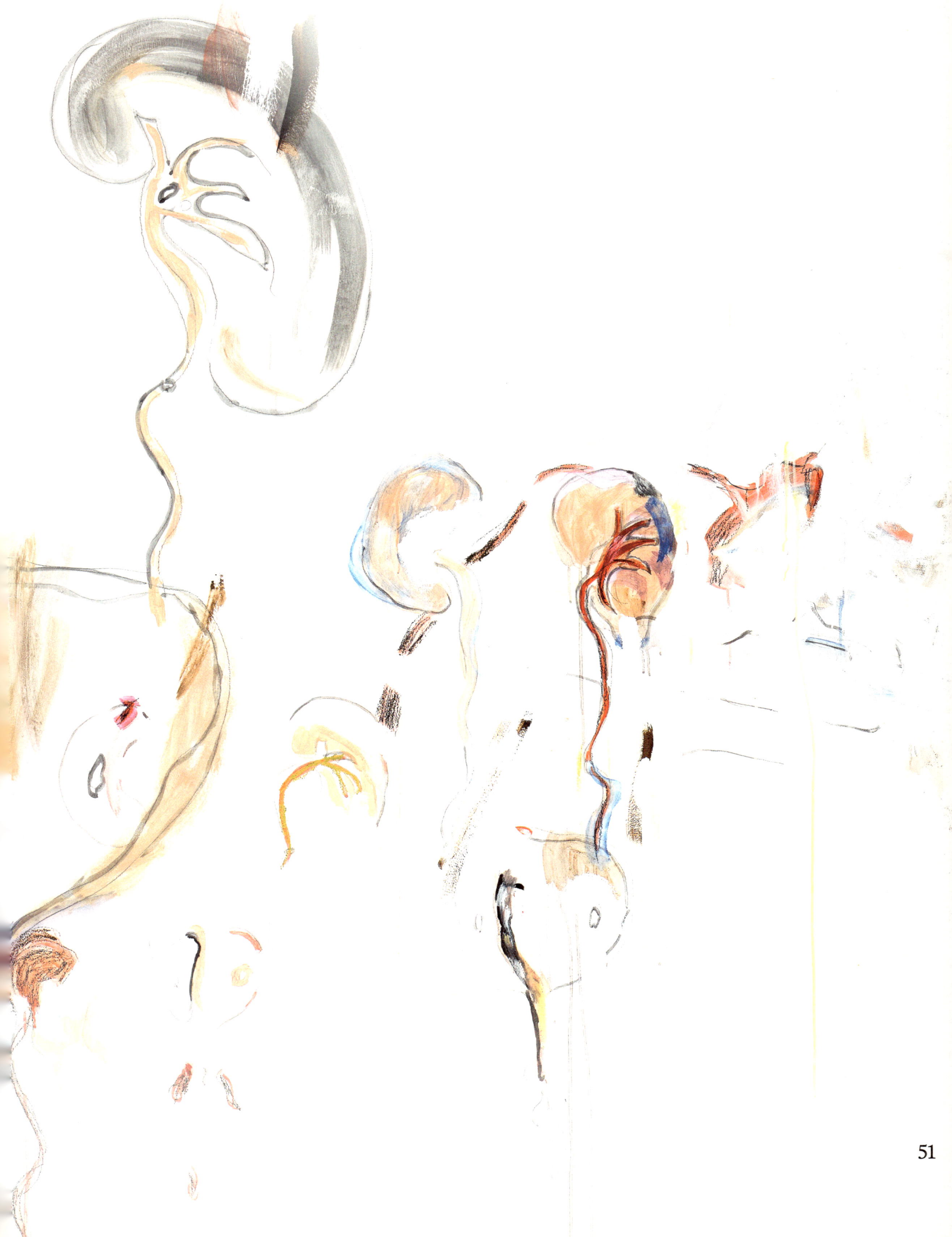

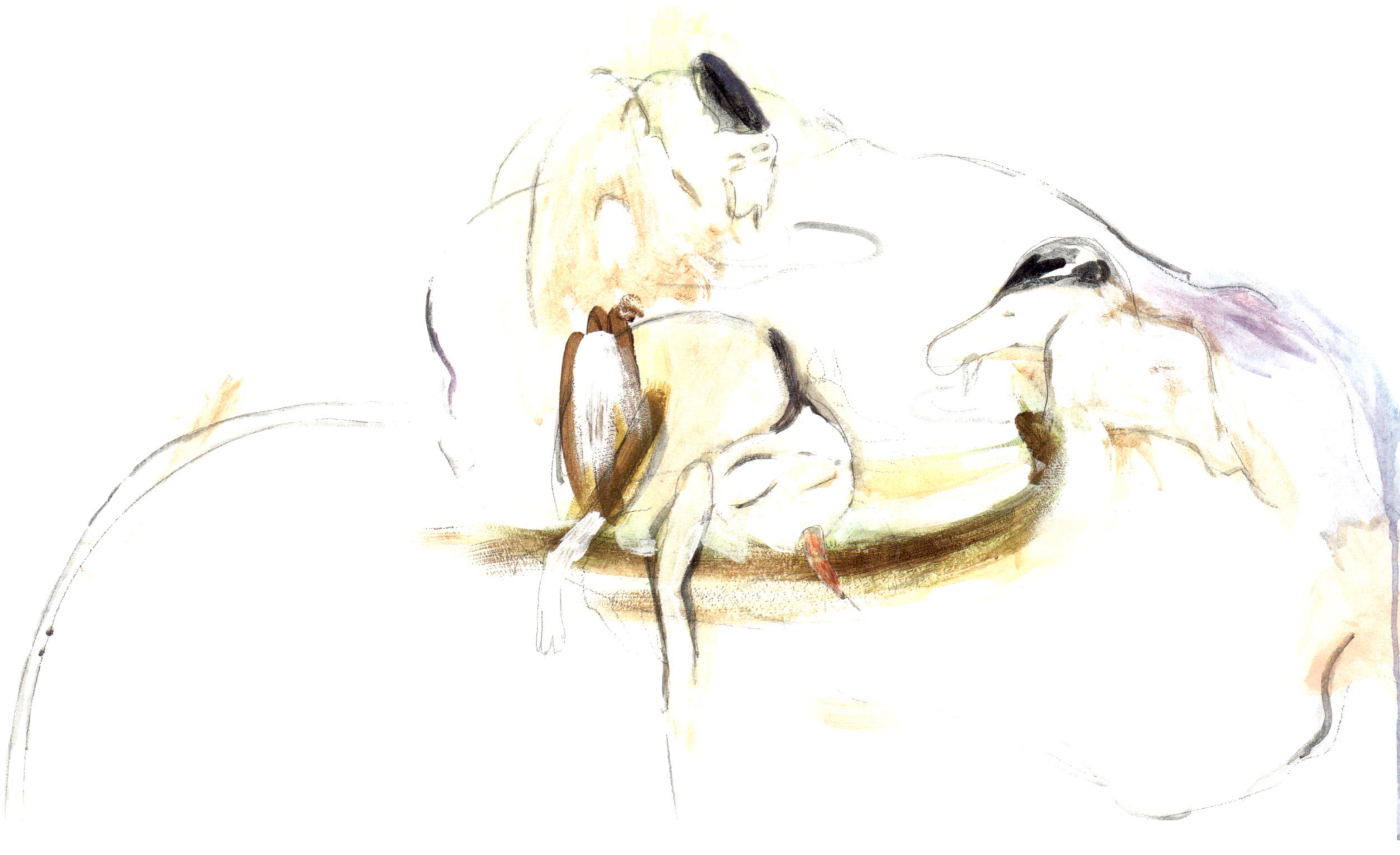

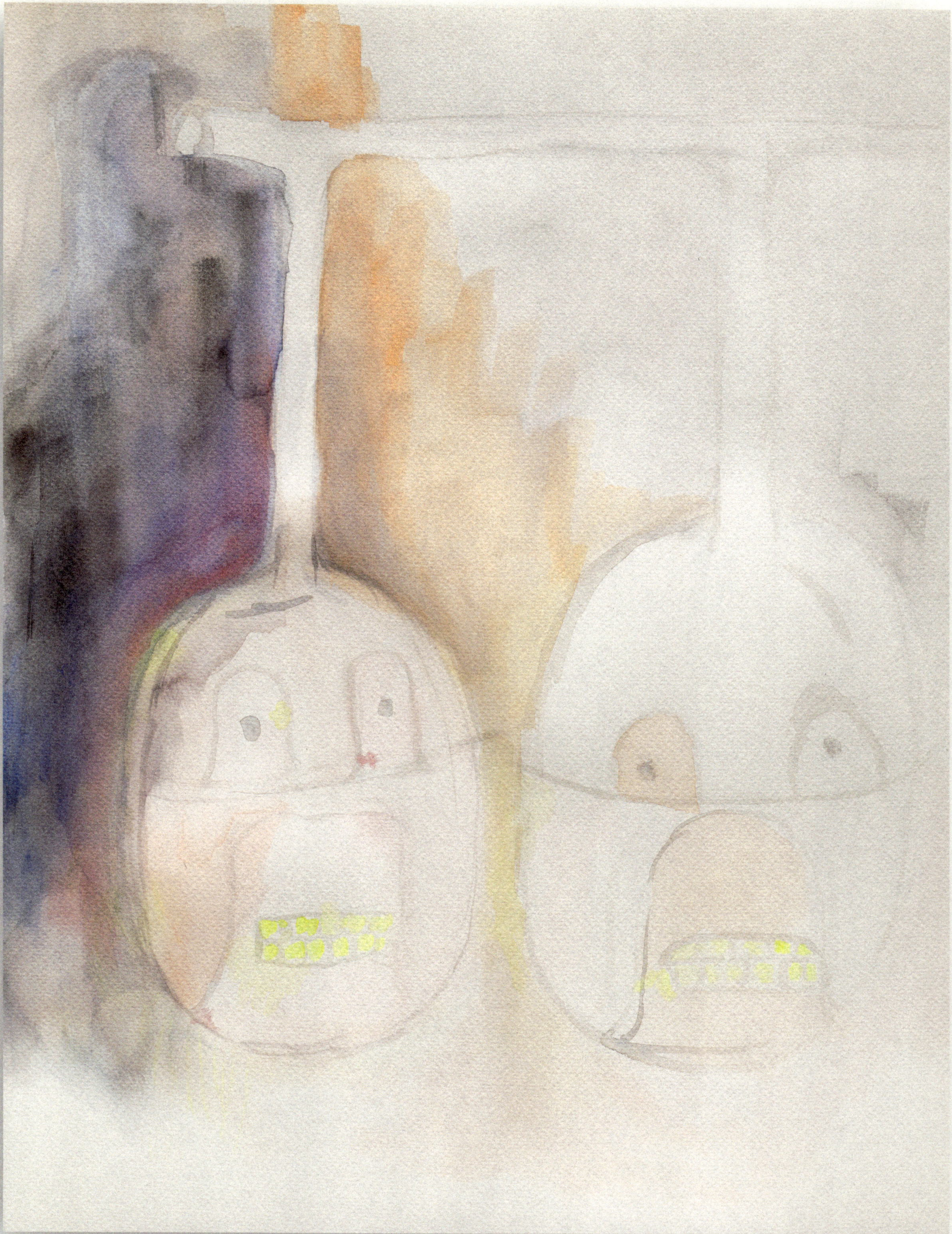

Fuchengmen II
Aquarellfarbe auf Papier / watercolour on paper, 36 × 48 cm, 2020.

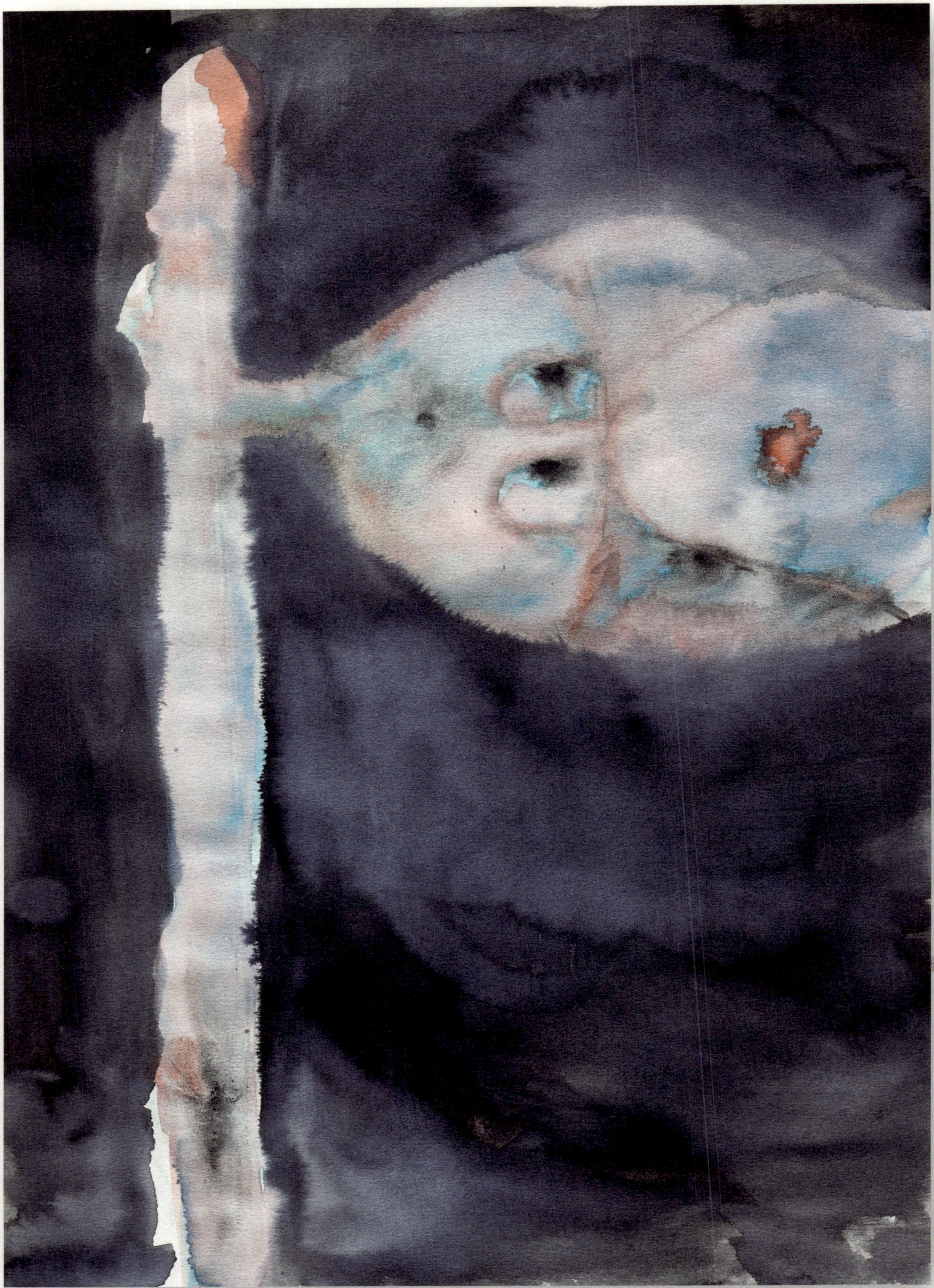

Fuchengmen I
Aquarellfarbe auf Papier / watercolour on paper, 36 × 48 cm, 2020.

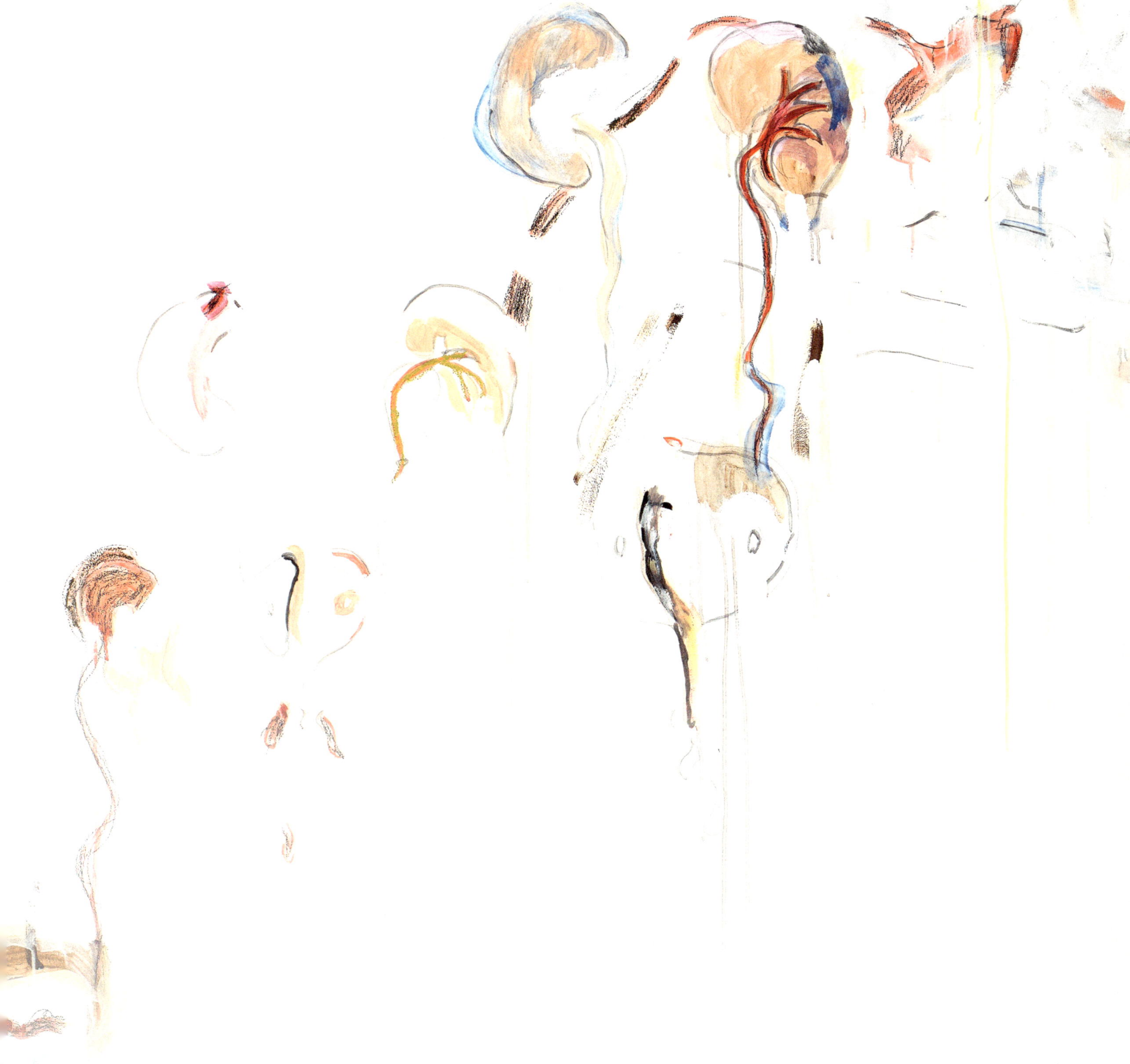

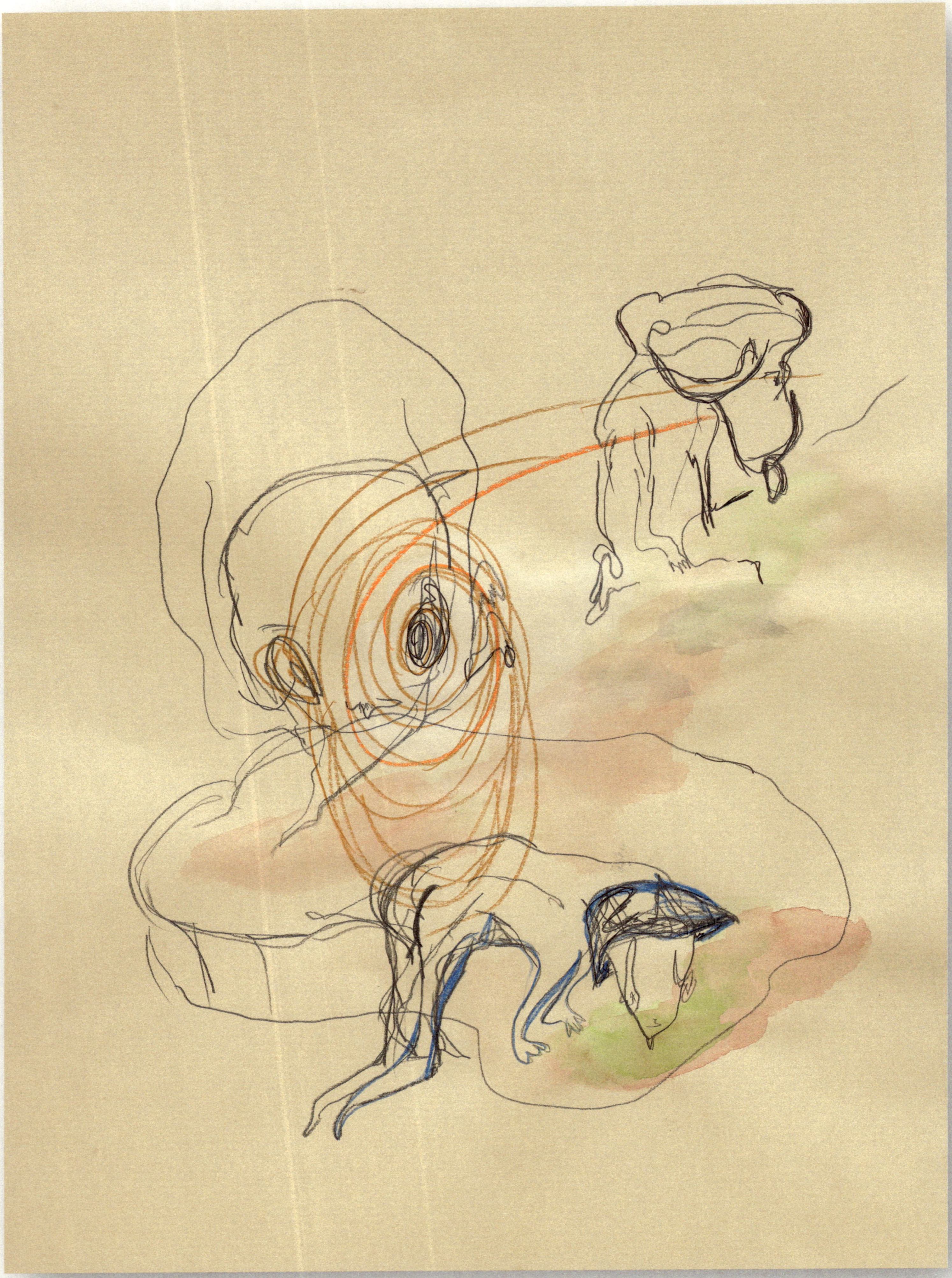

16 Badende (Skizze)
Blei- und Buntstift, Aquarellfarbe auf Papier / pencil and coloured pencil, watercolour on paper, 40,5 × 29,7 cm, 2020.

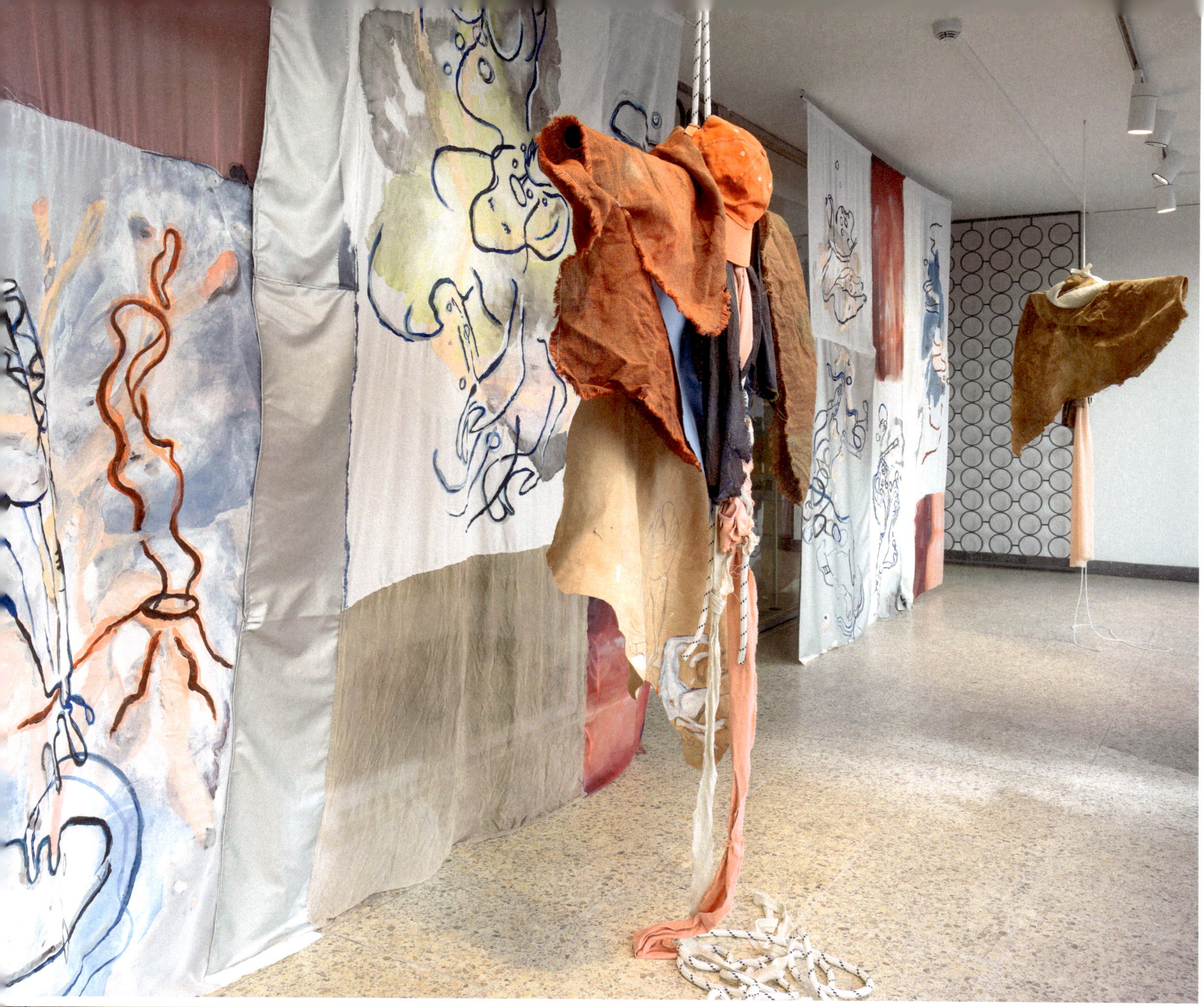

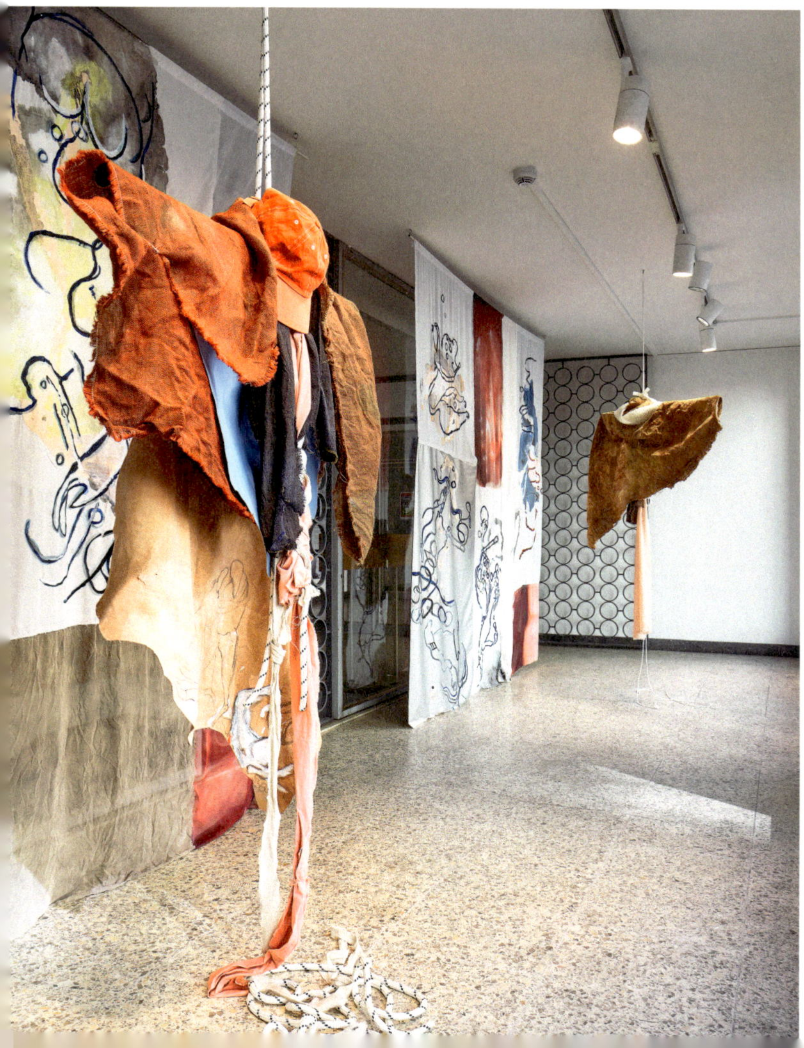

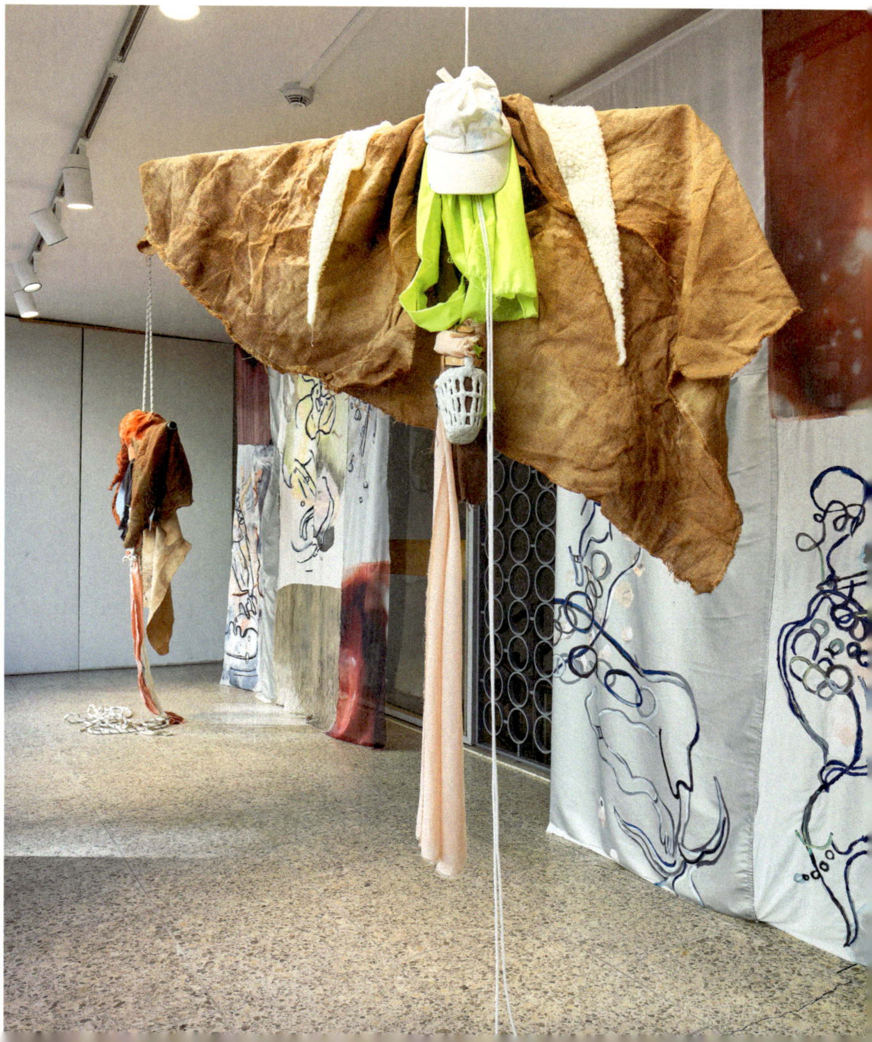

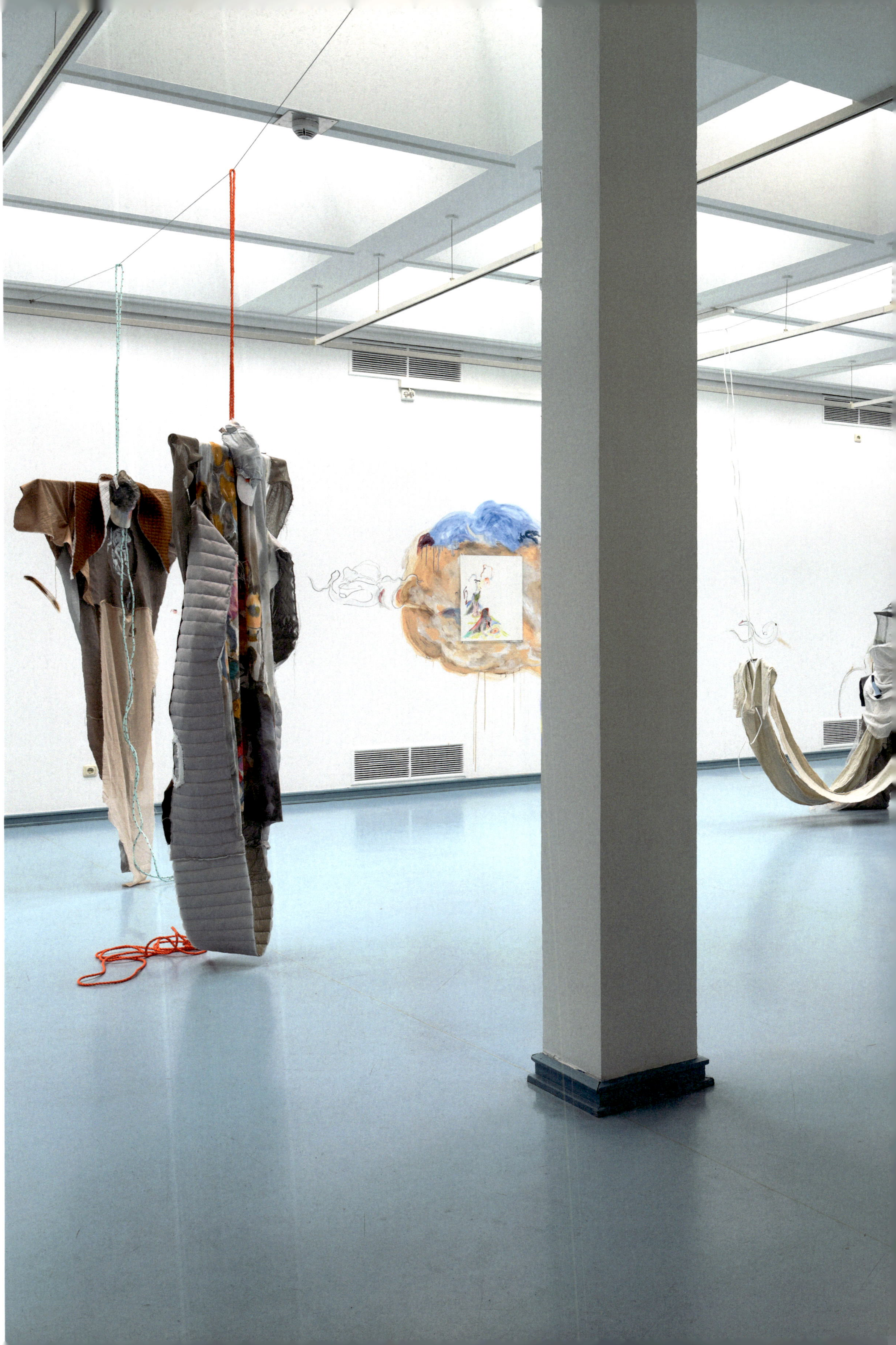

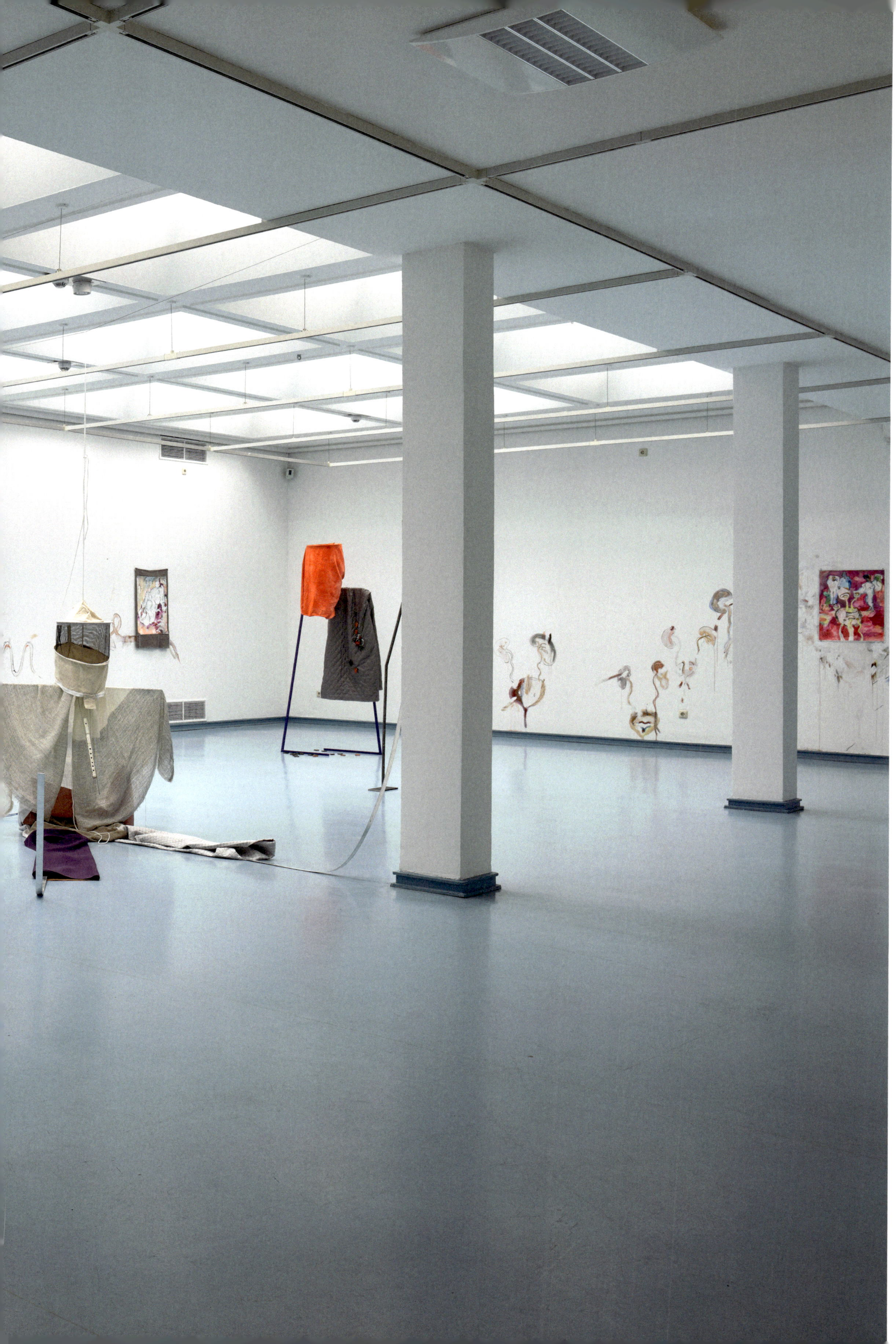

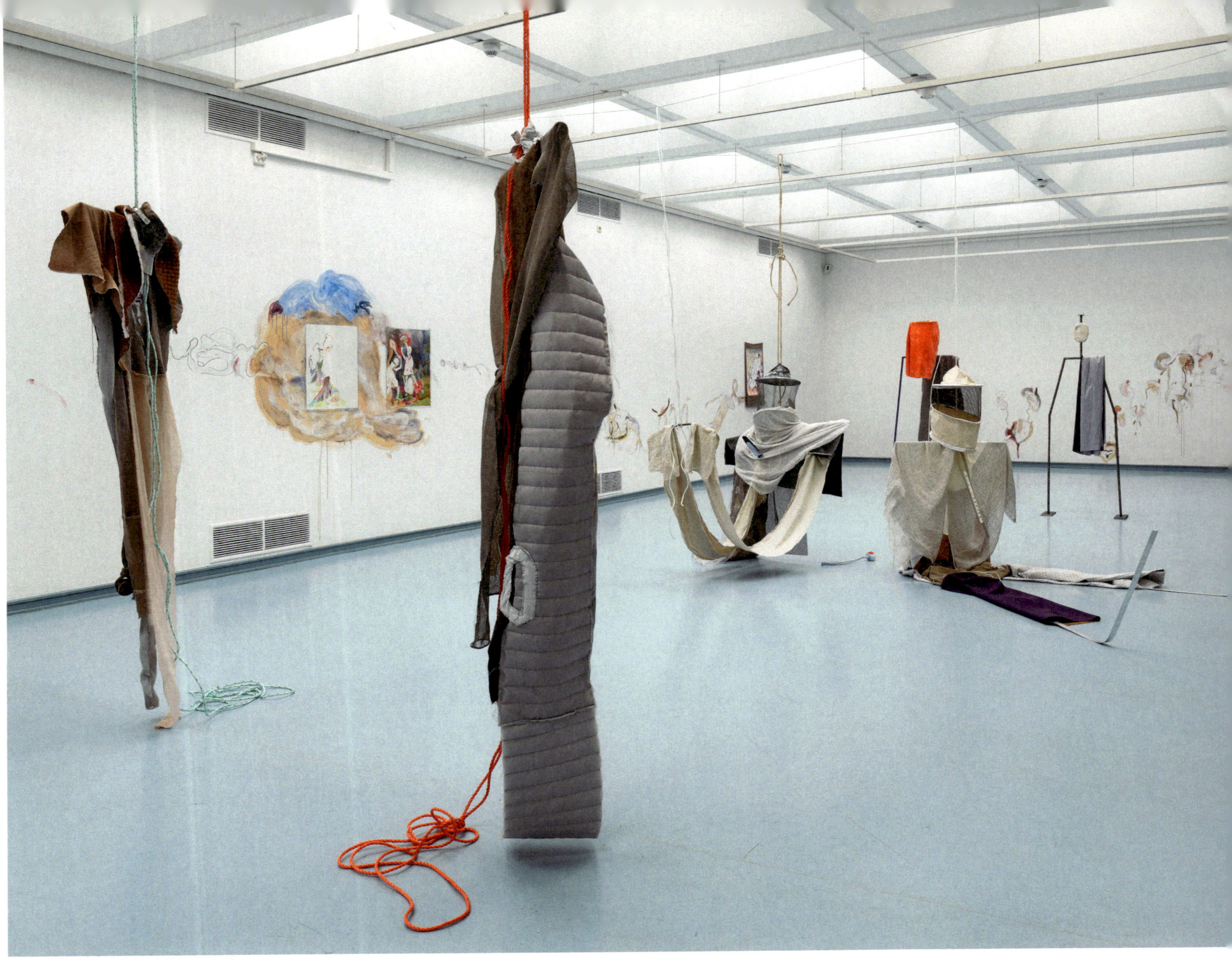

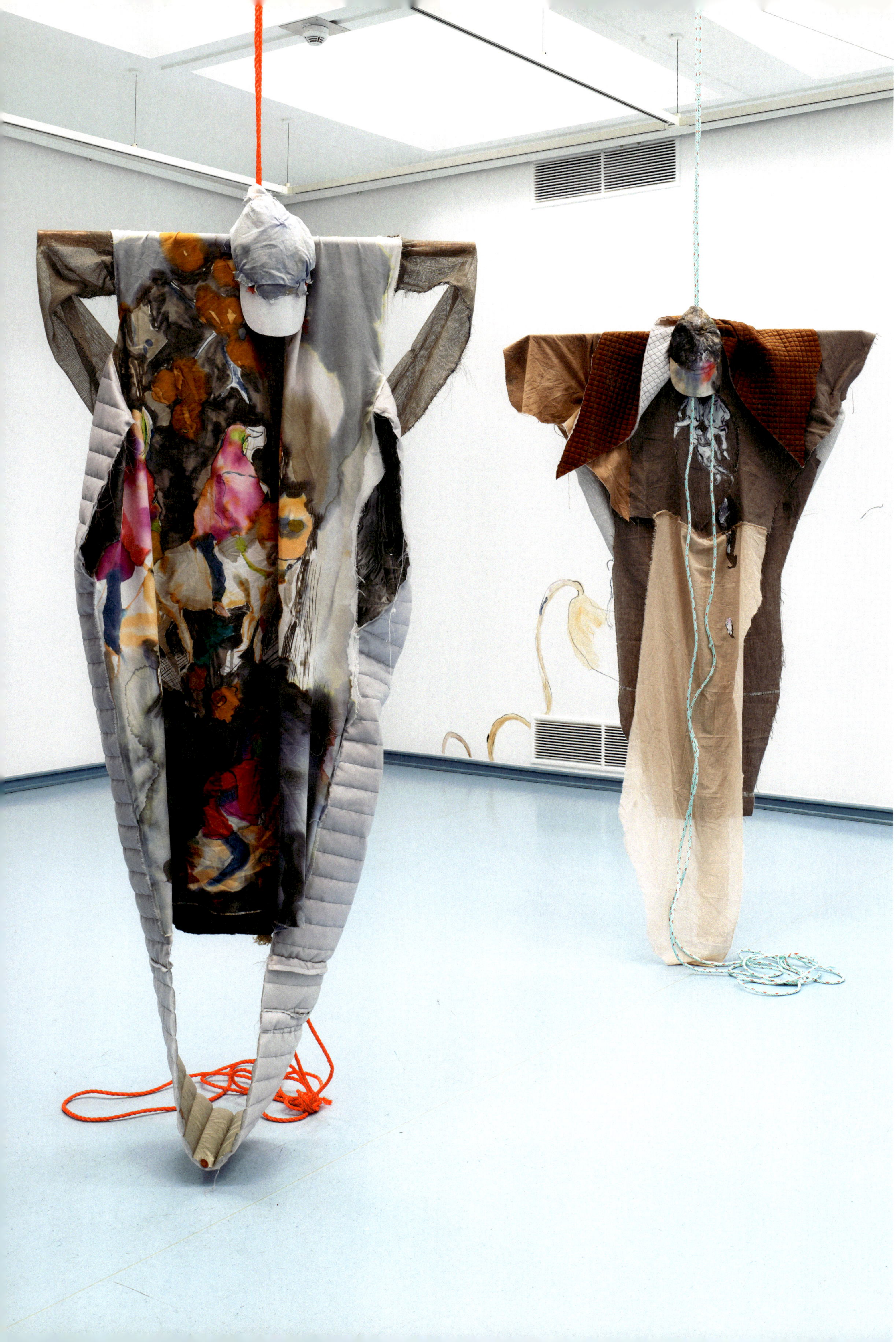

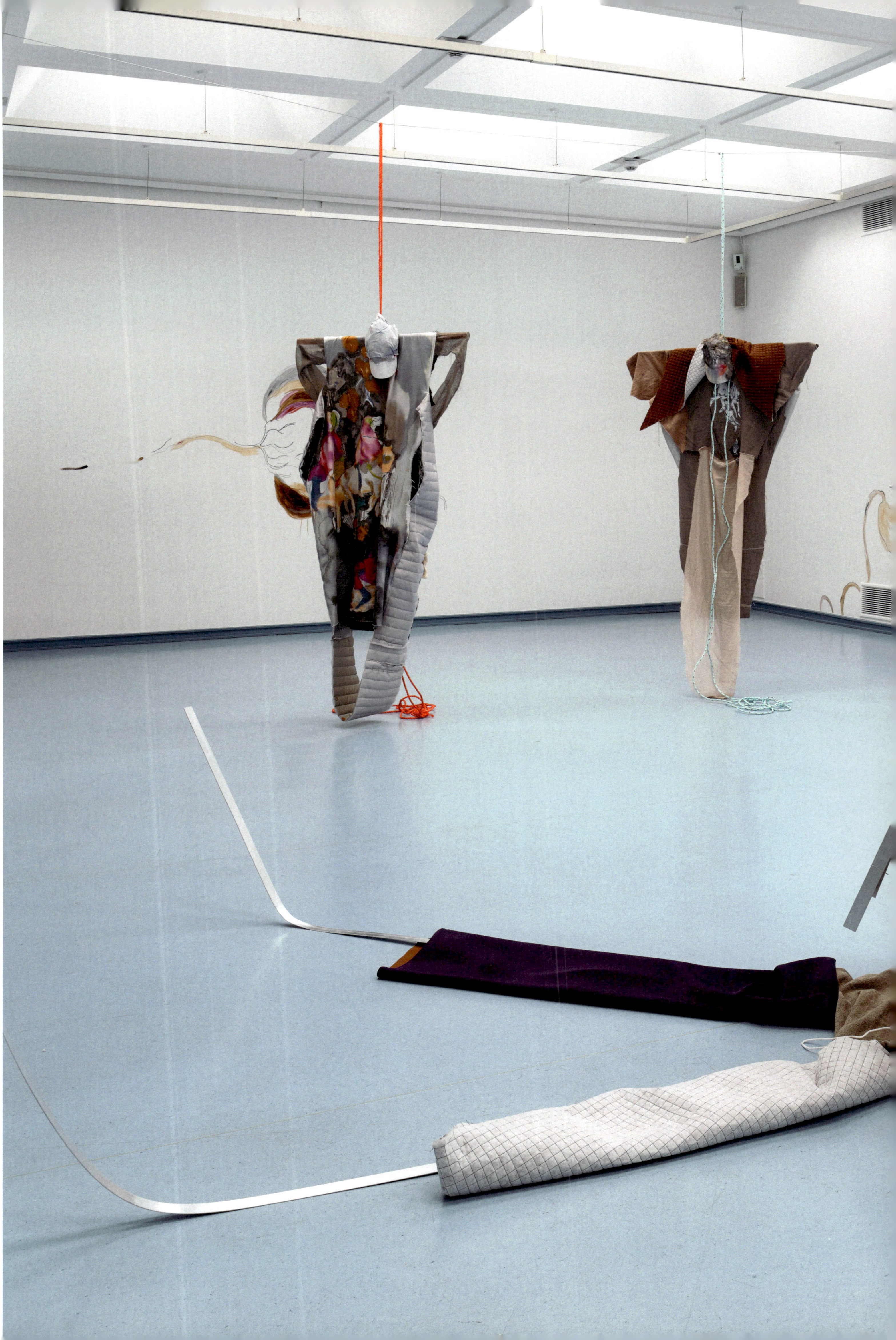

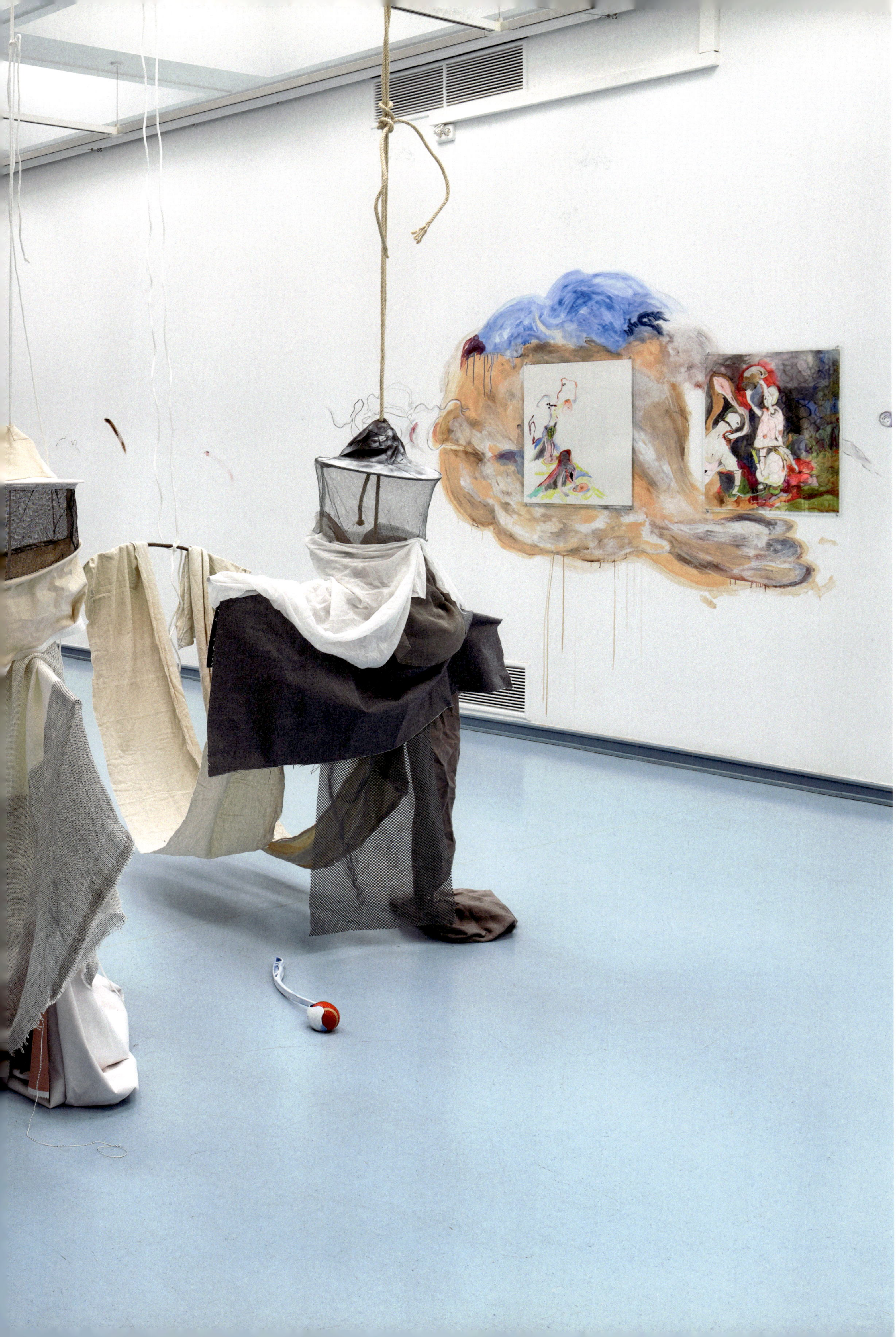

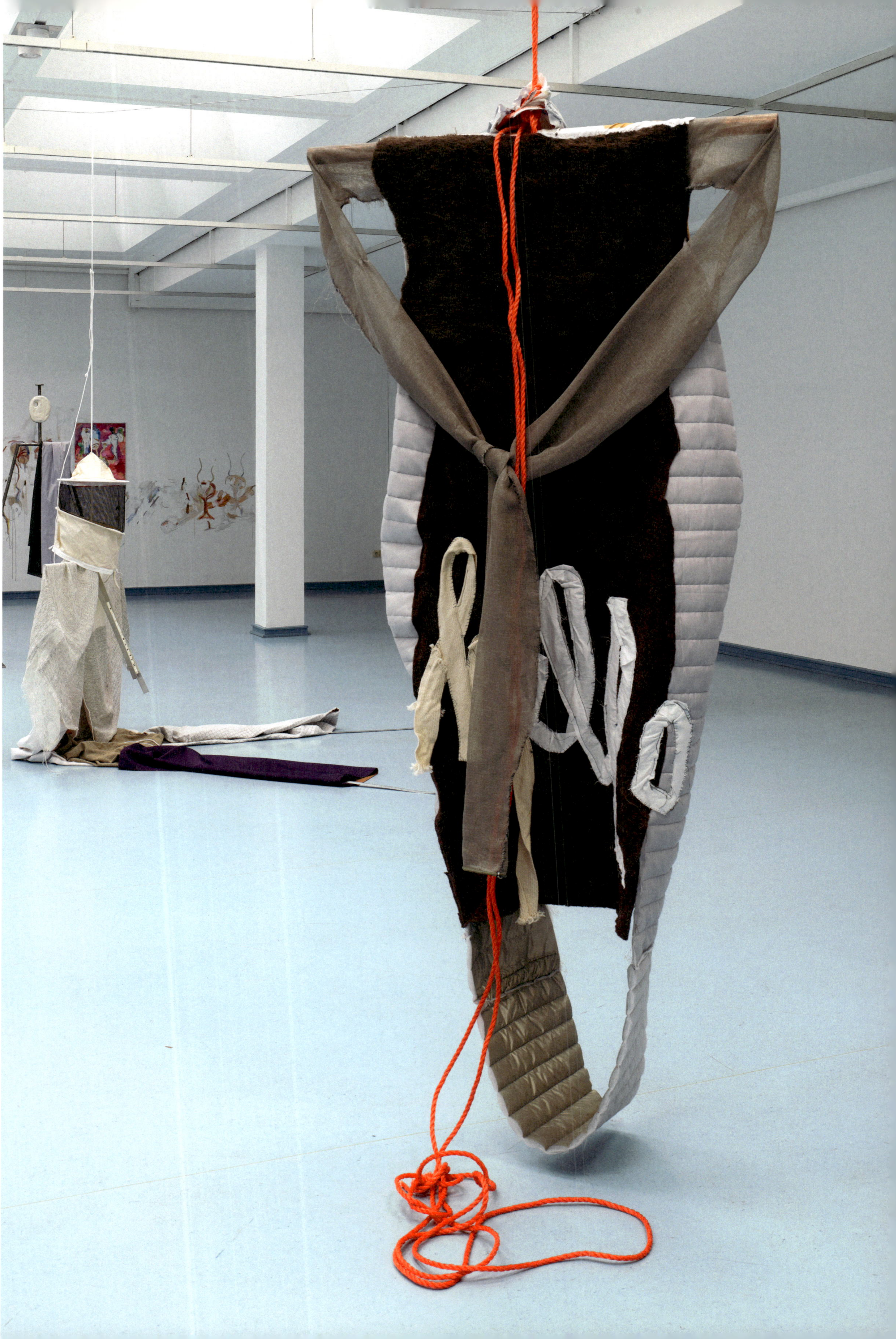

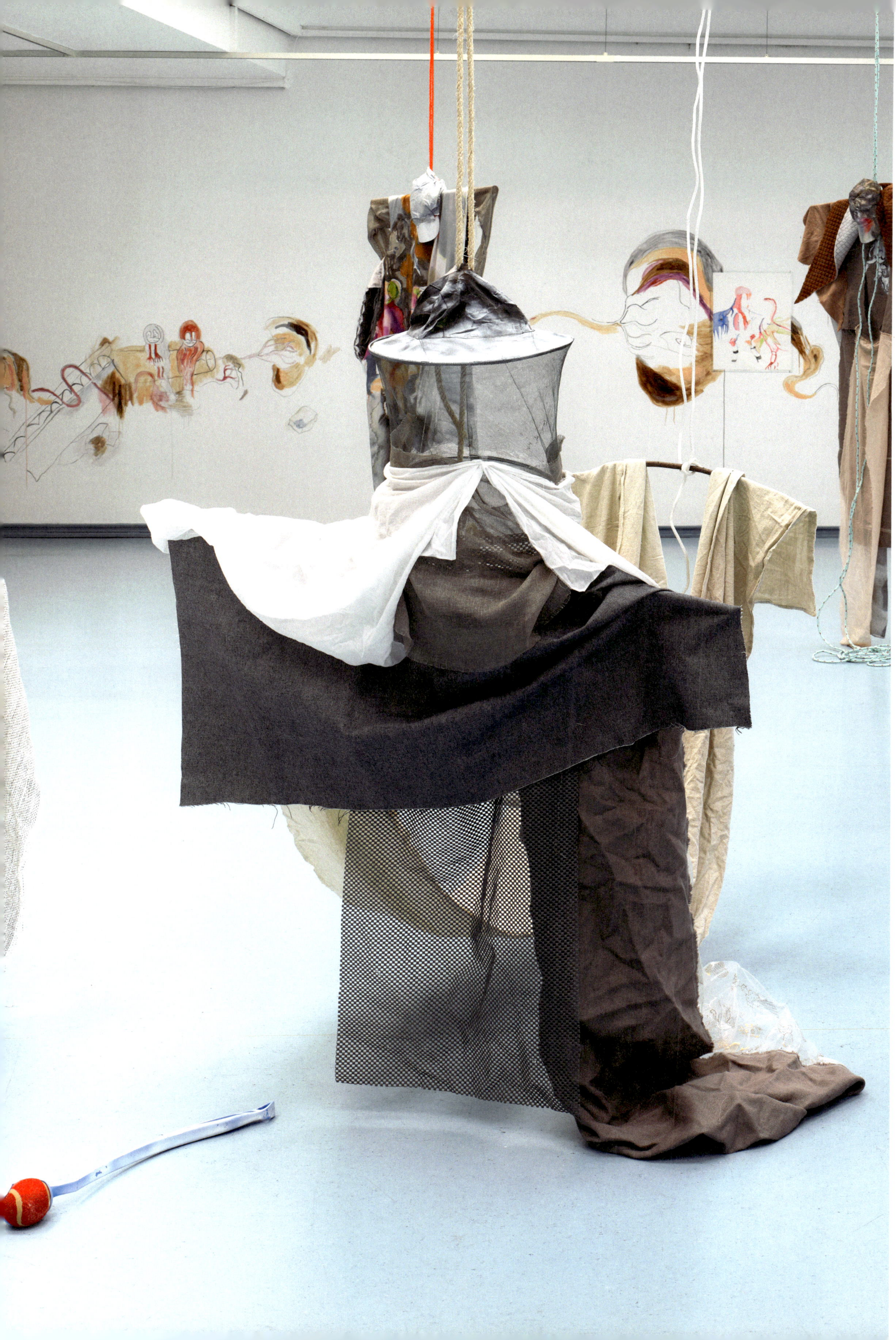

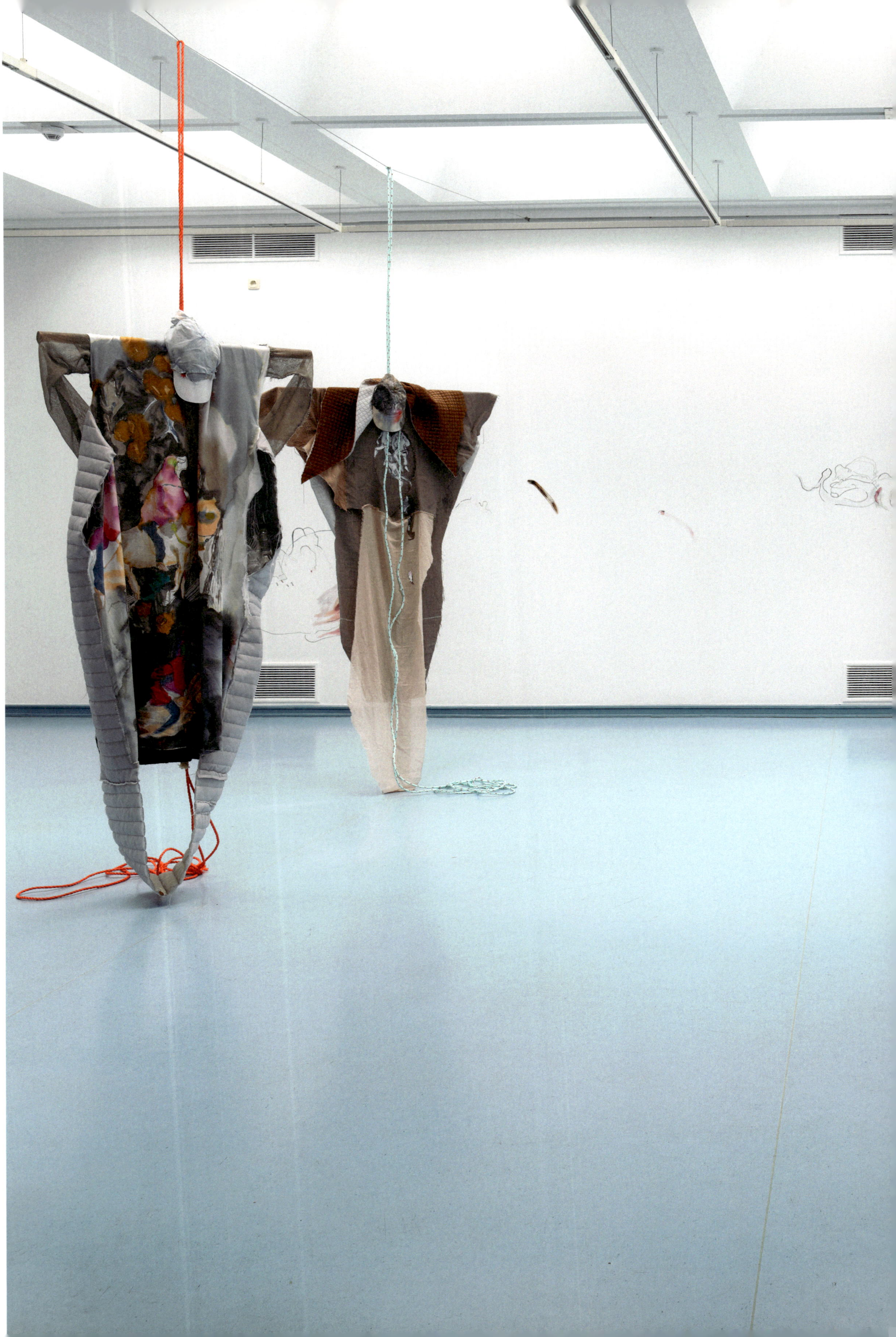

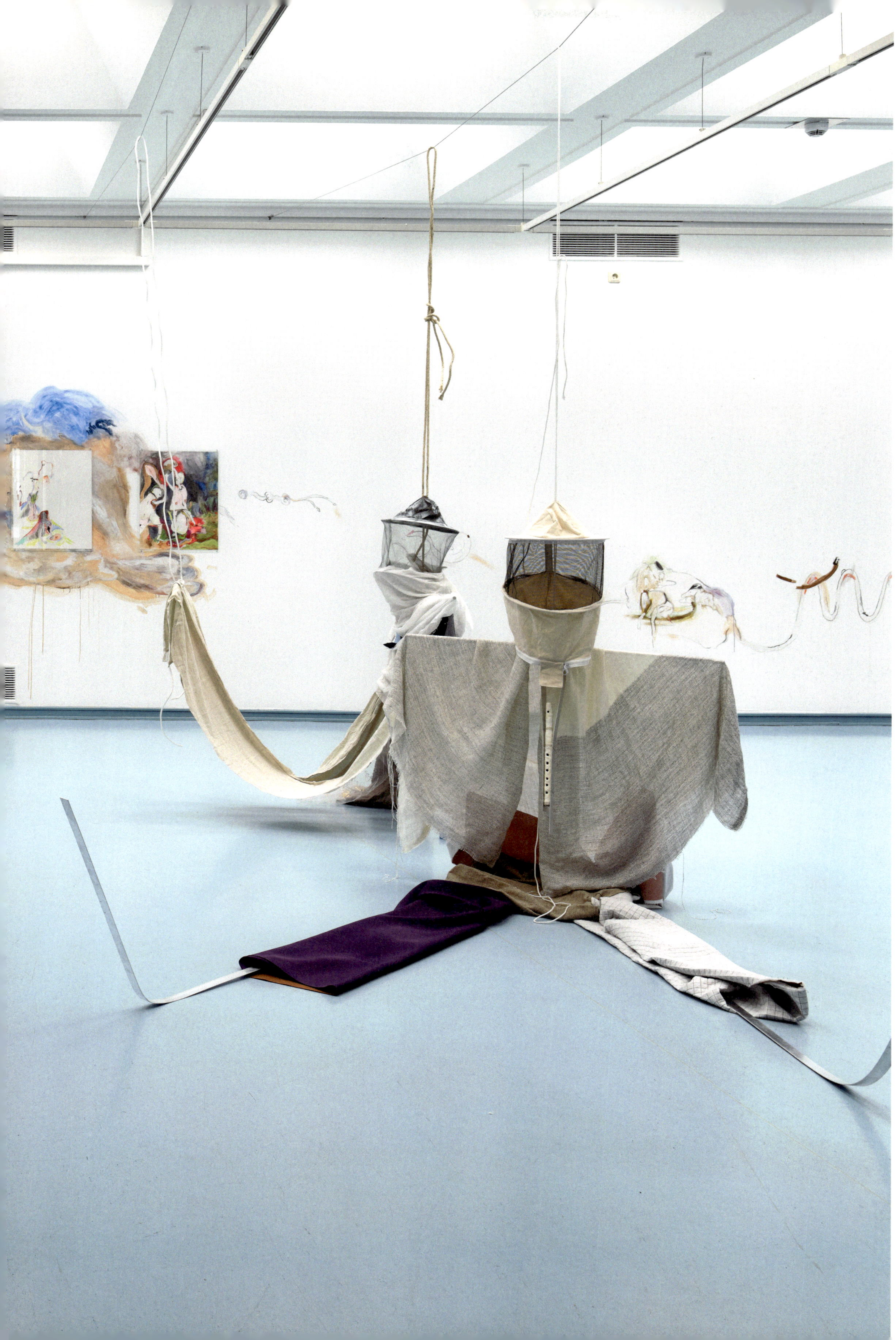

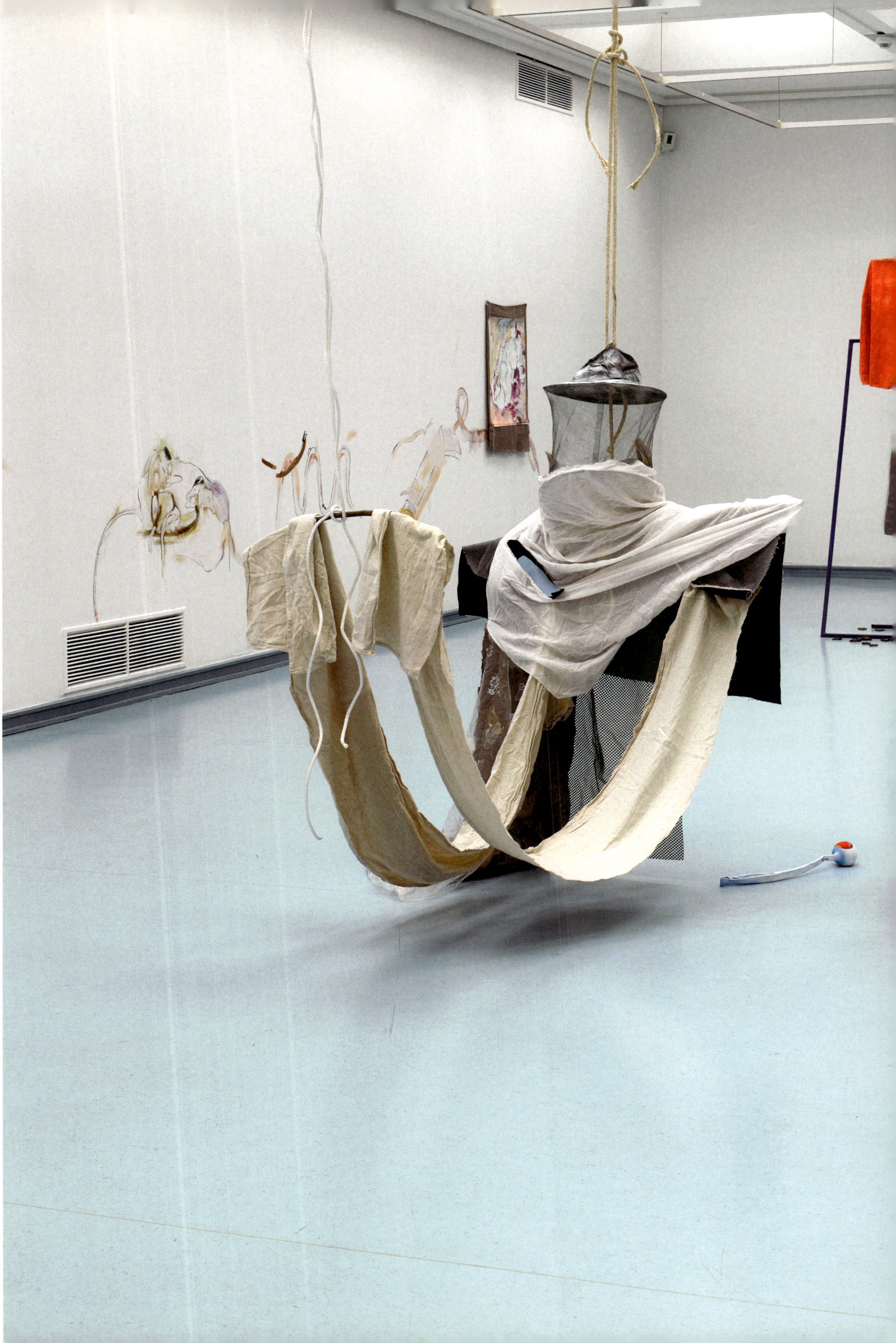

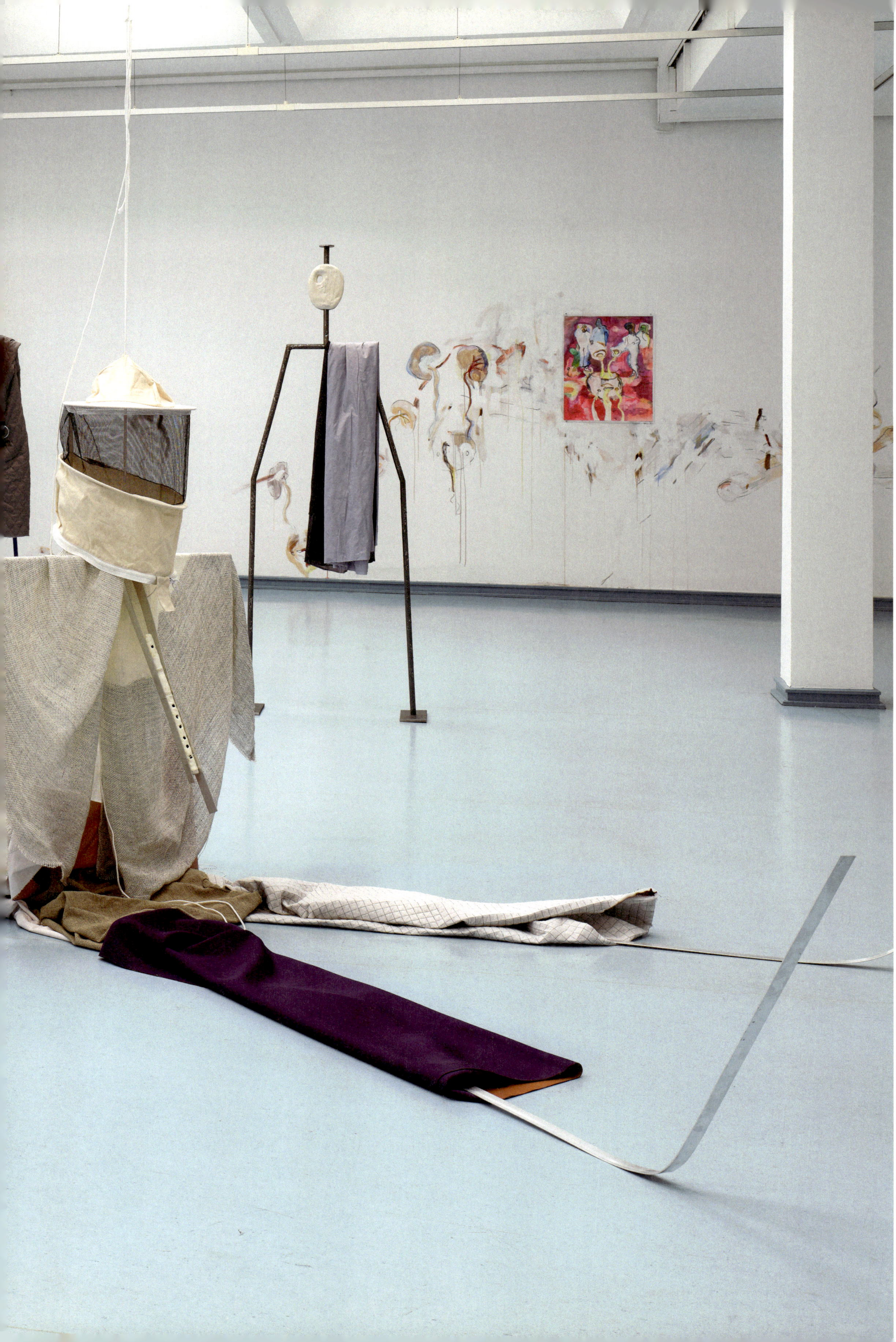

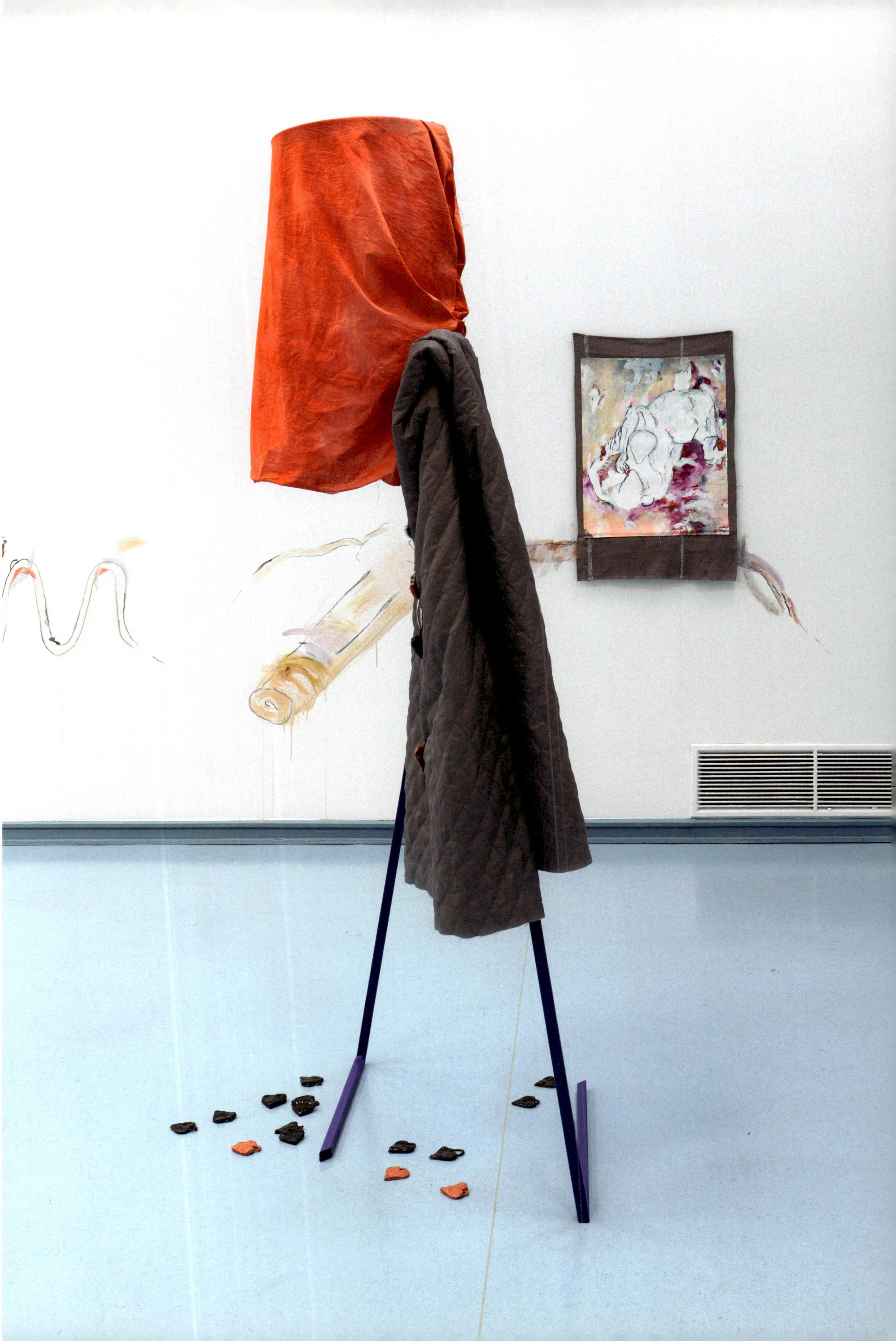

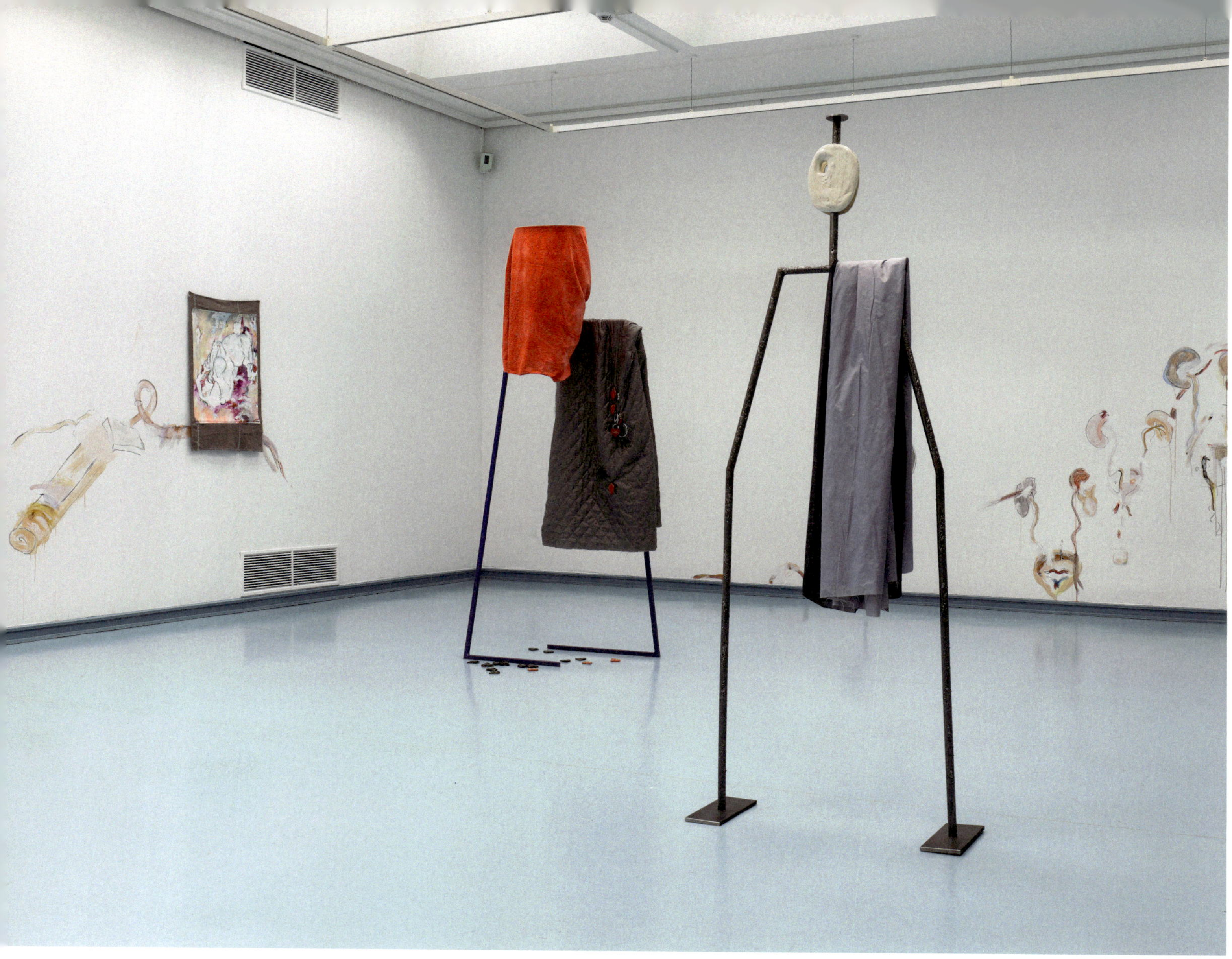

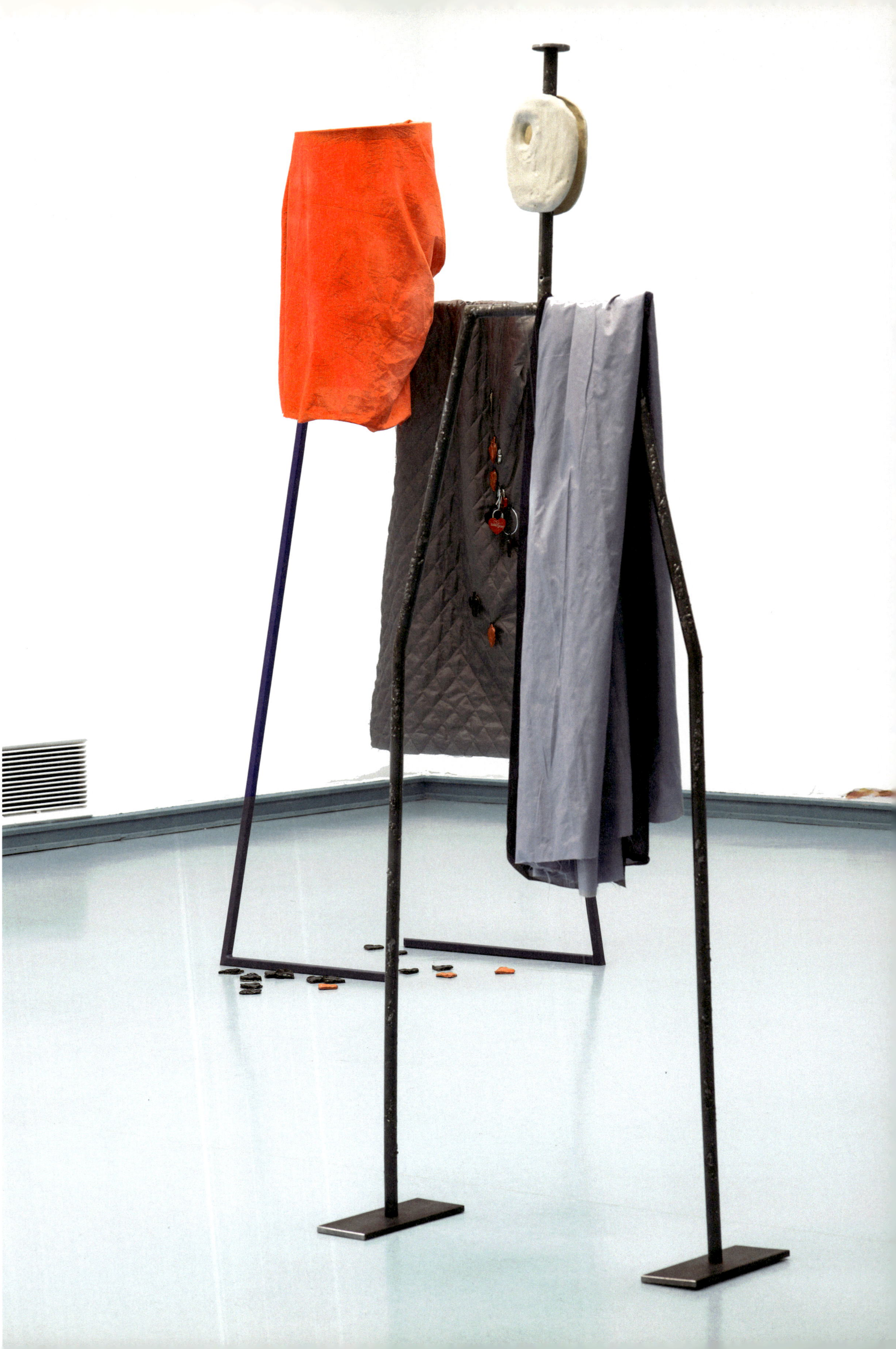

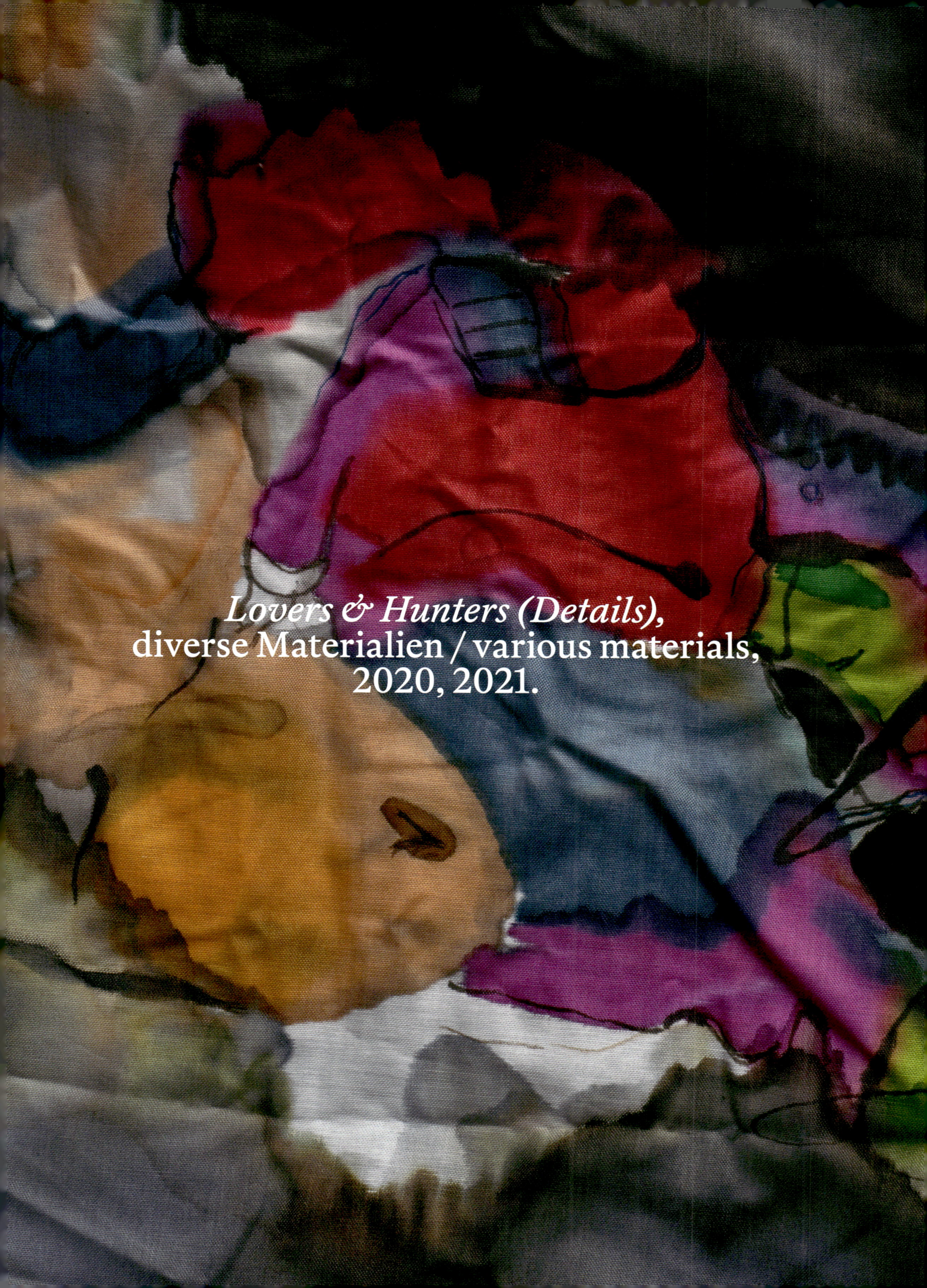

Lovers & Hunters (Details),
diverse Materialien / various materials,
2020, 2021.

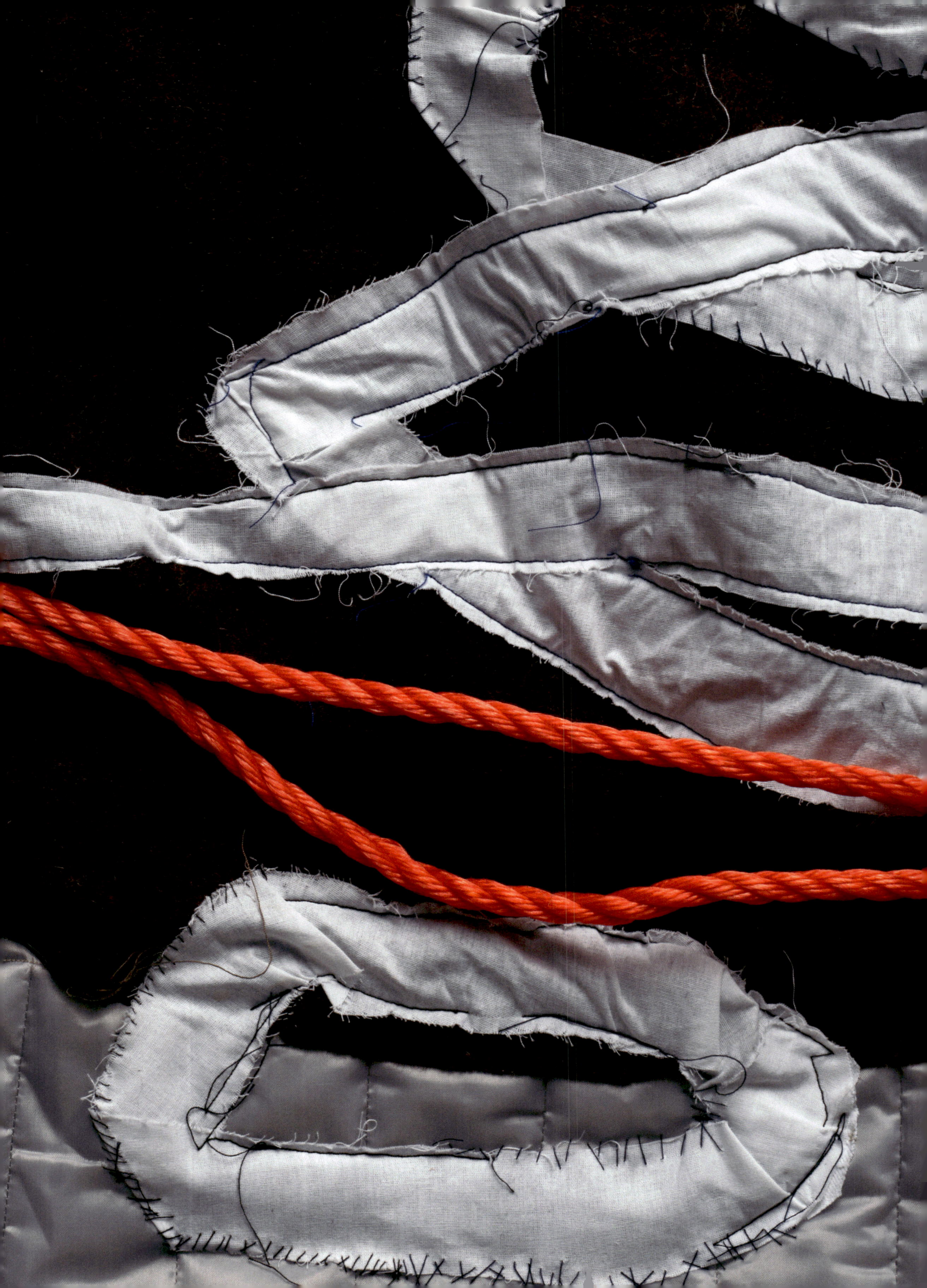

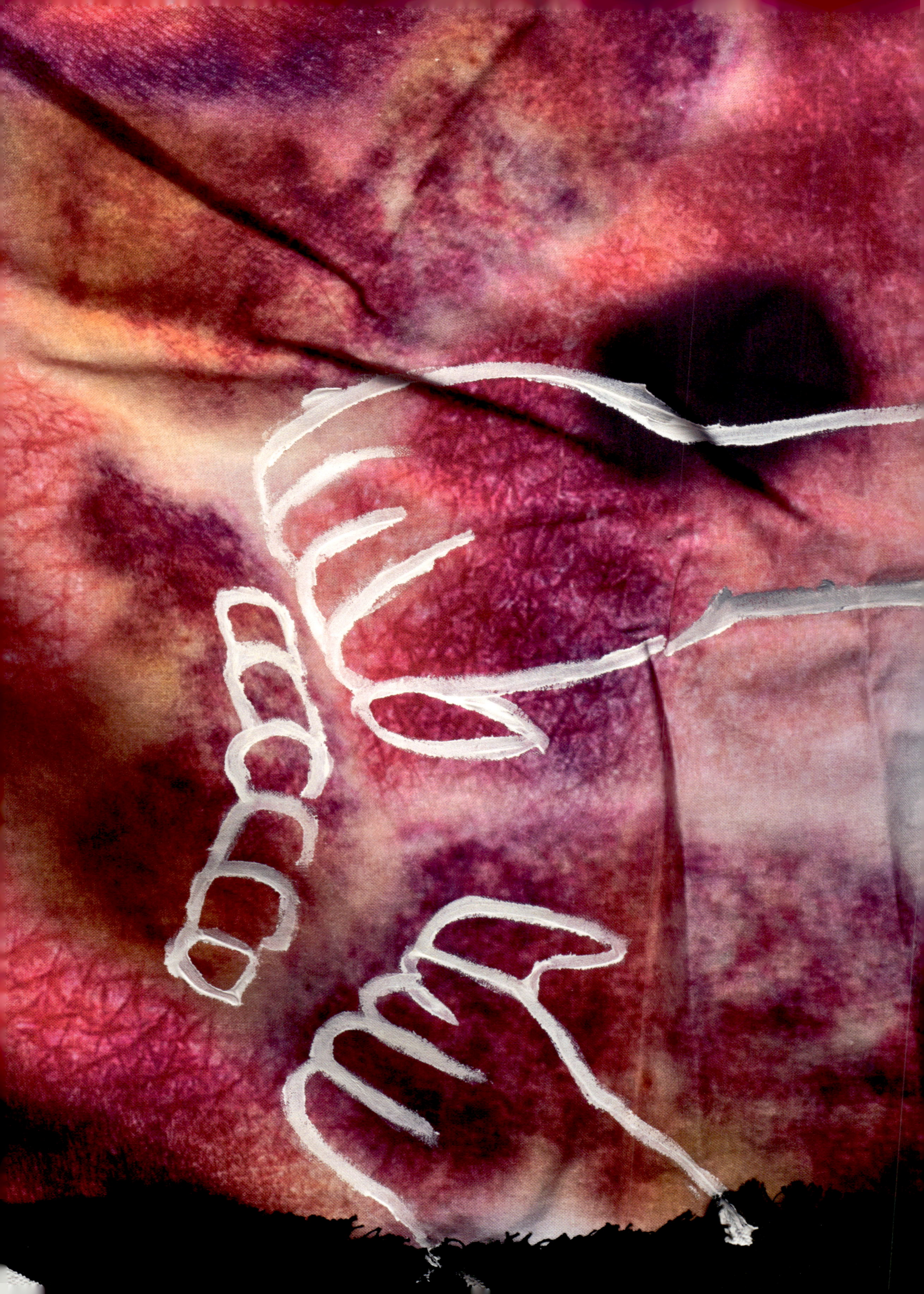

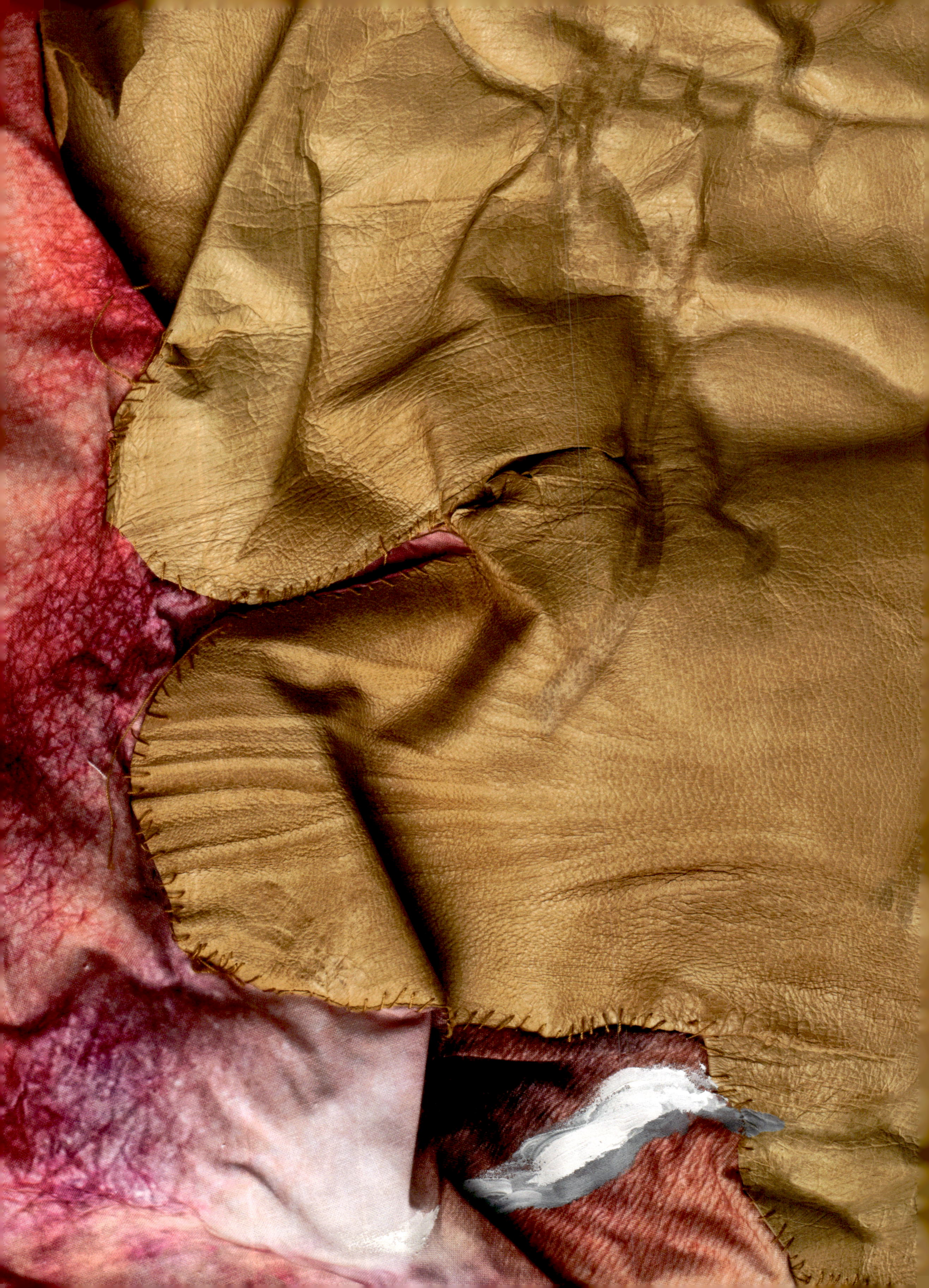

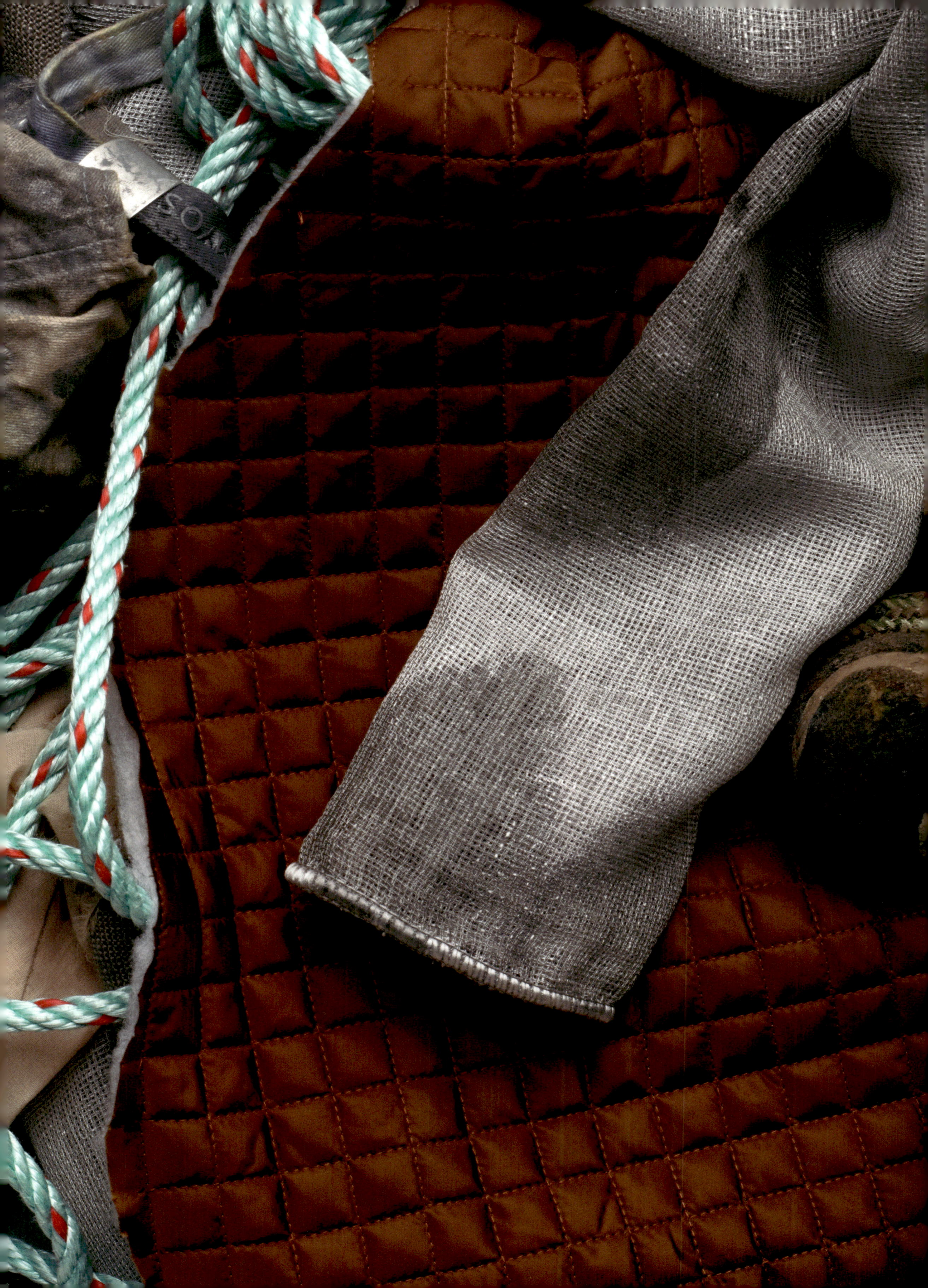

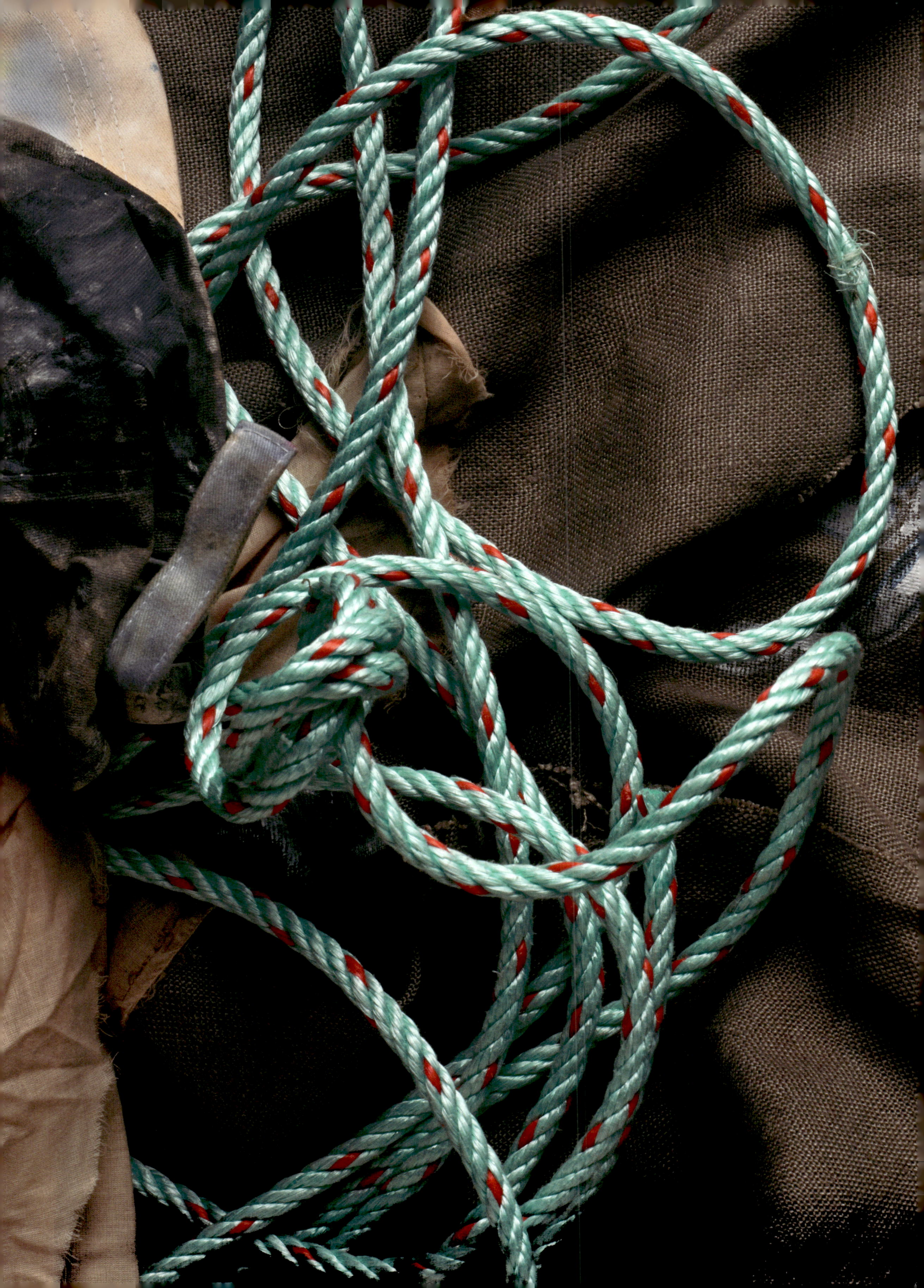

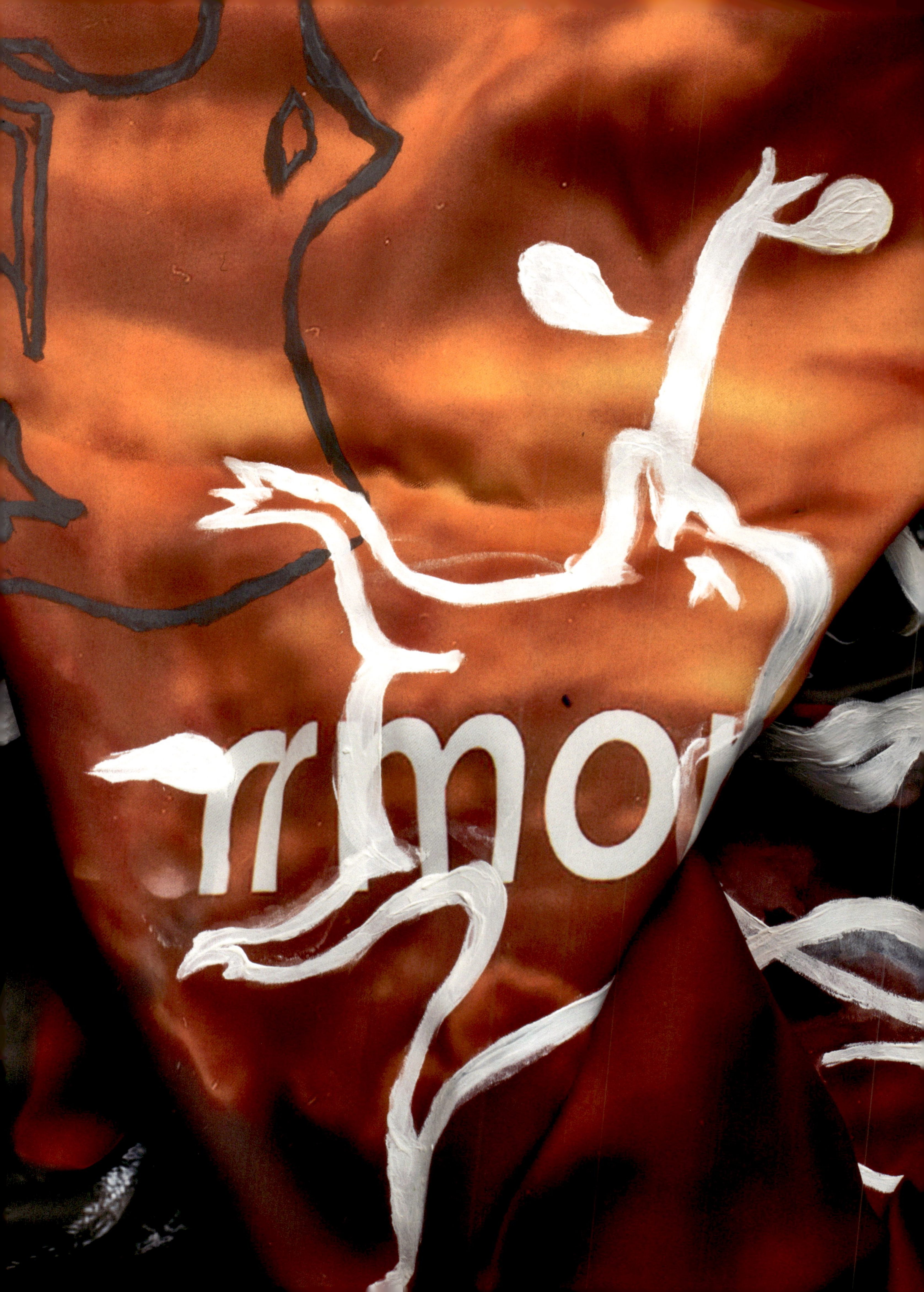
rmo

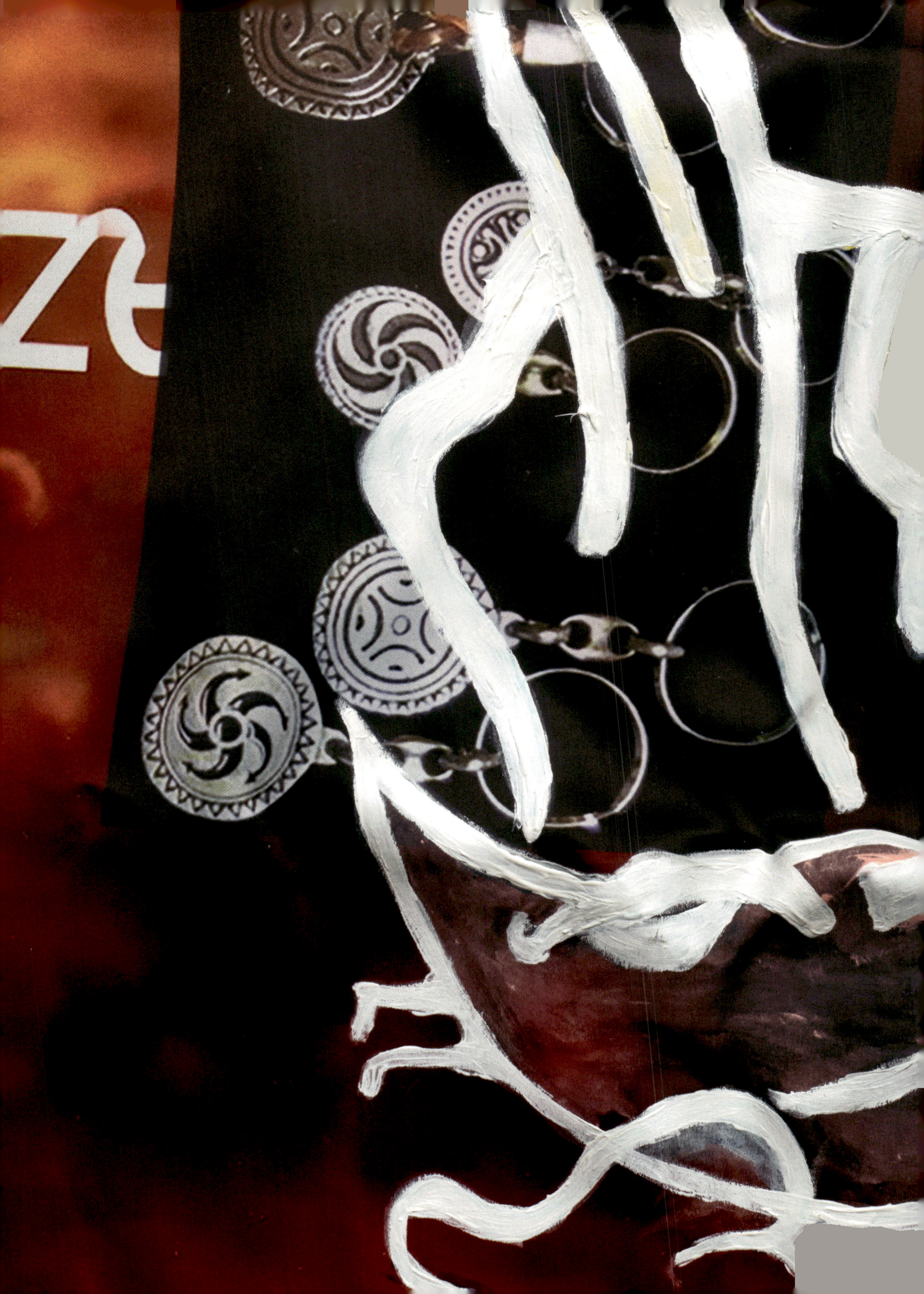

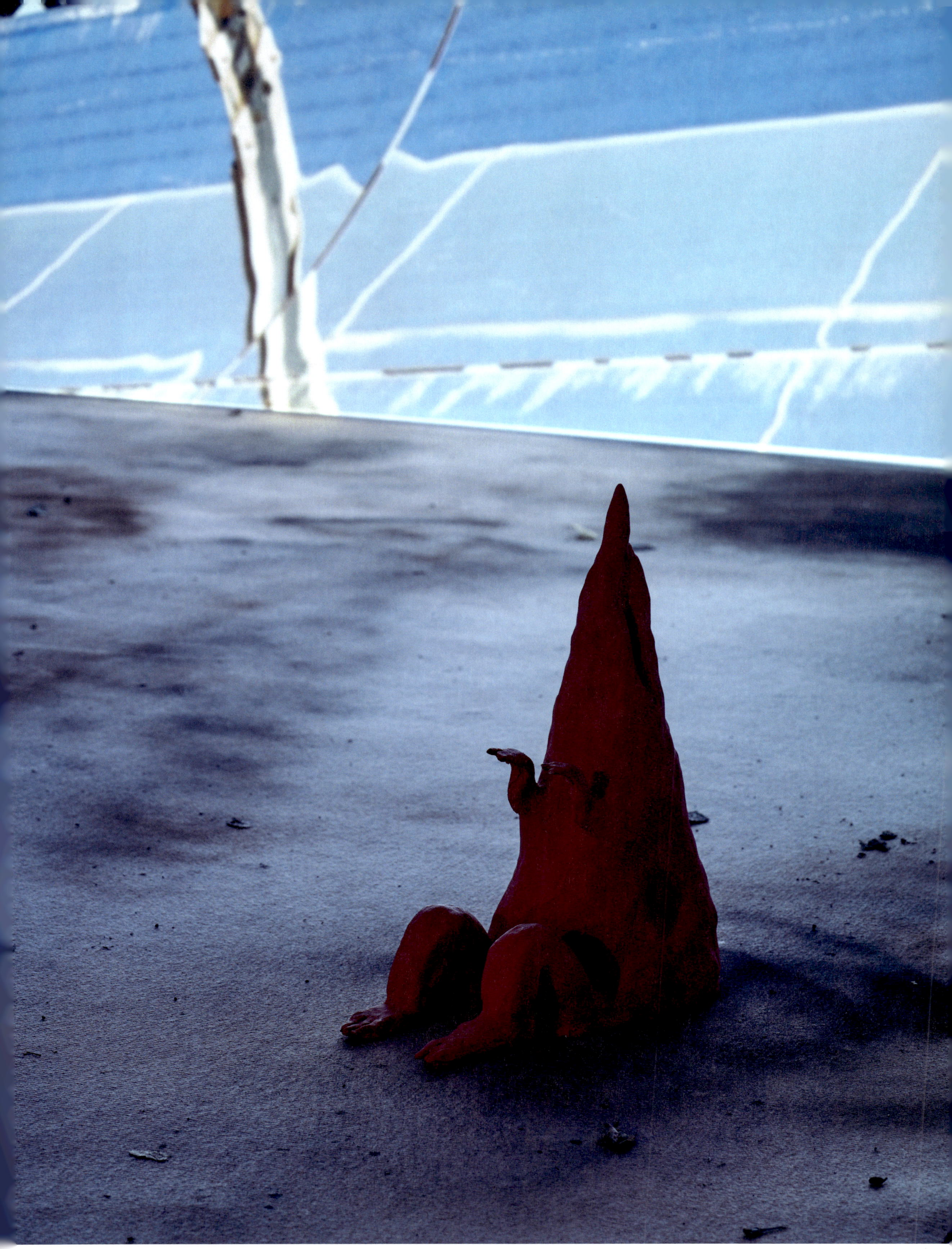

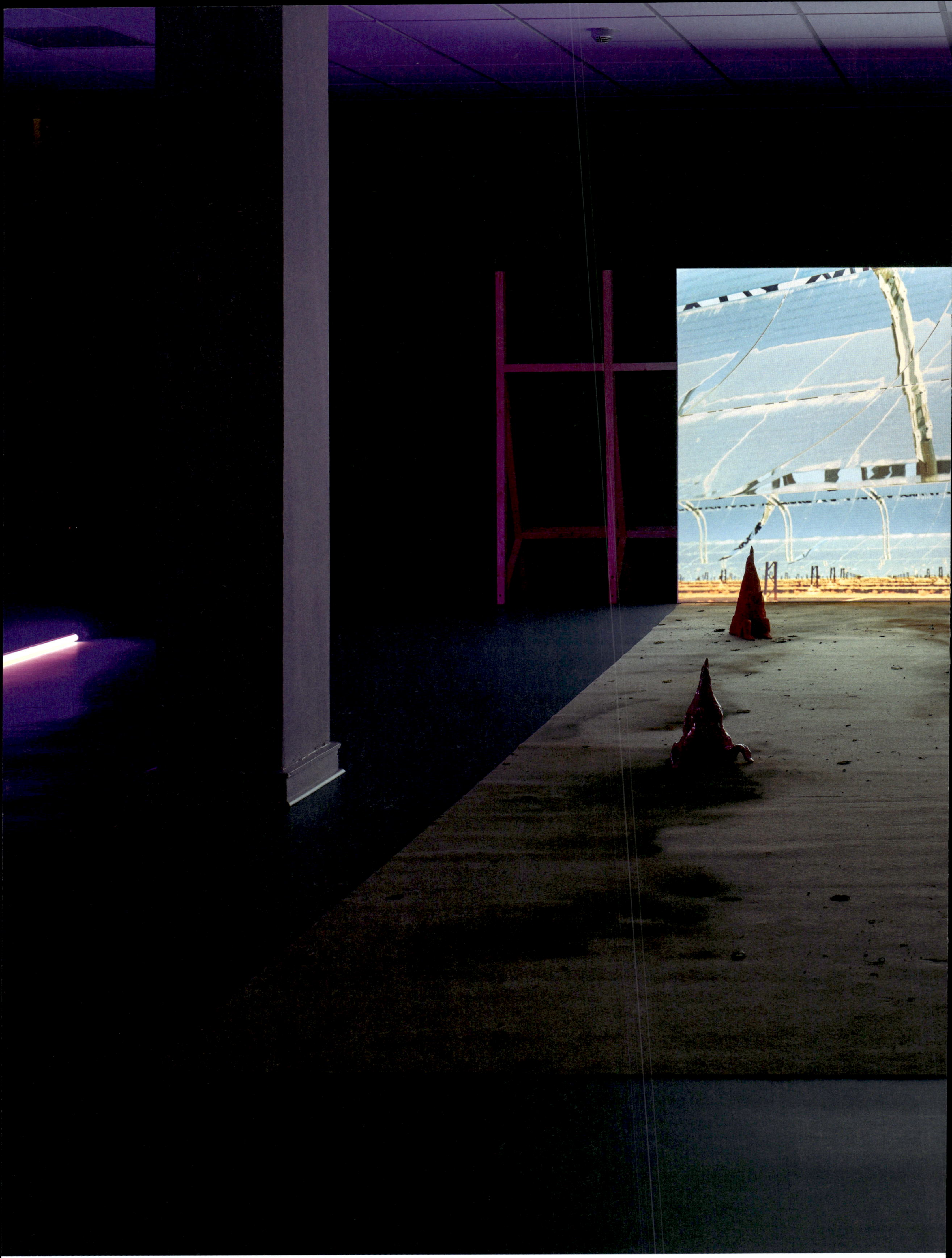

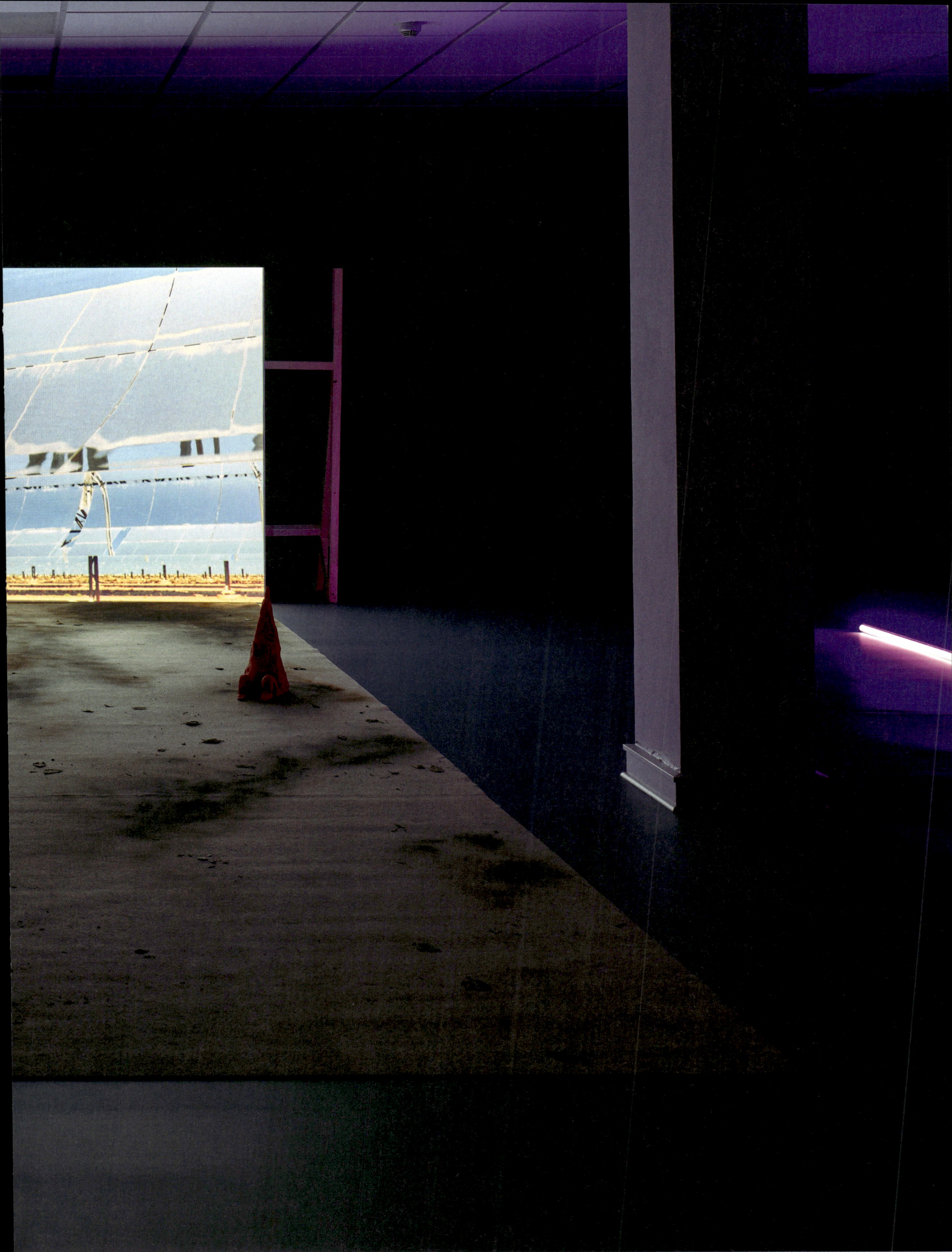

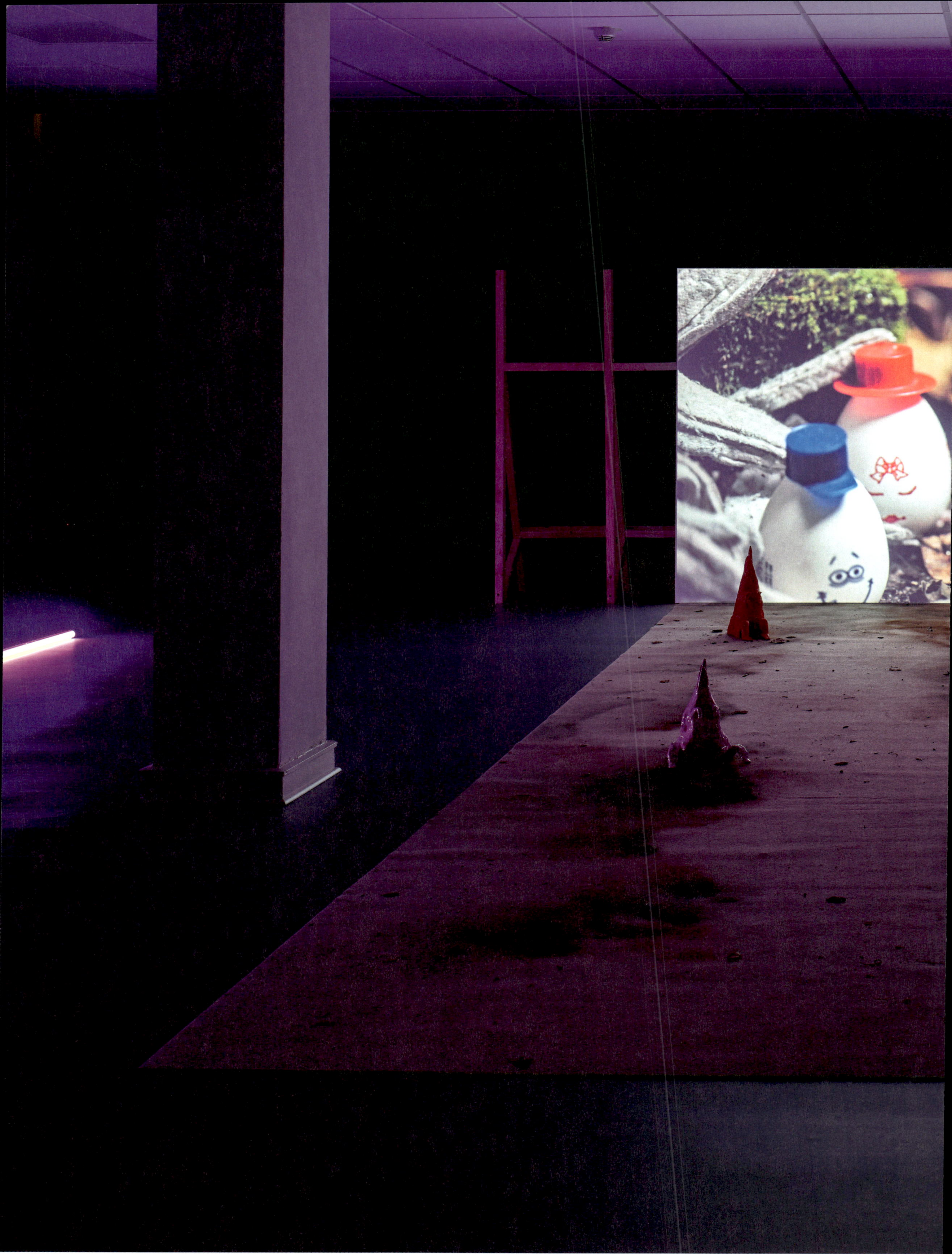

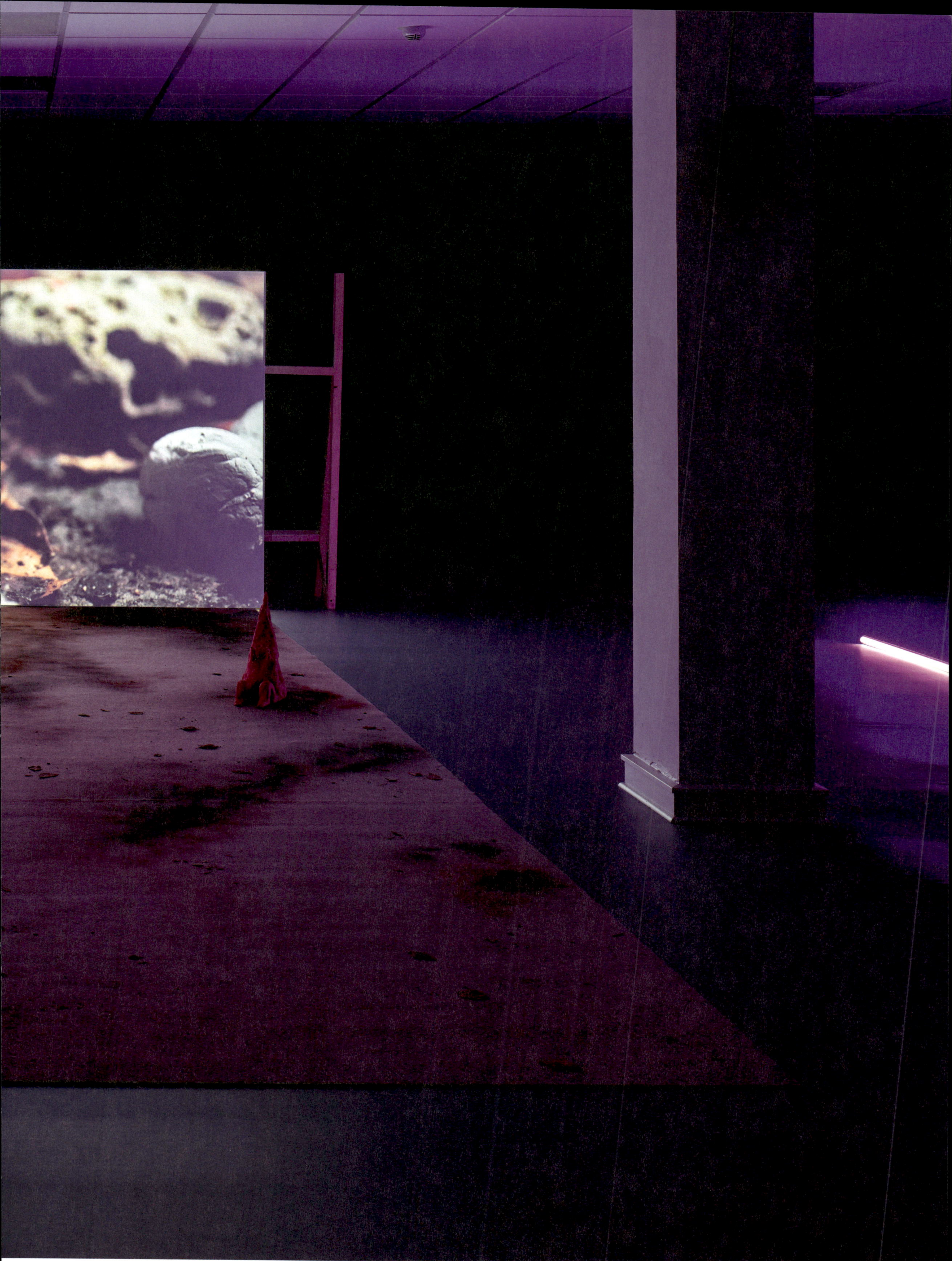

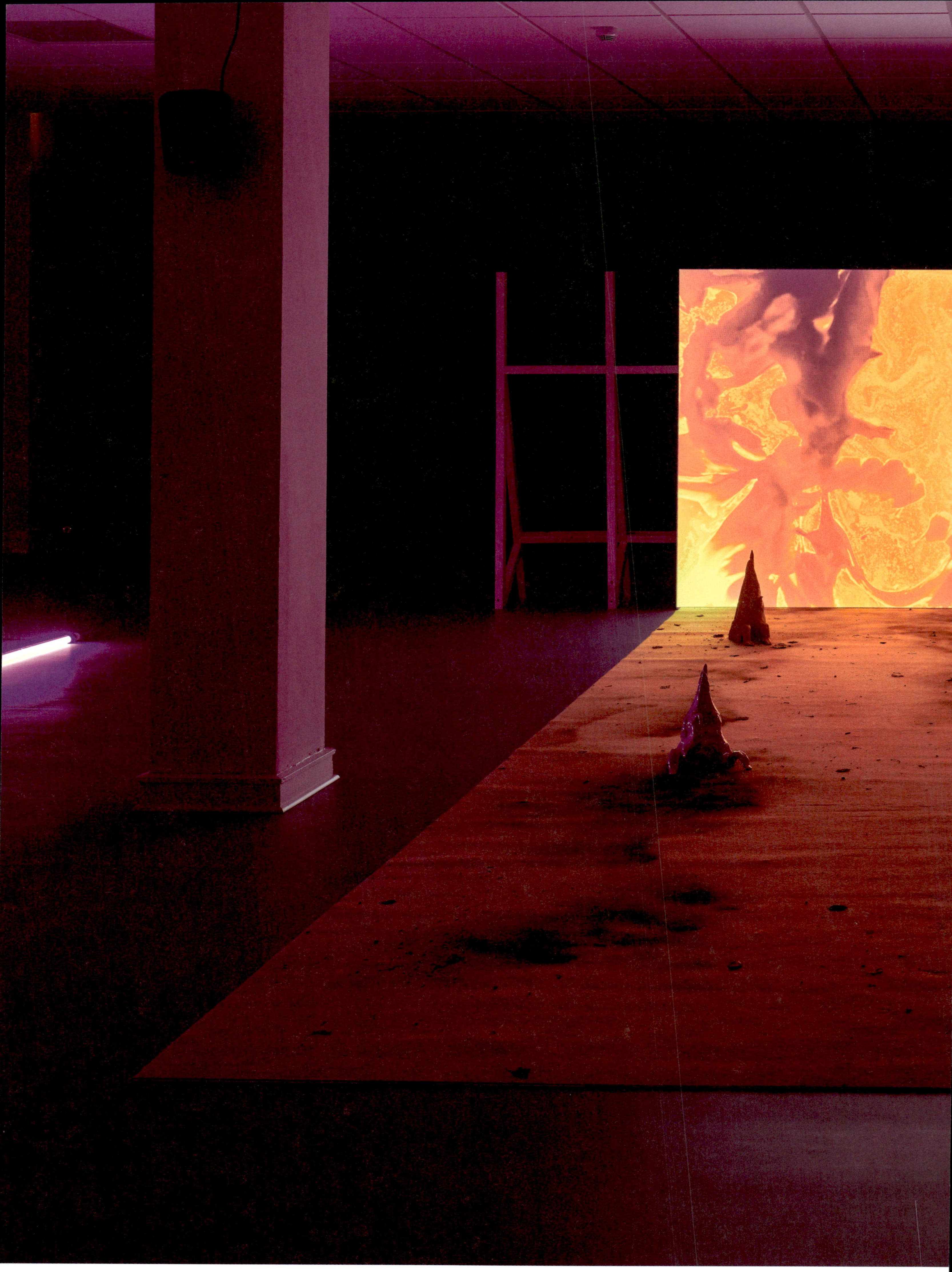

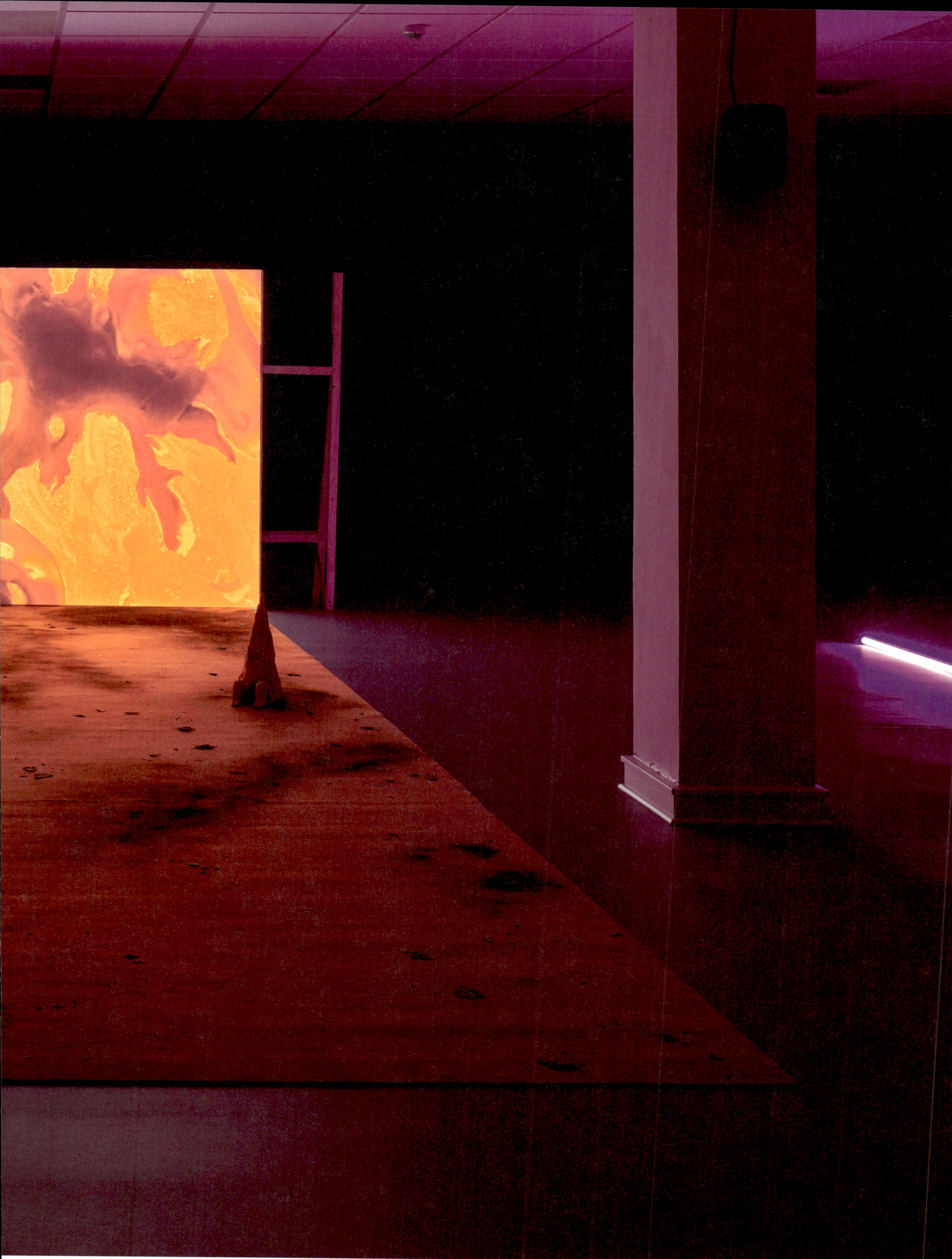

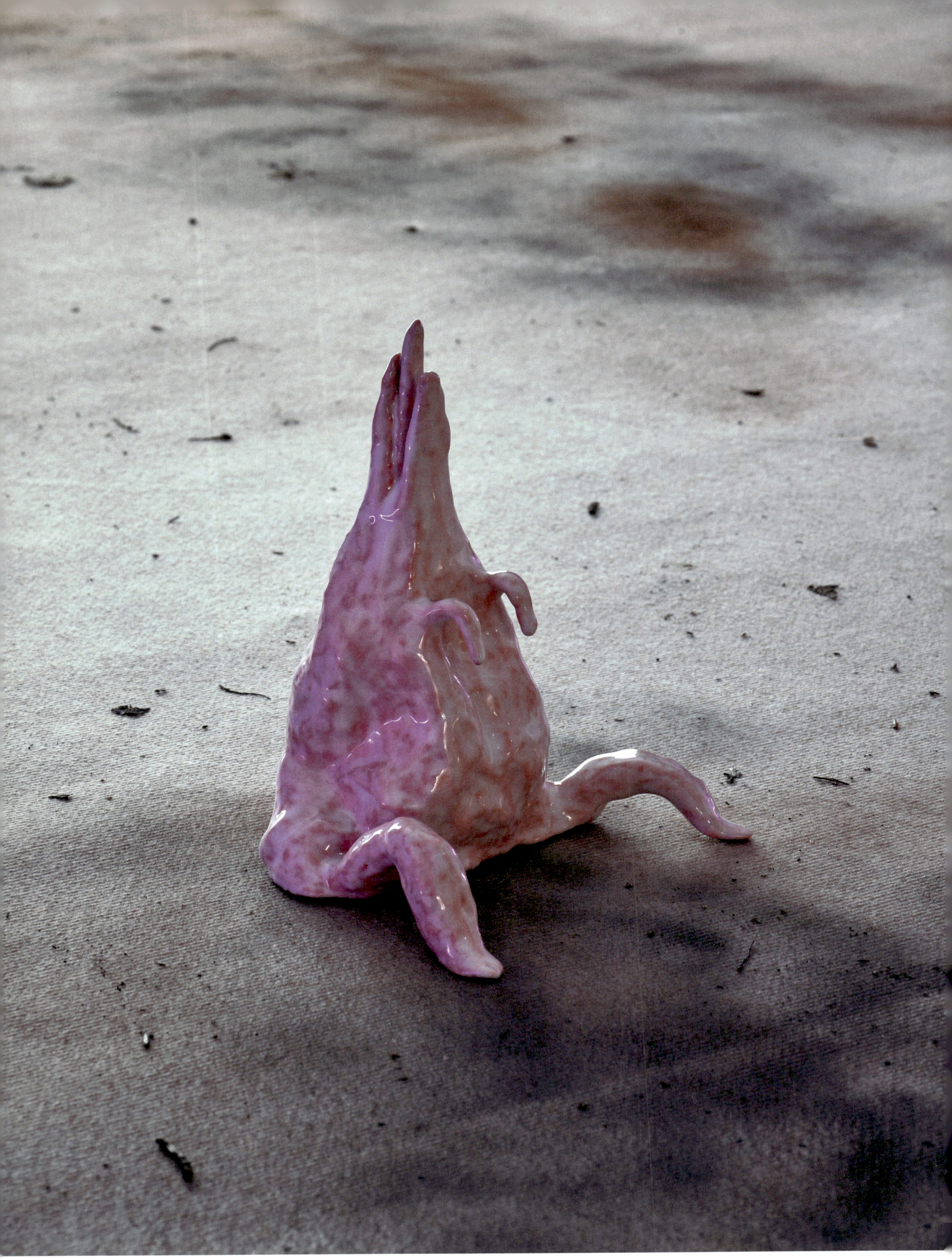

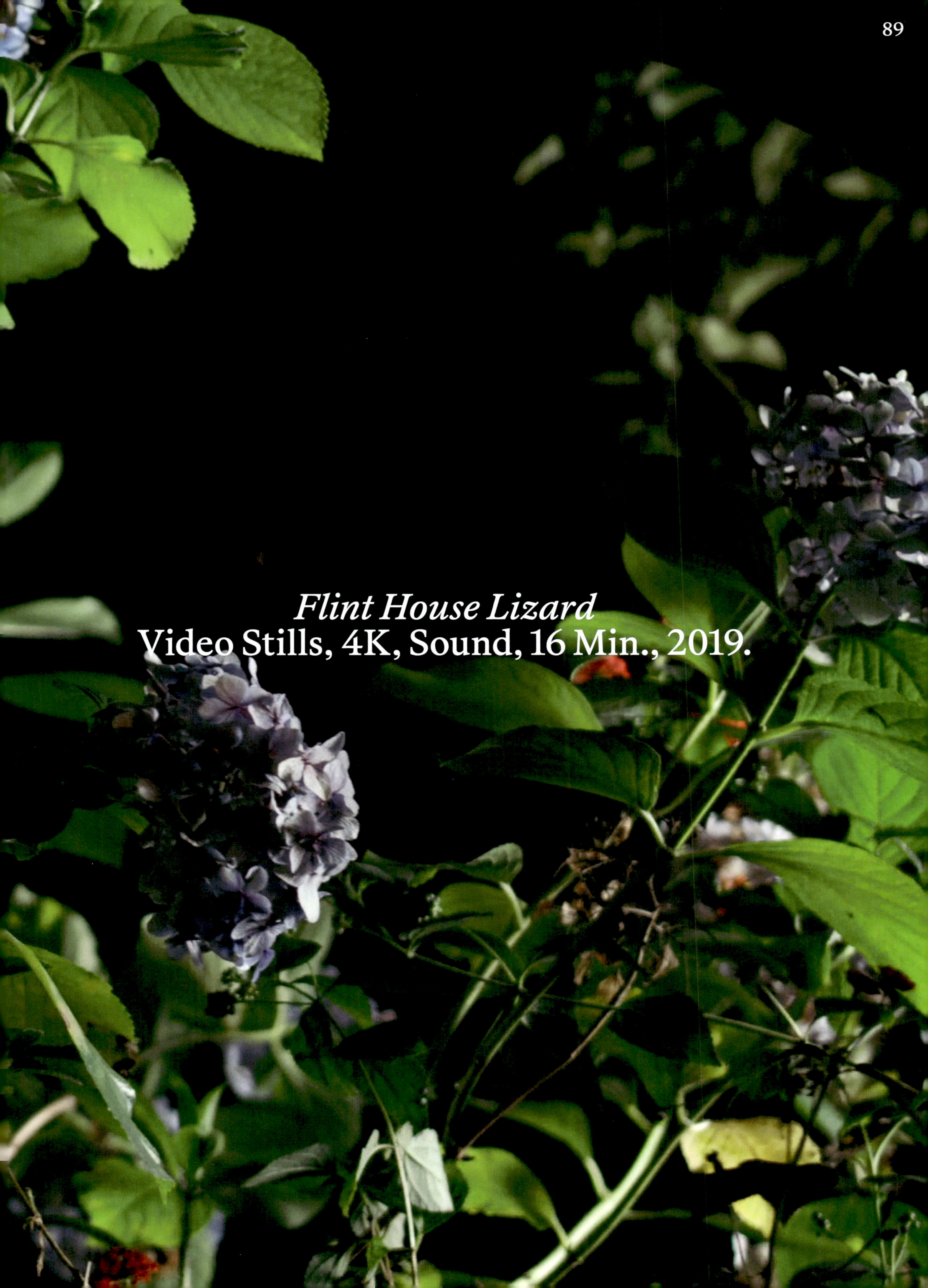

Flint House Lizard
Video Stills, 4K, Sound, 16 Min., 2019.

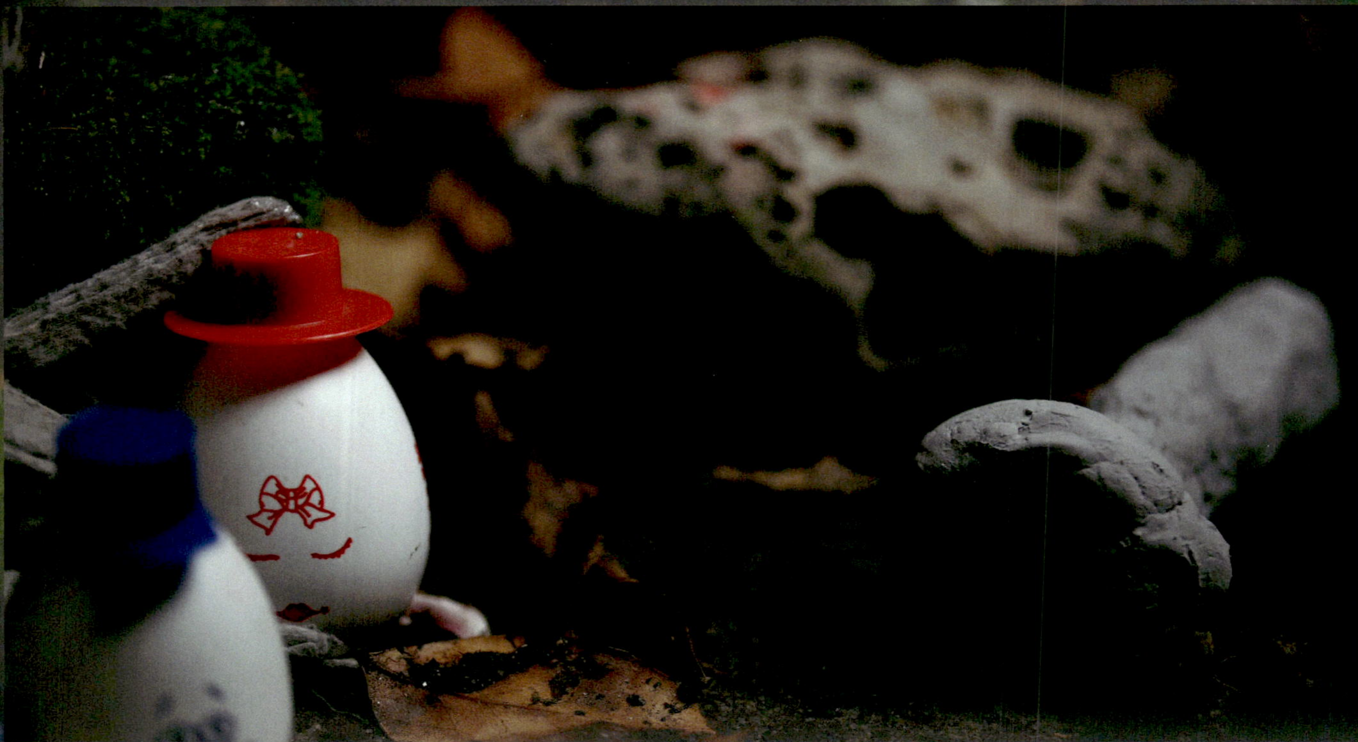

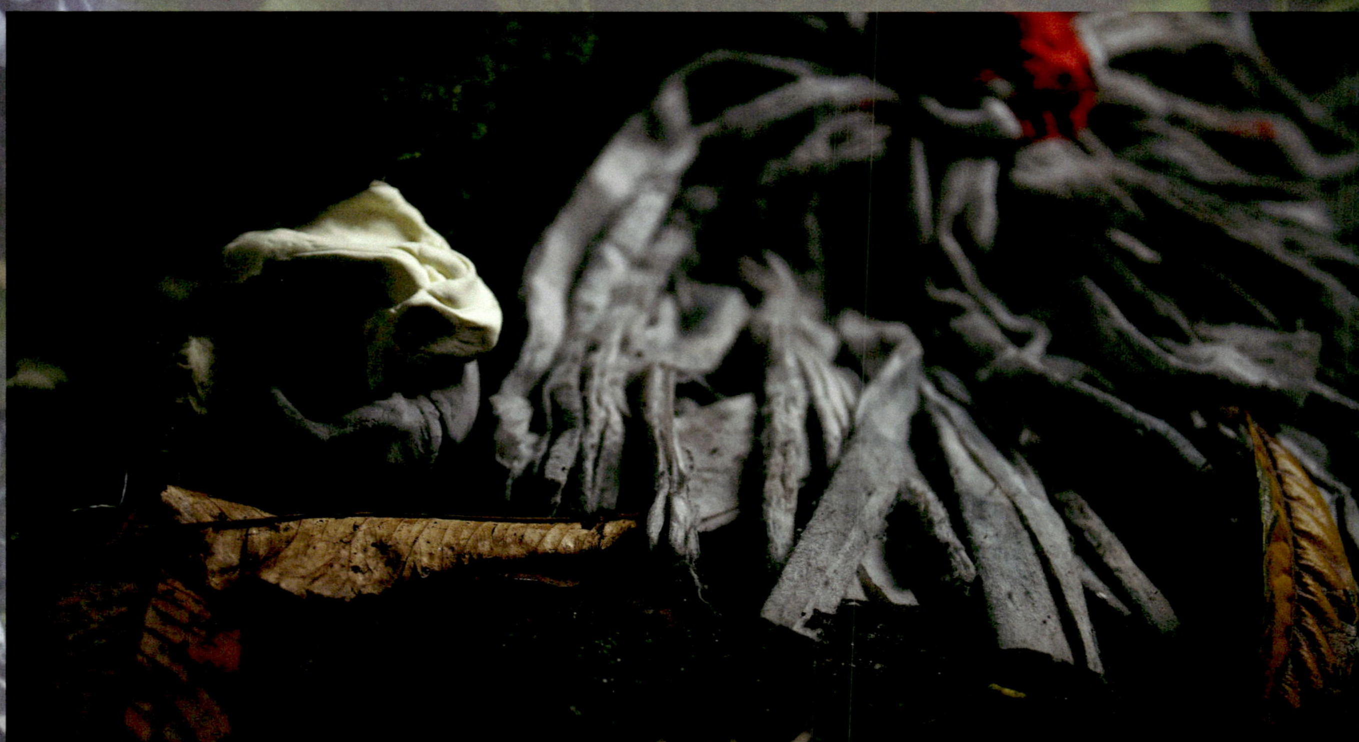

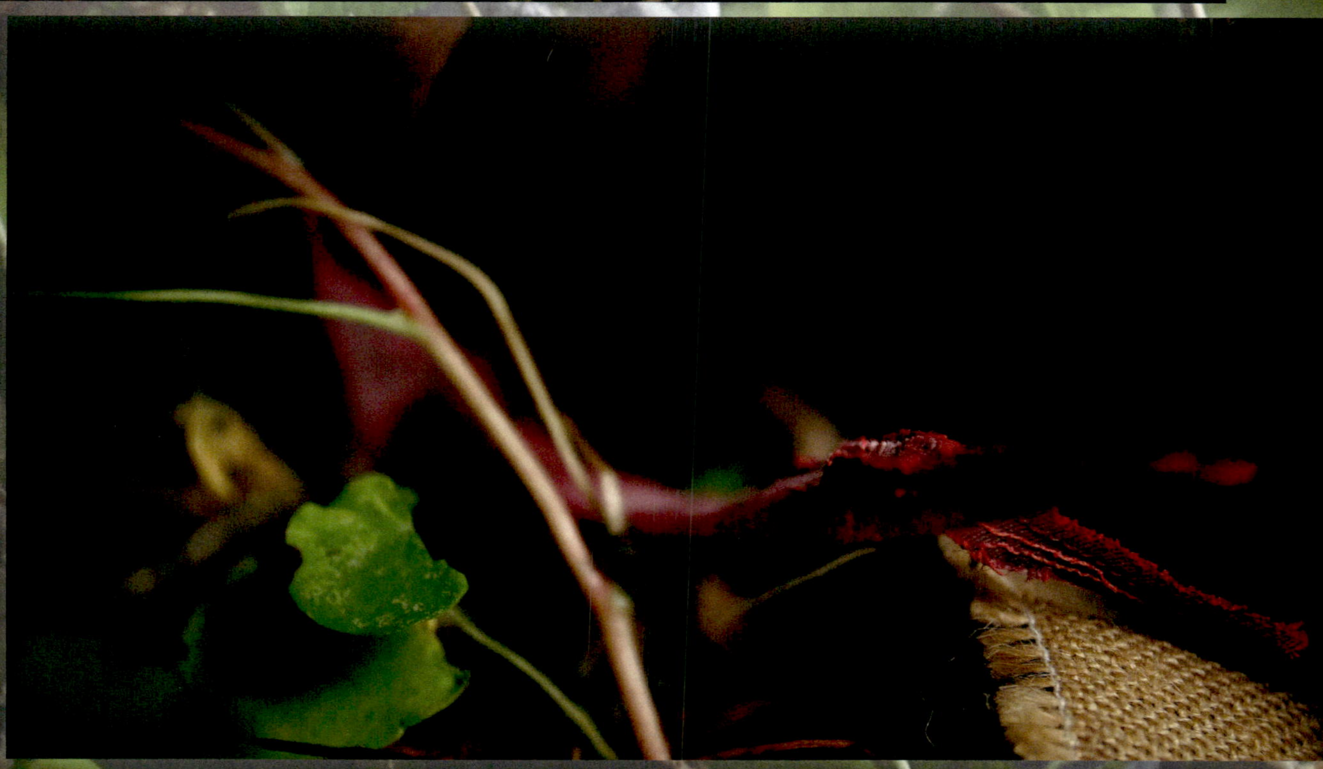

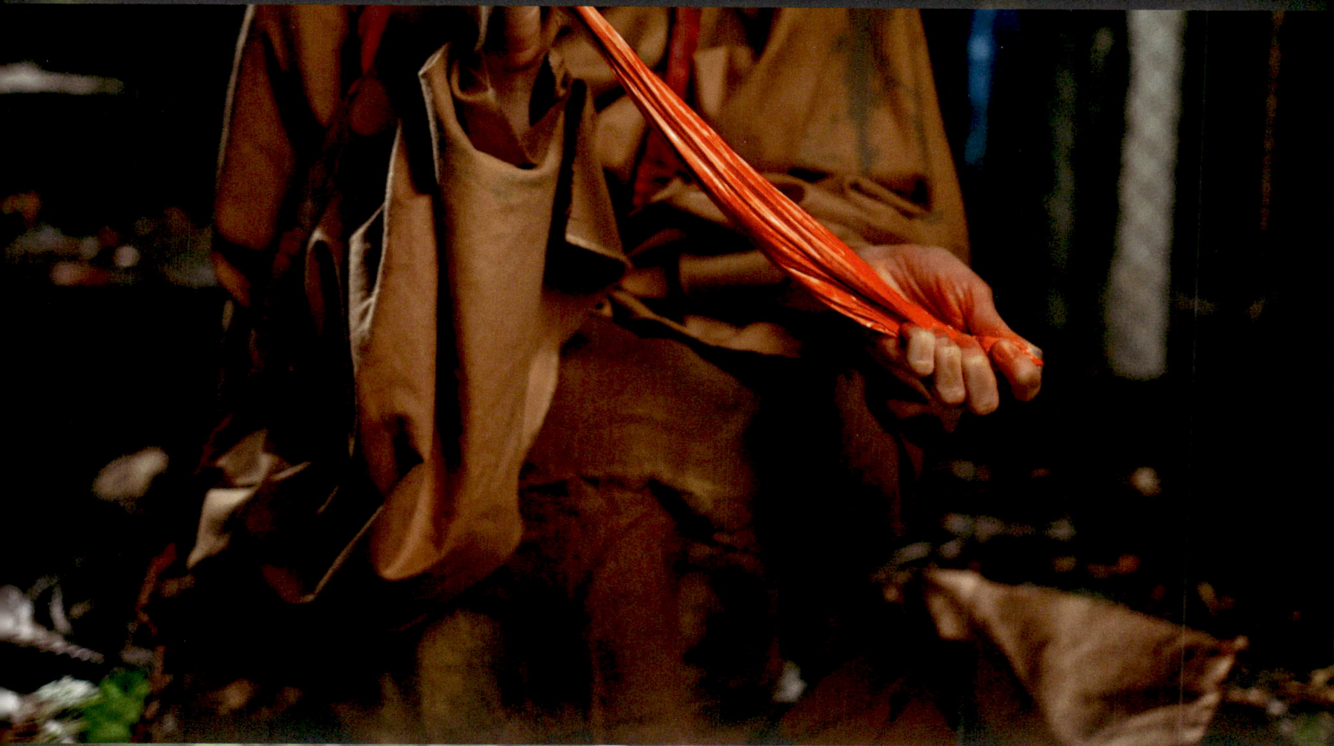

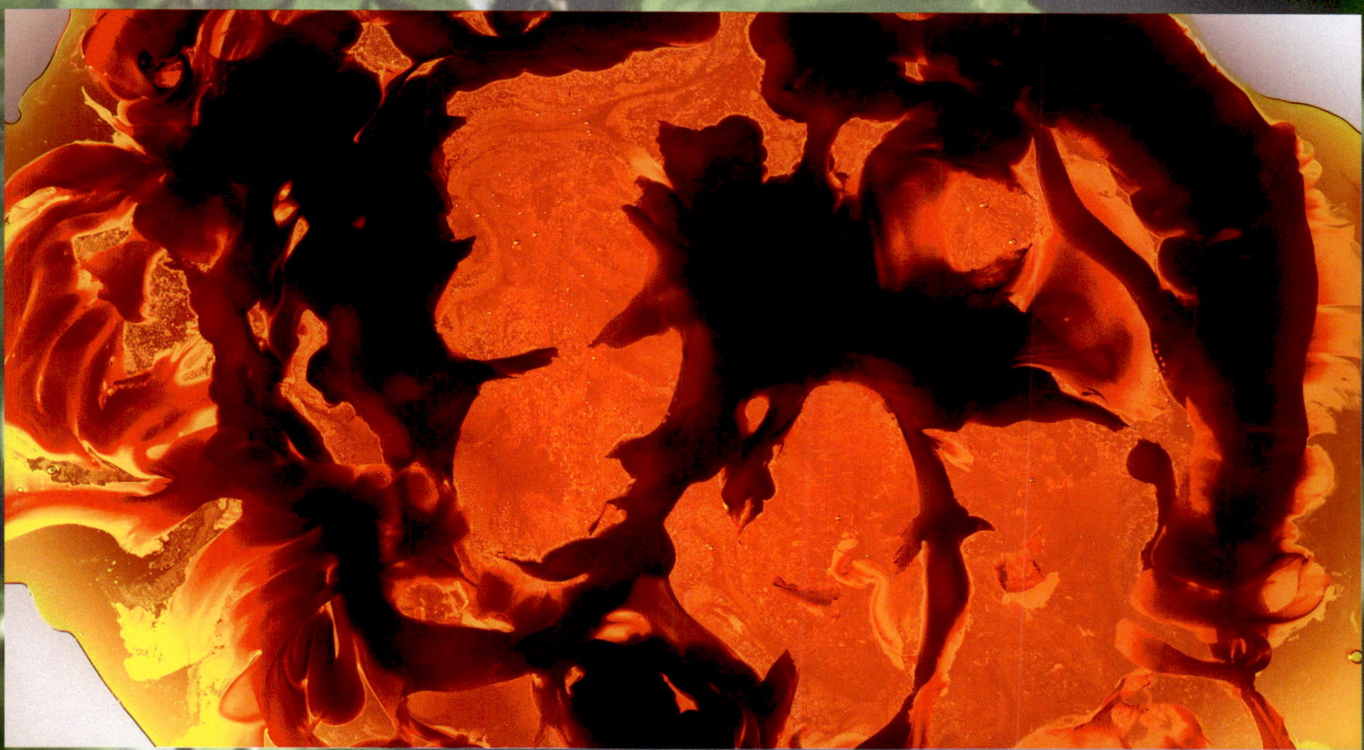

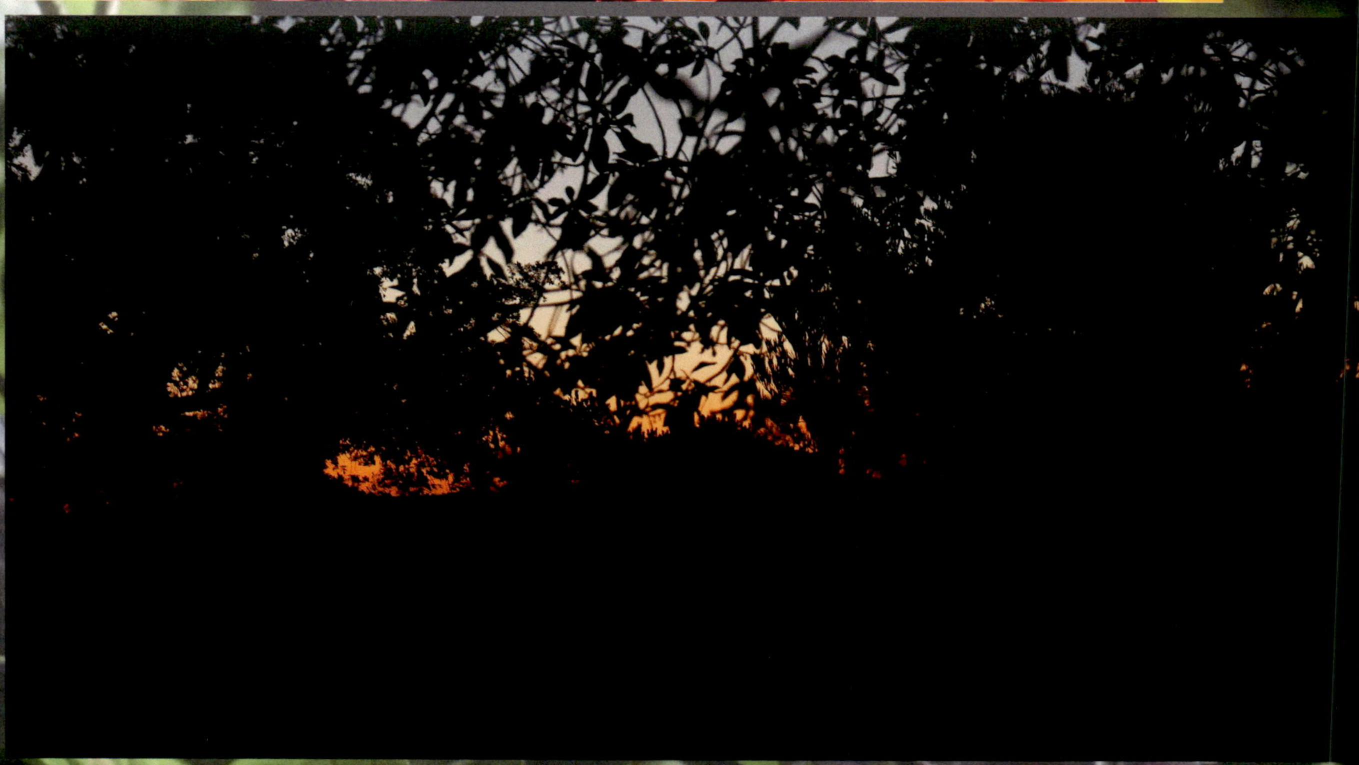

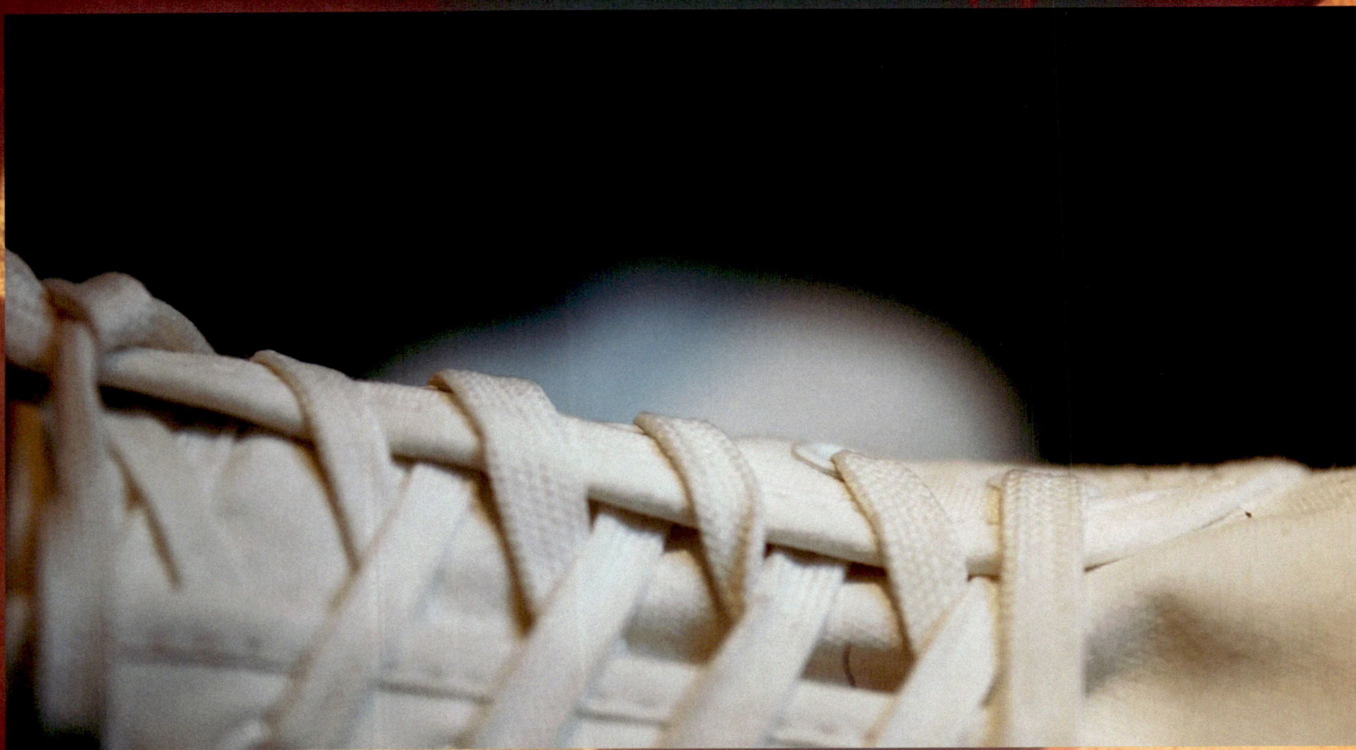

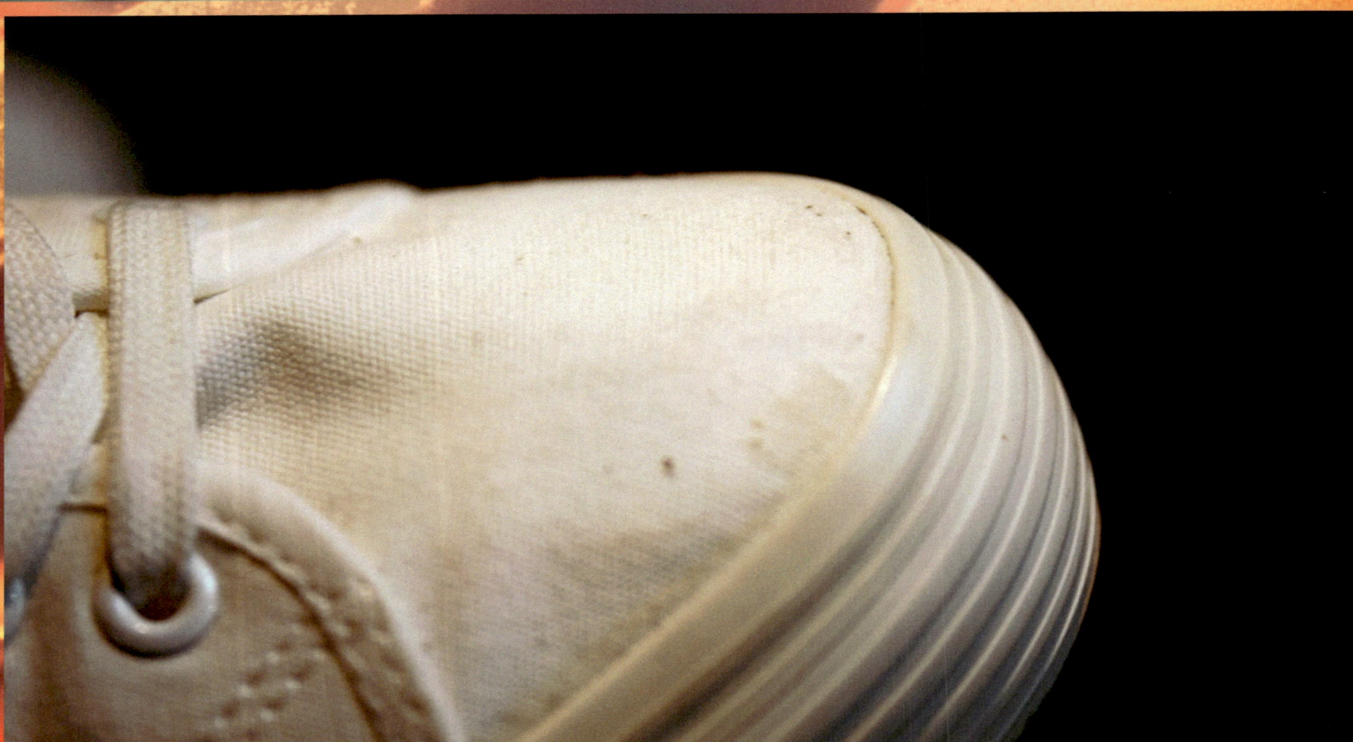

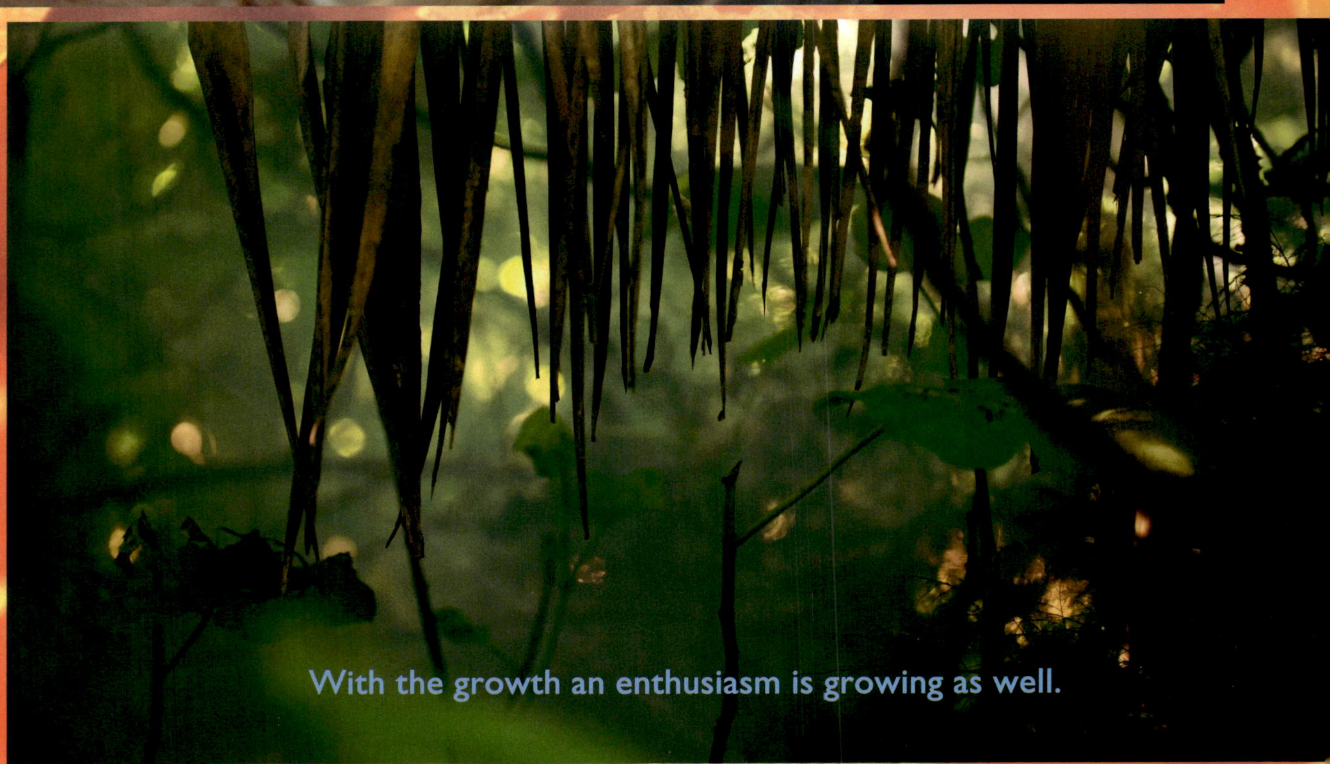

With the growth an enthusiasm is growing as well.

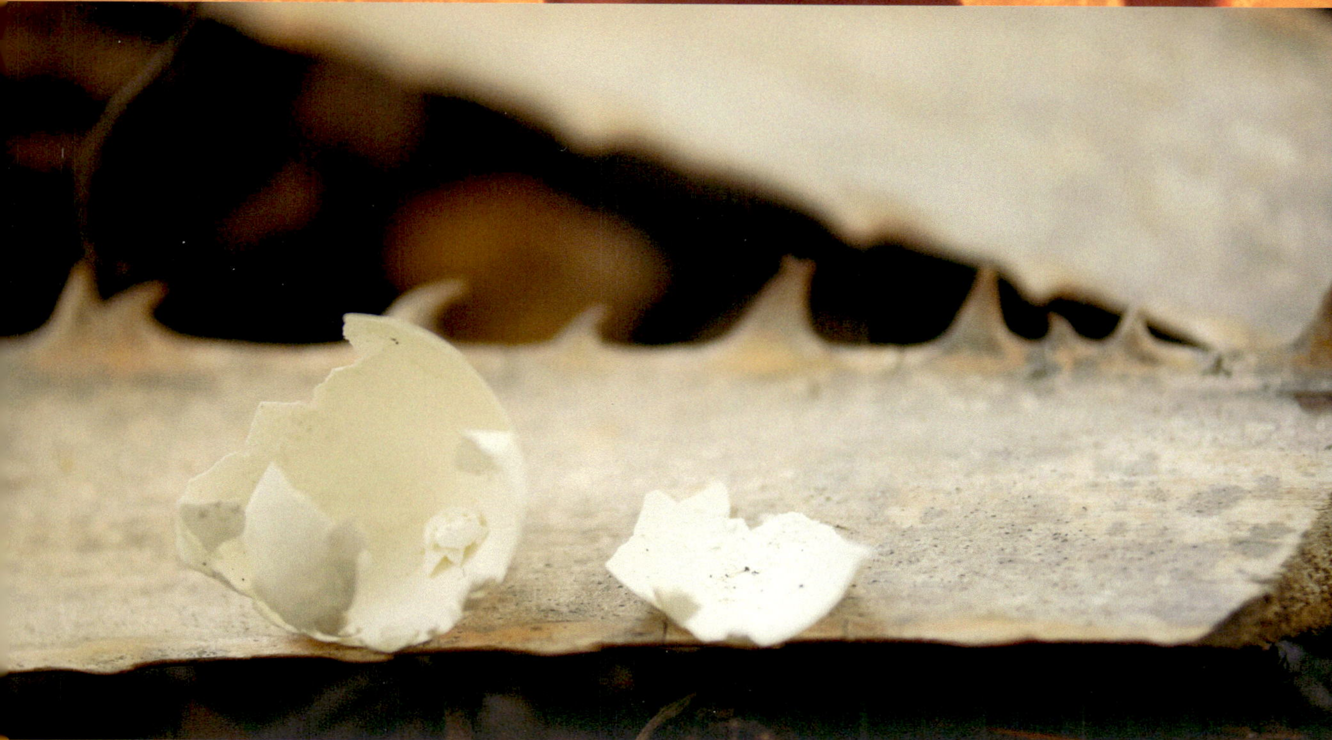

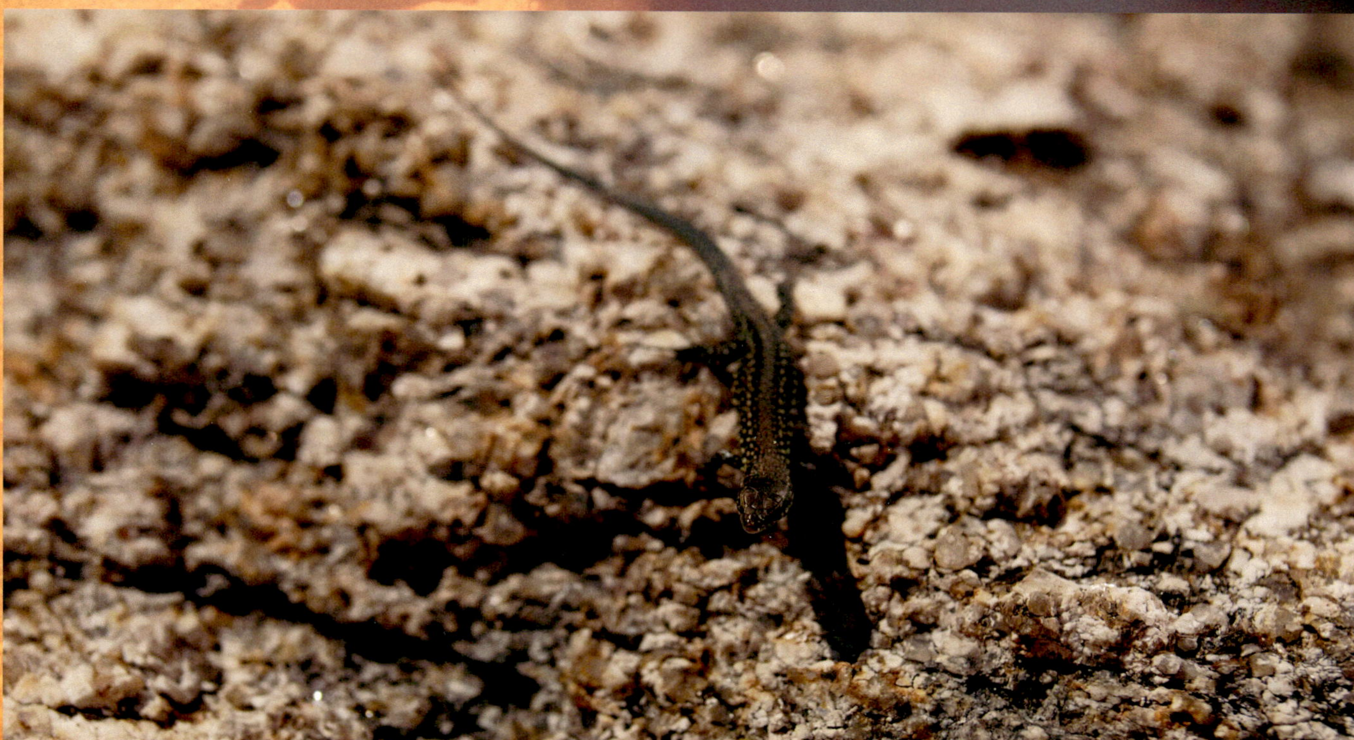

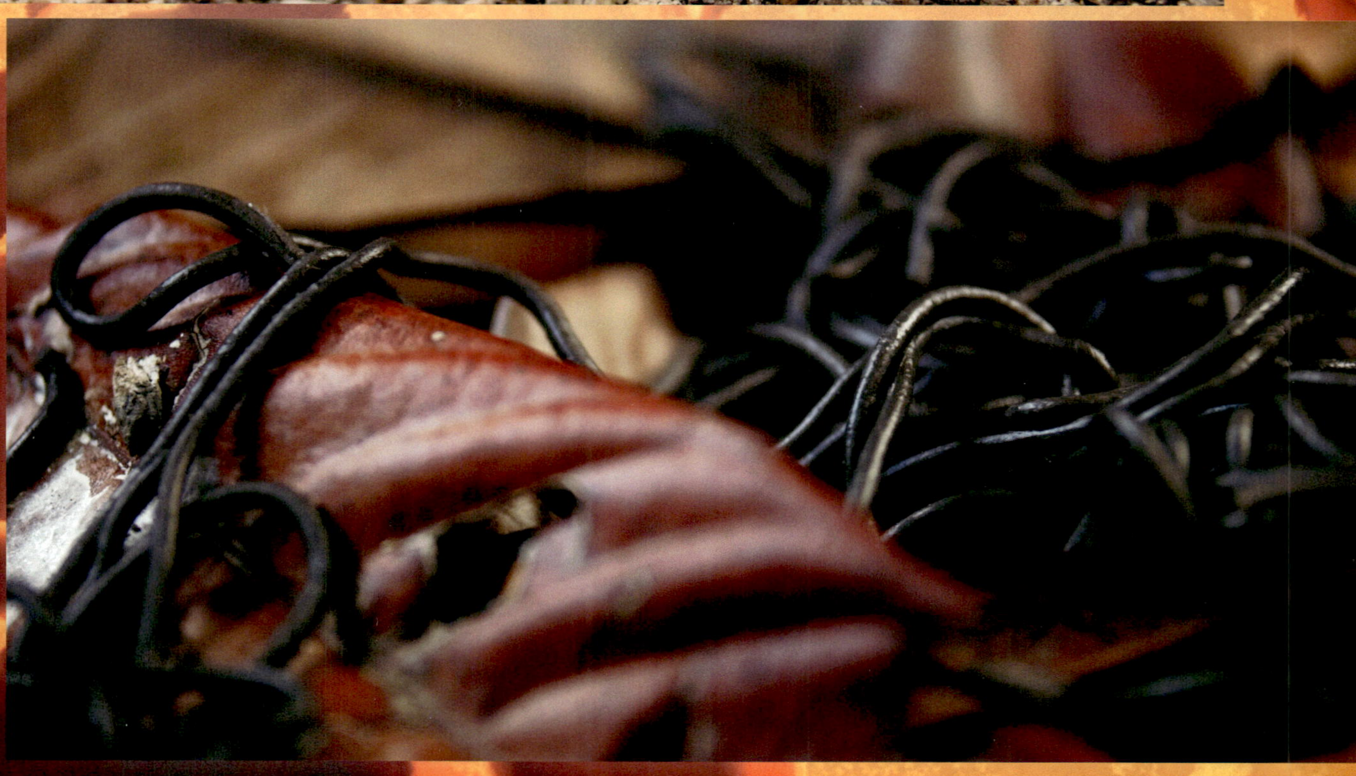

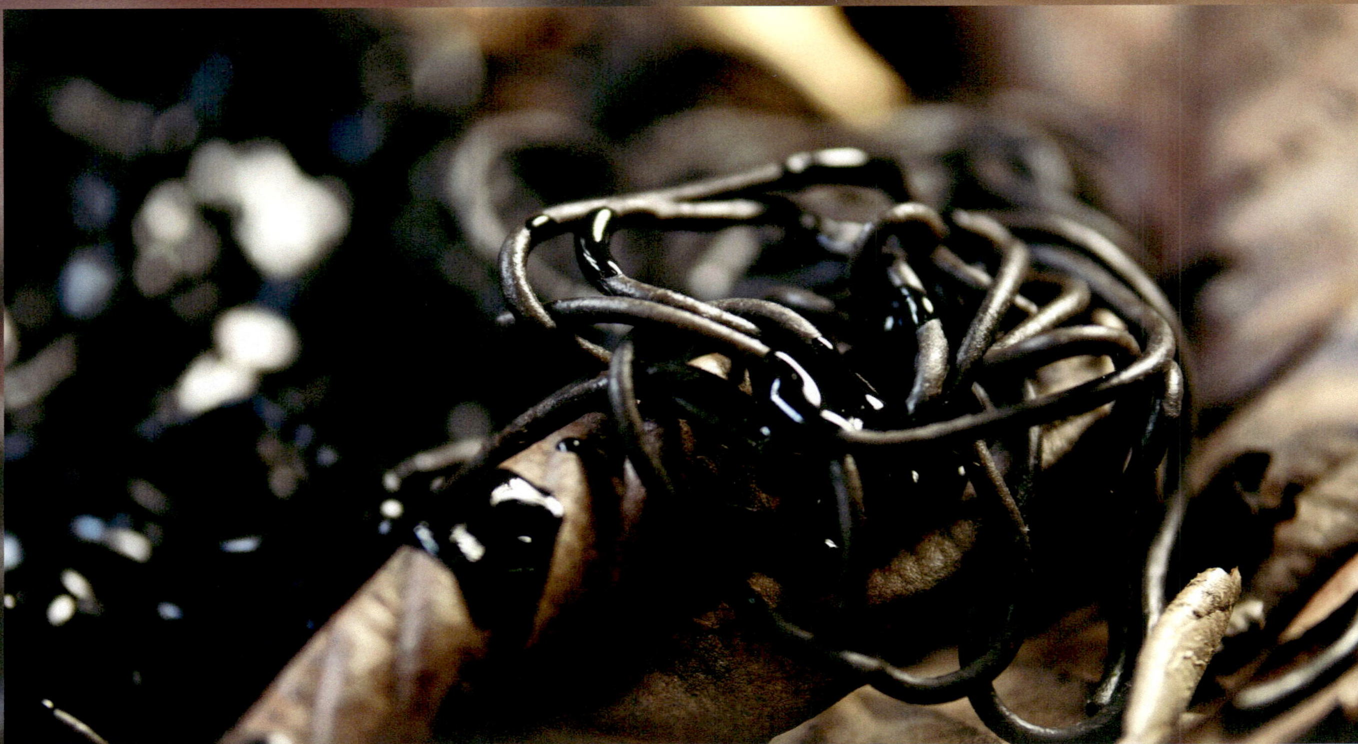

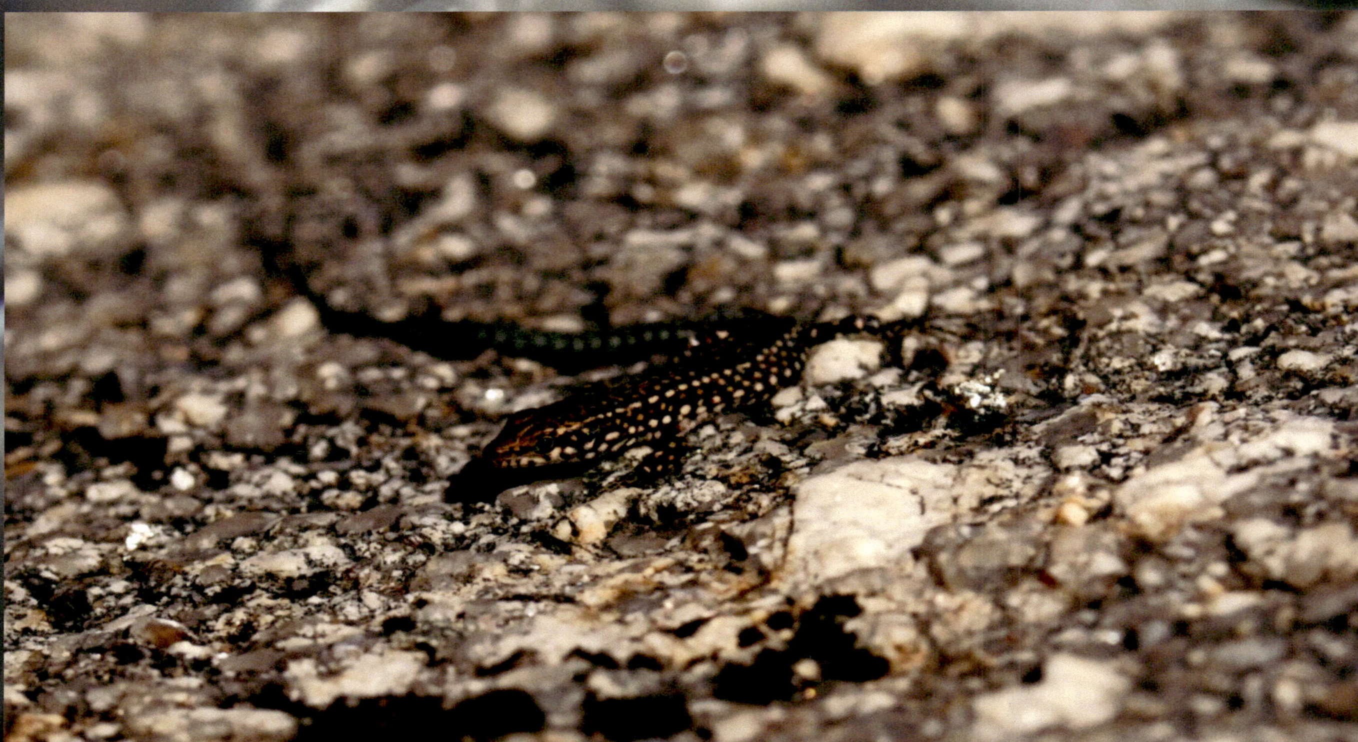

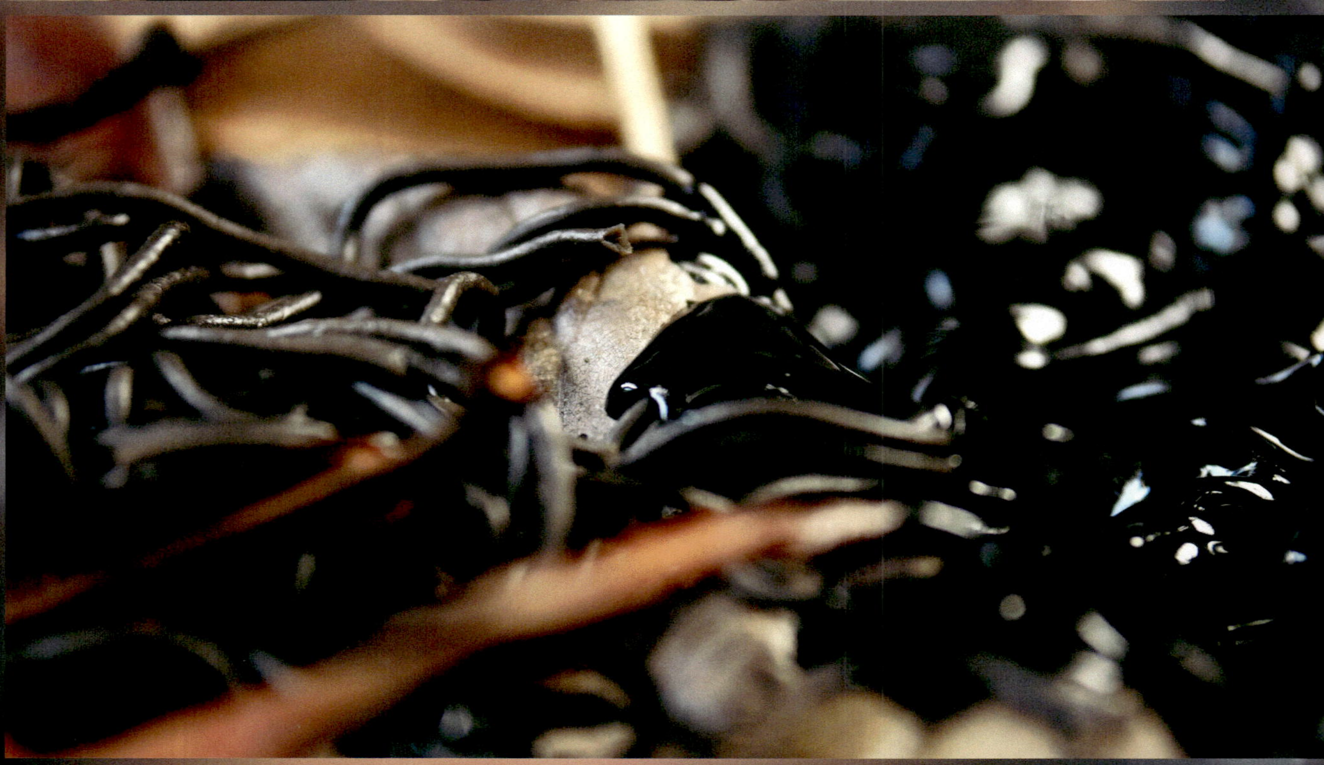

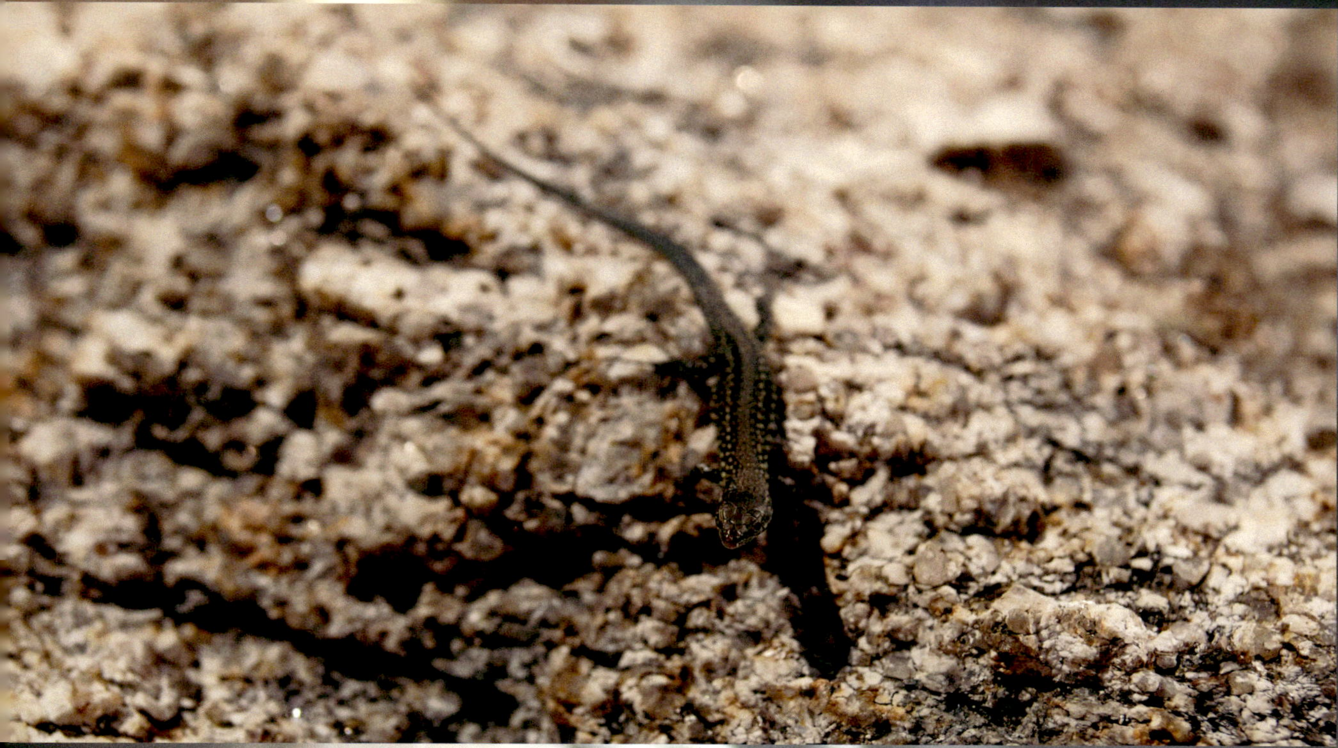

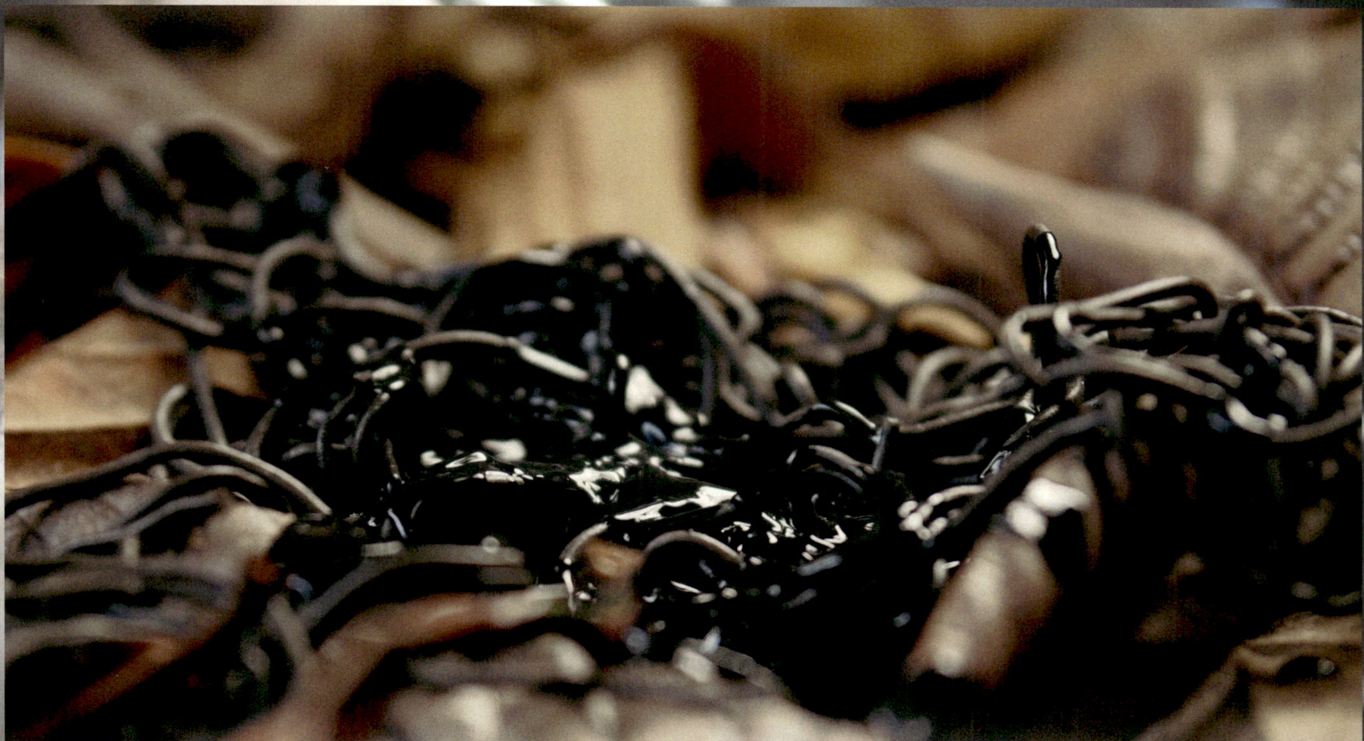

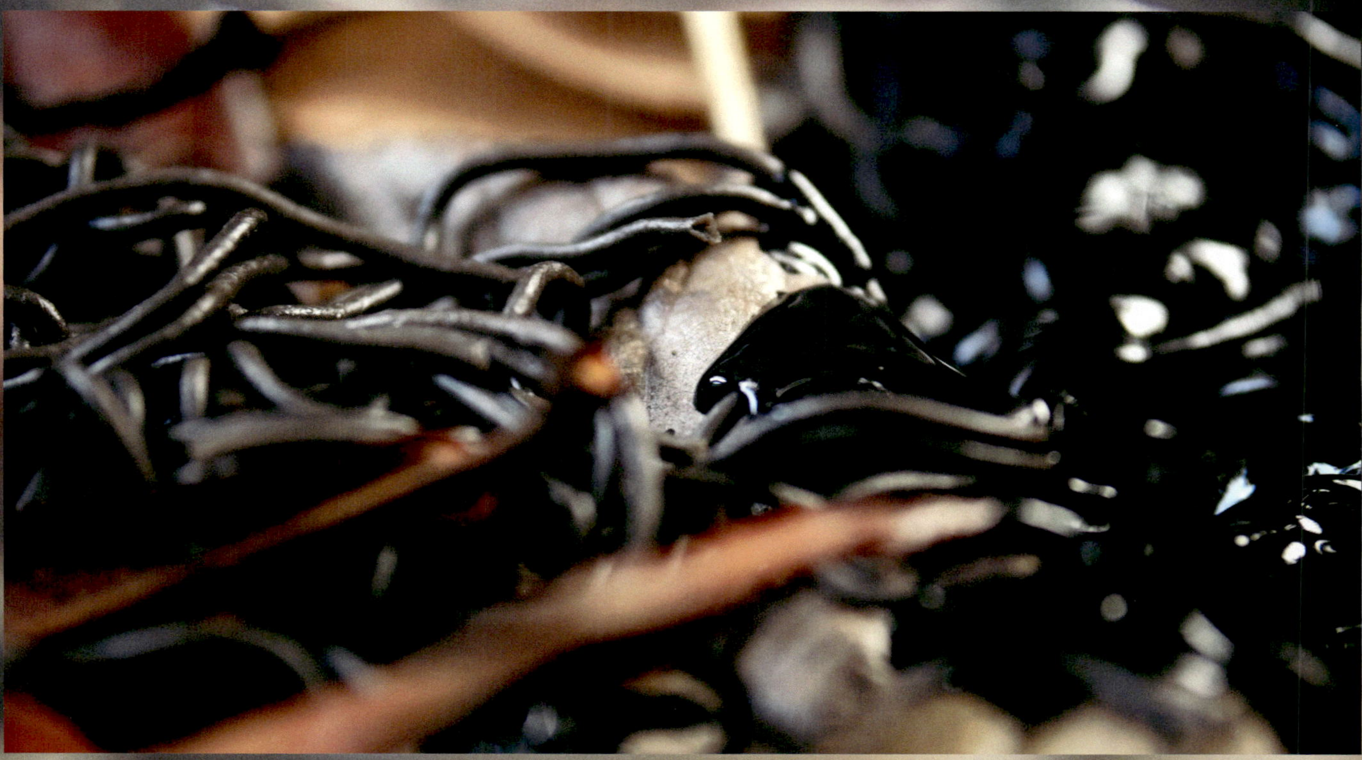

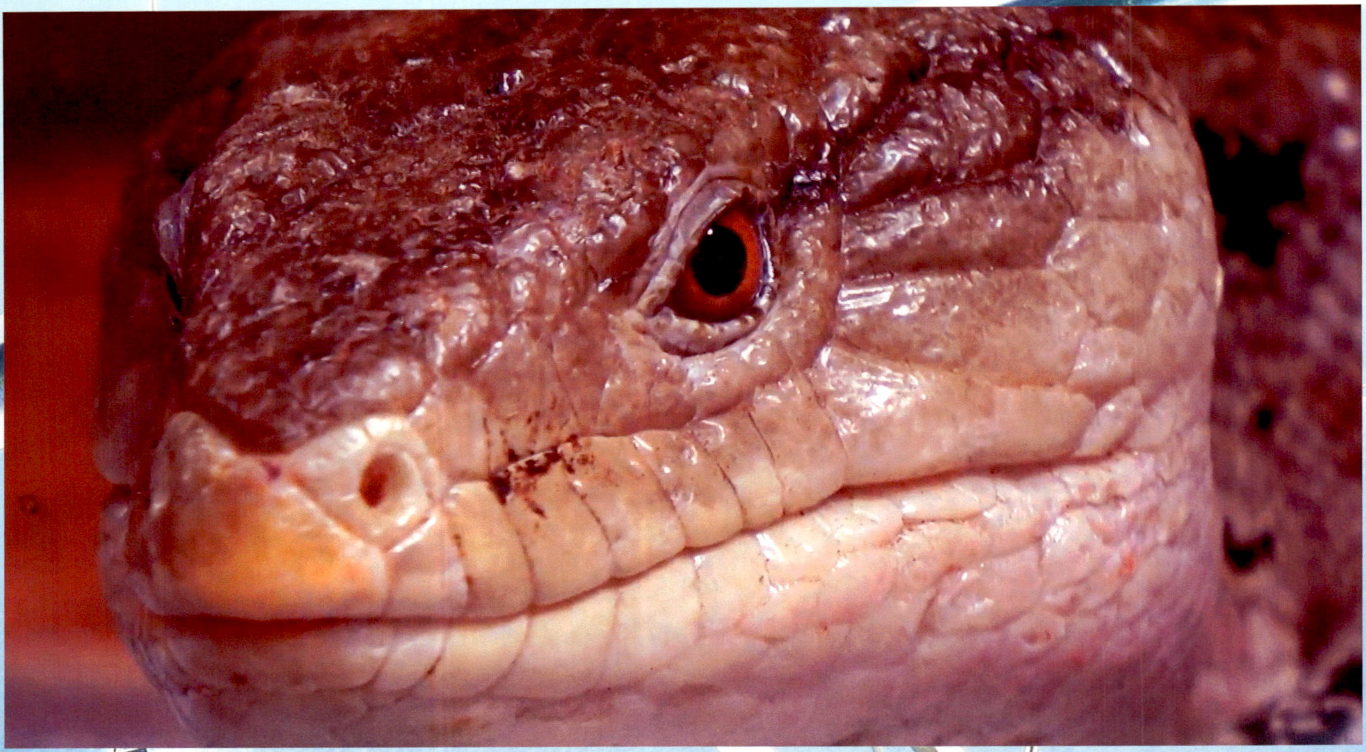

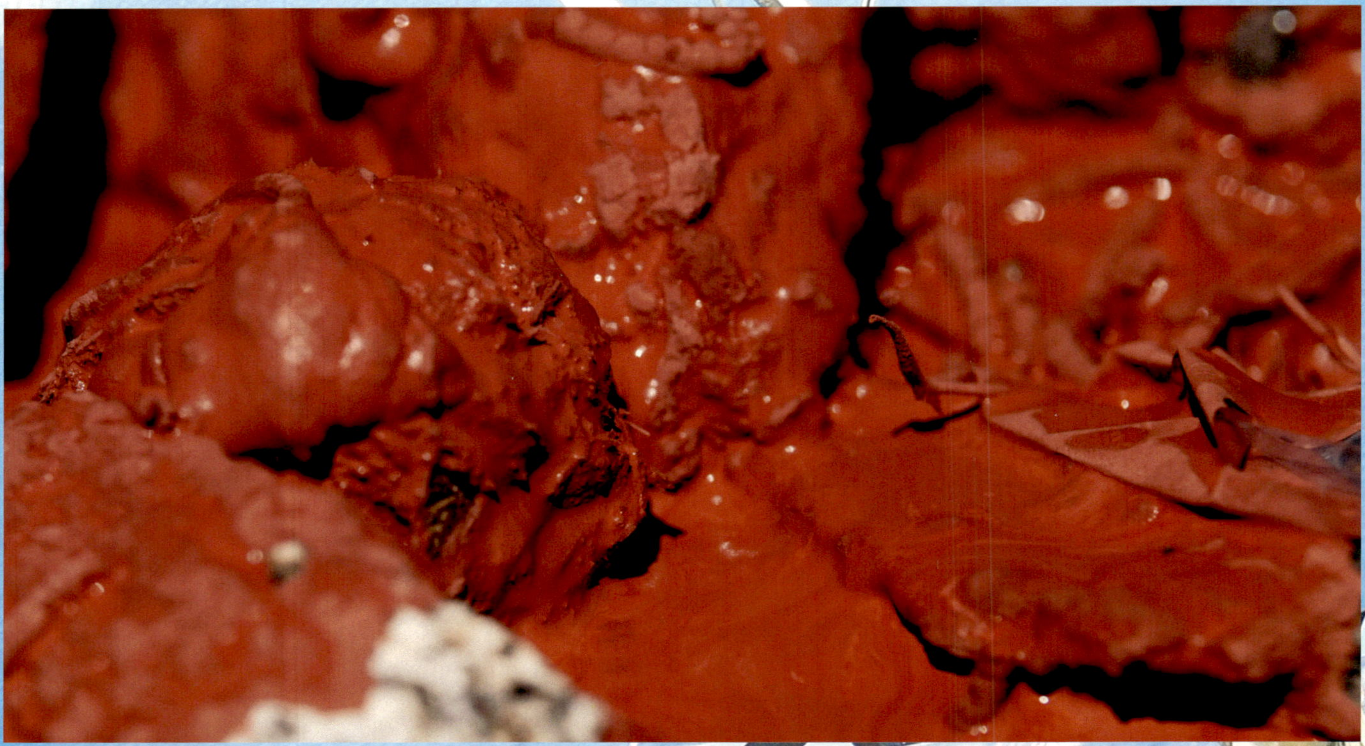

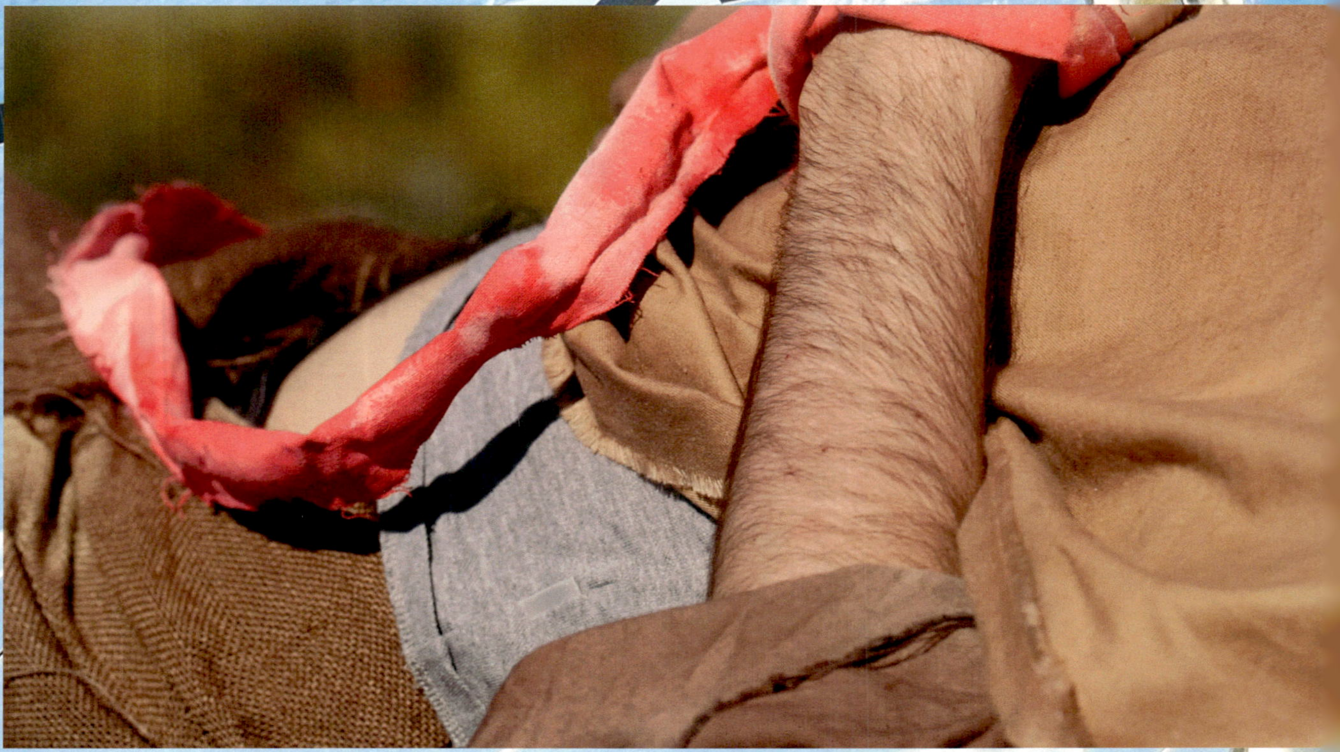

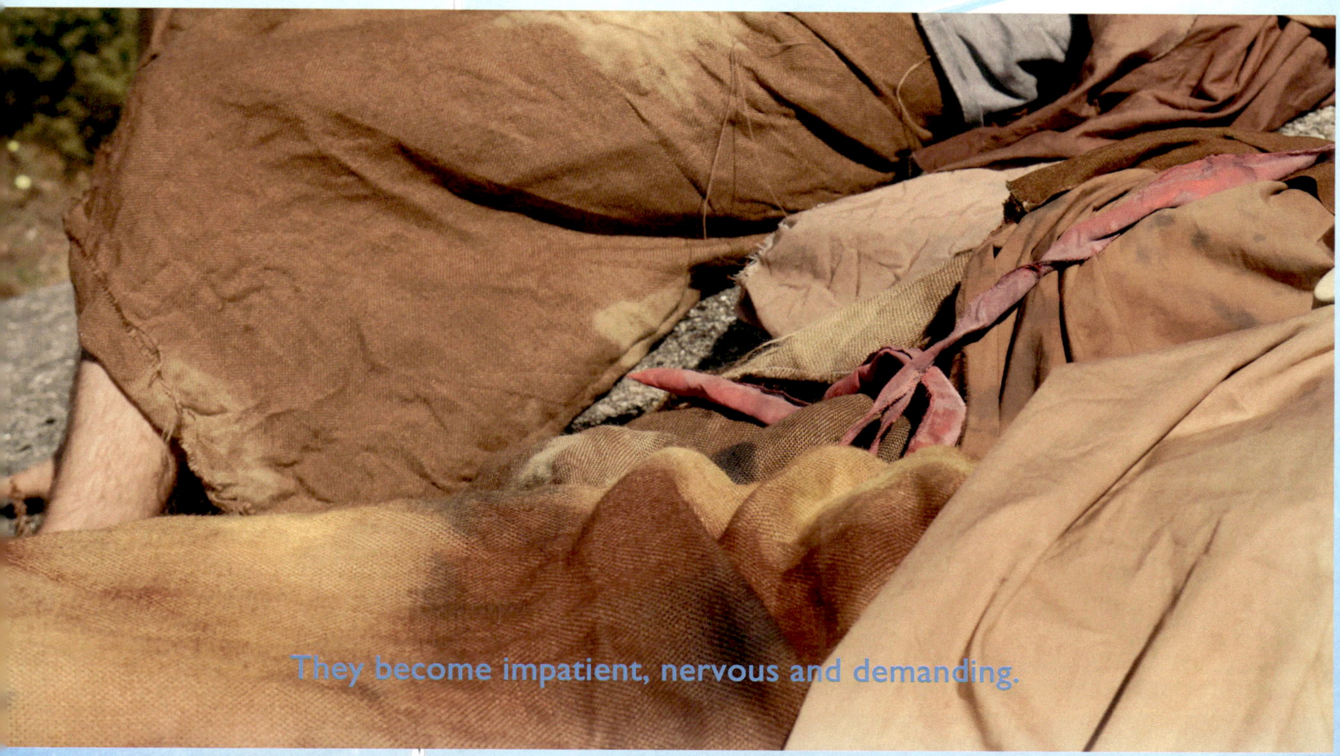
They become impatient, nervous and demanding.

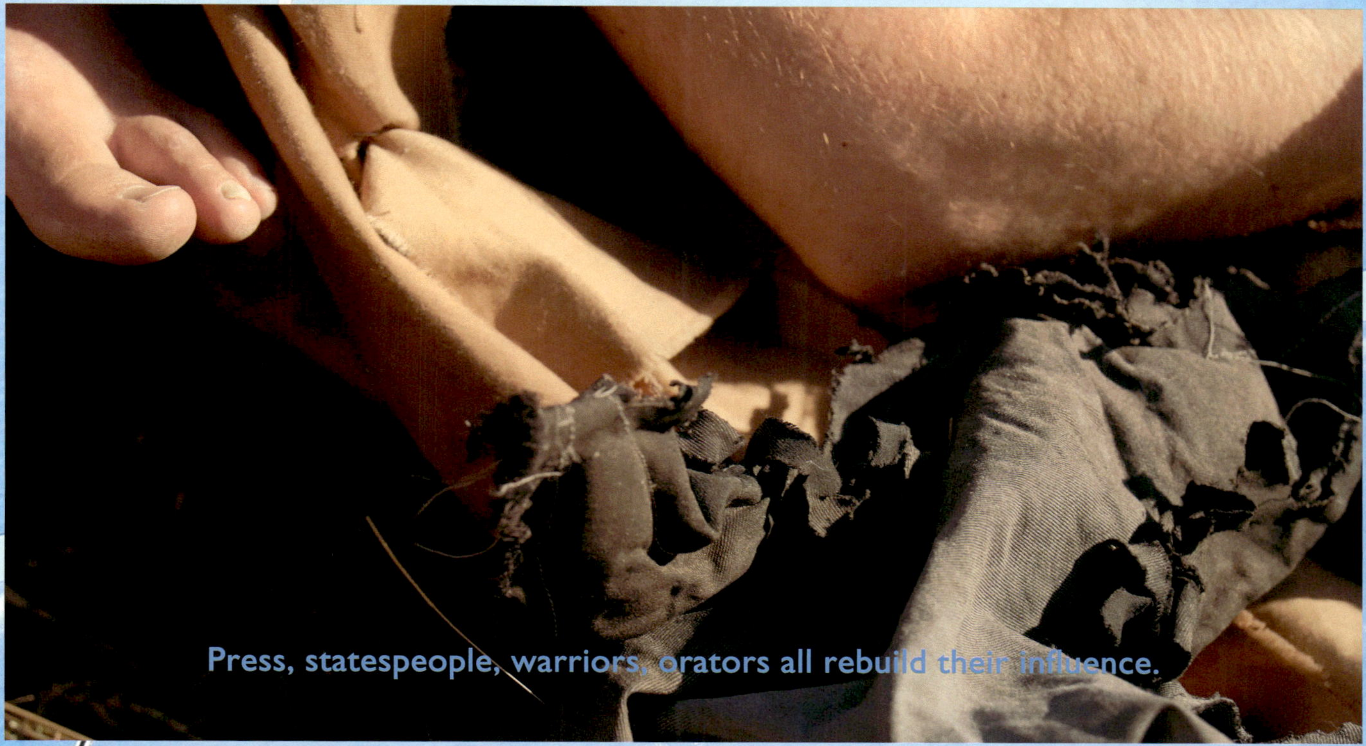
Press, statespeople, warriors, orators all rebuild their influence.

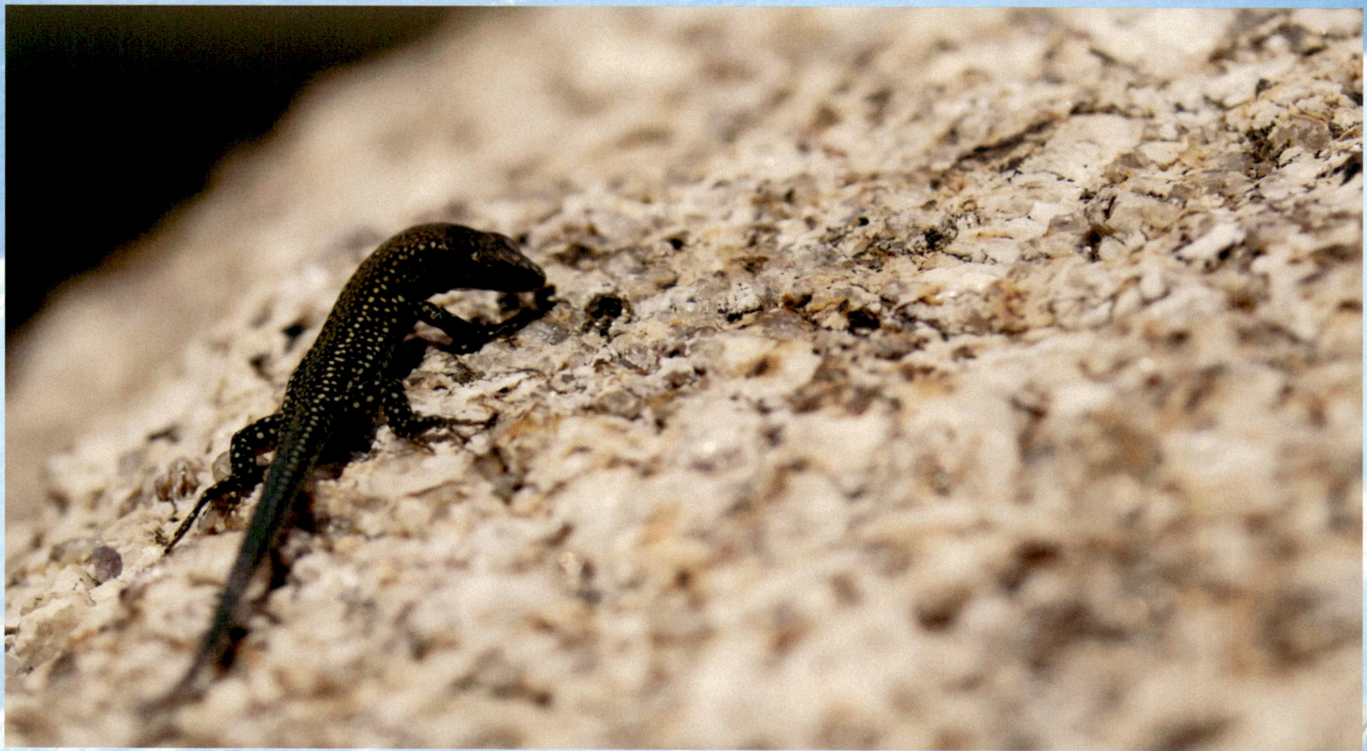

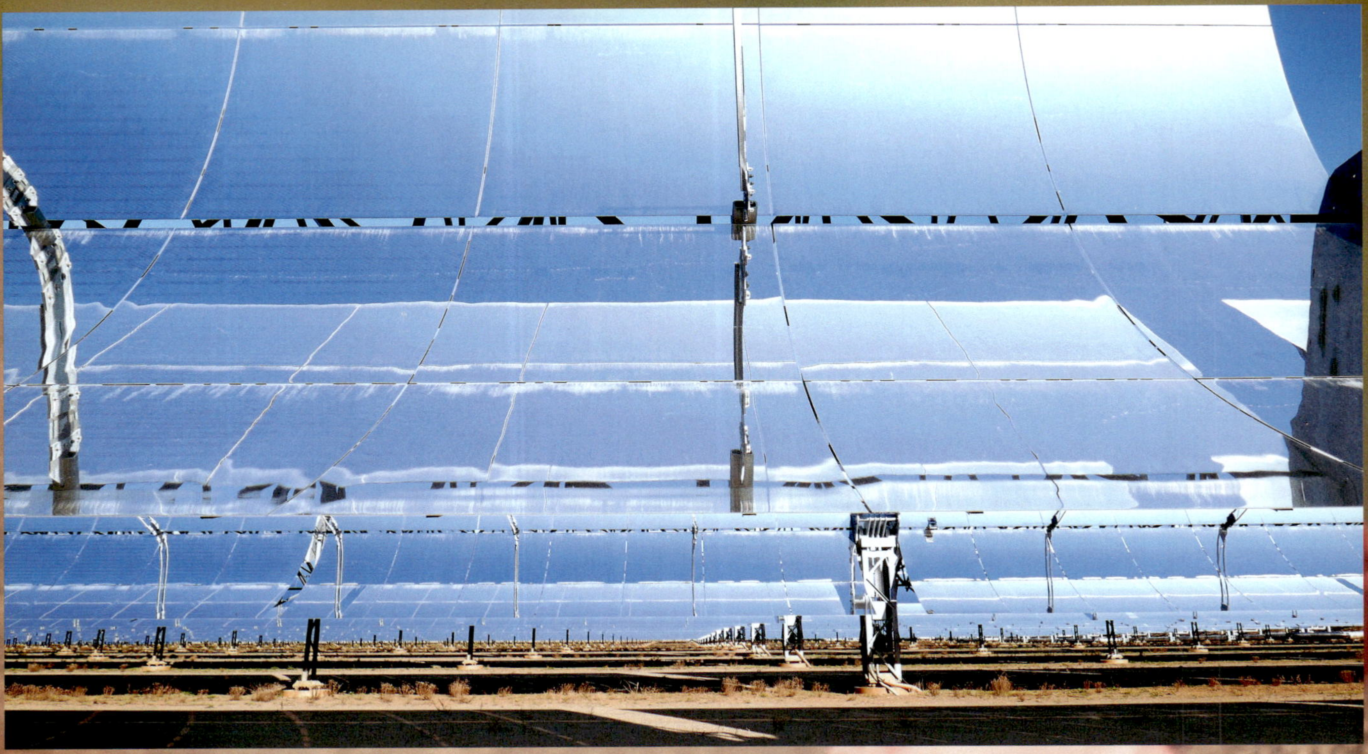

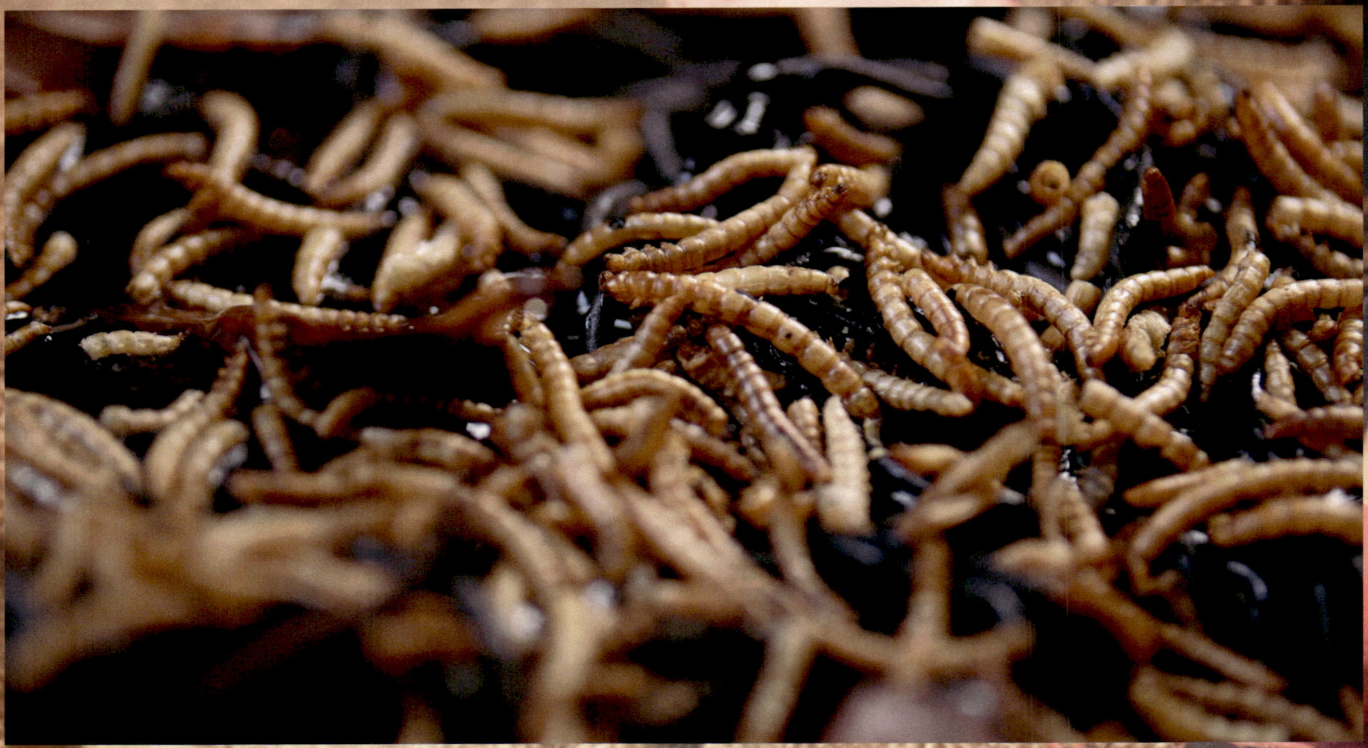

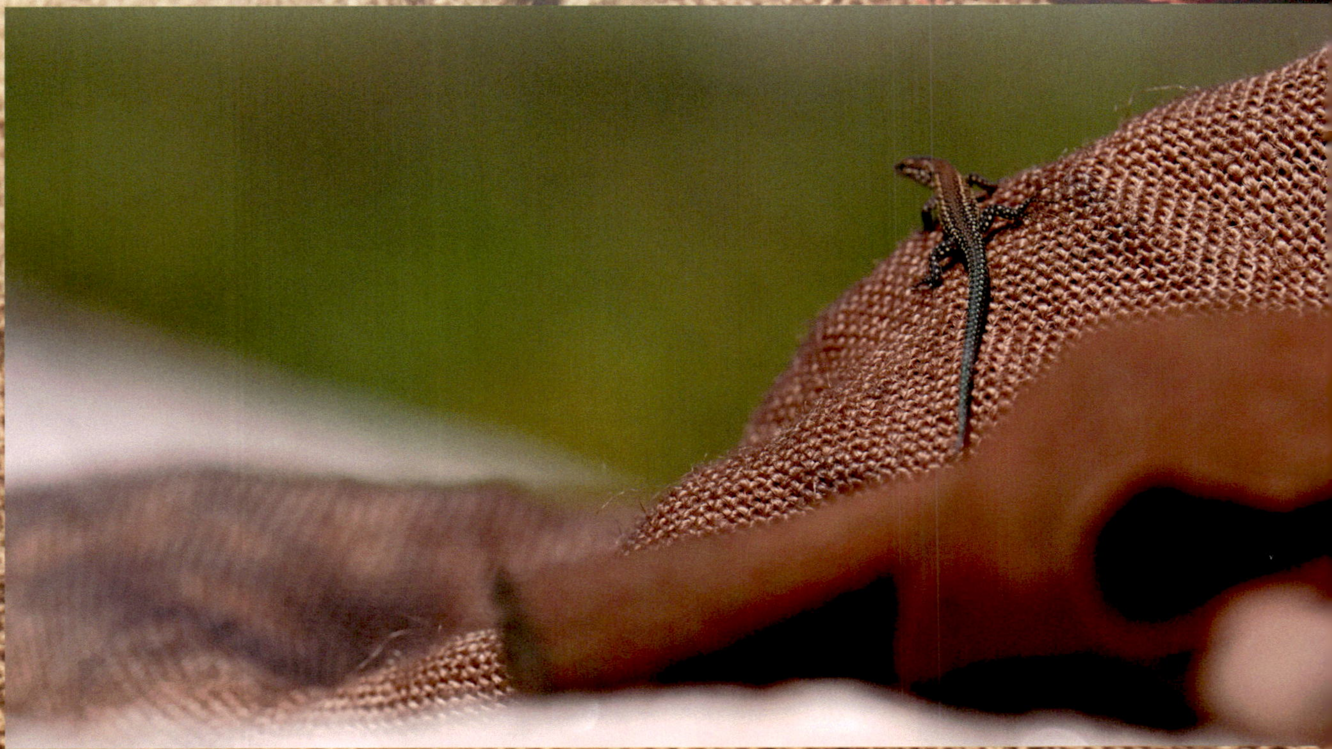

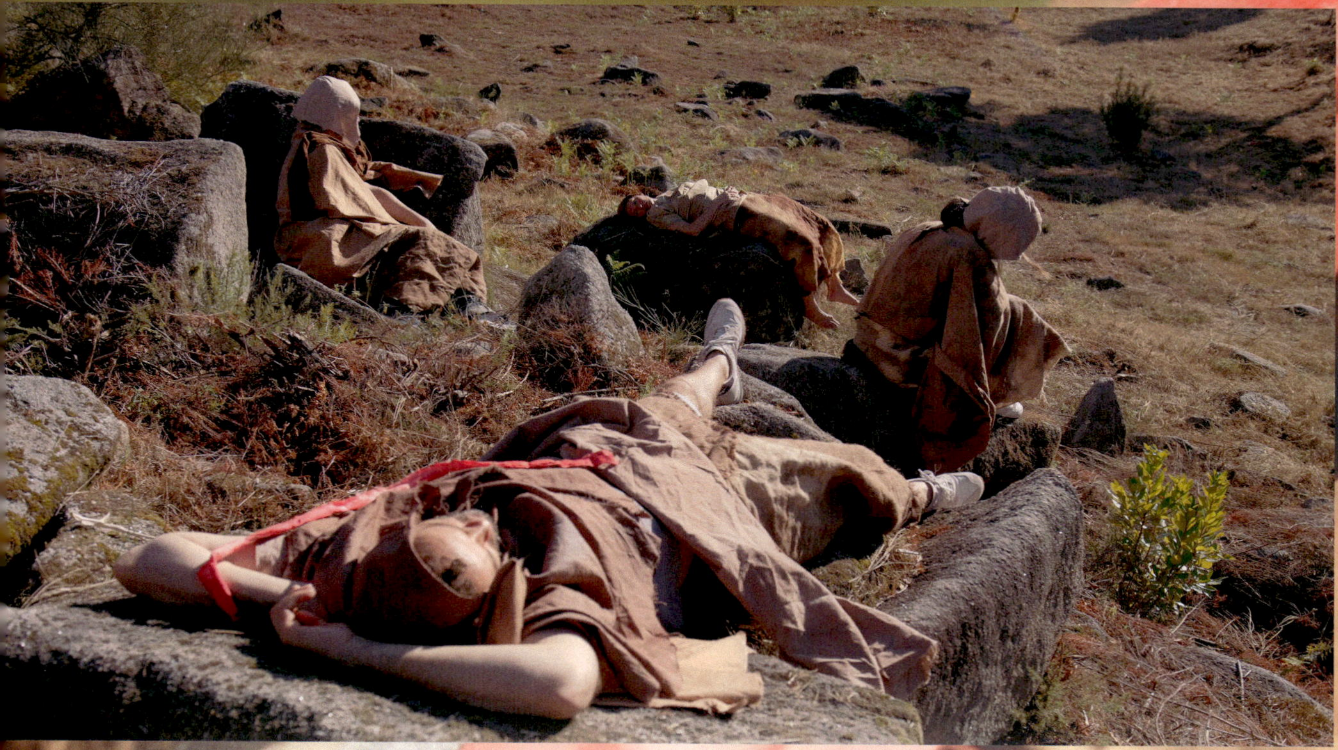

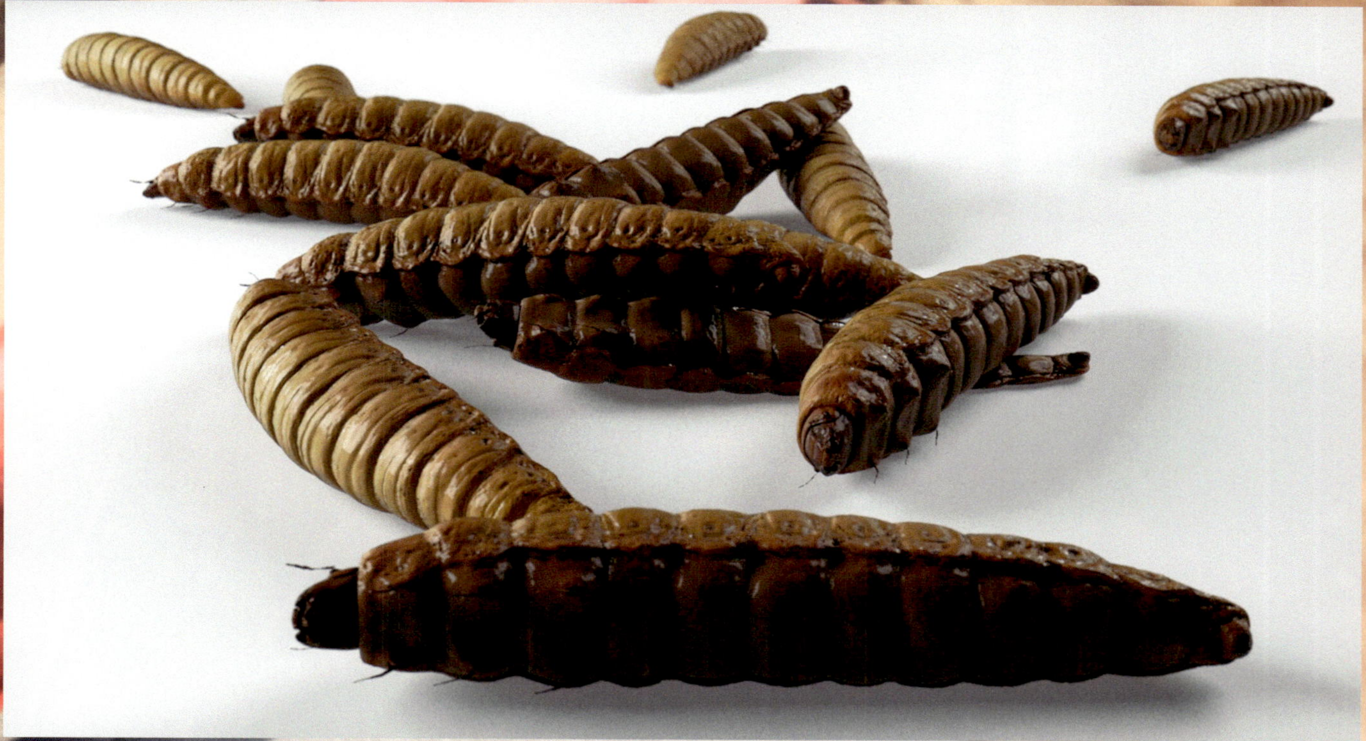

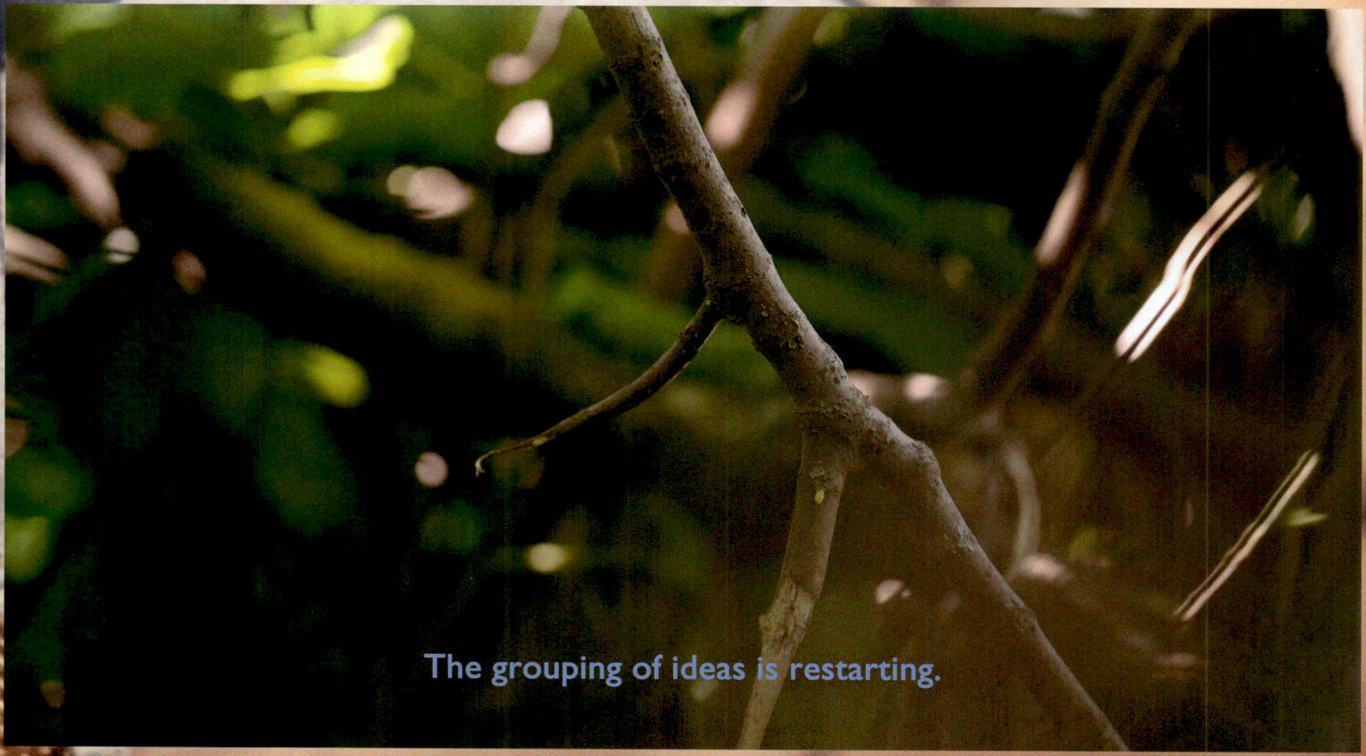
The grouping of ideas is restarting.

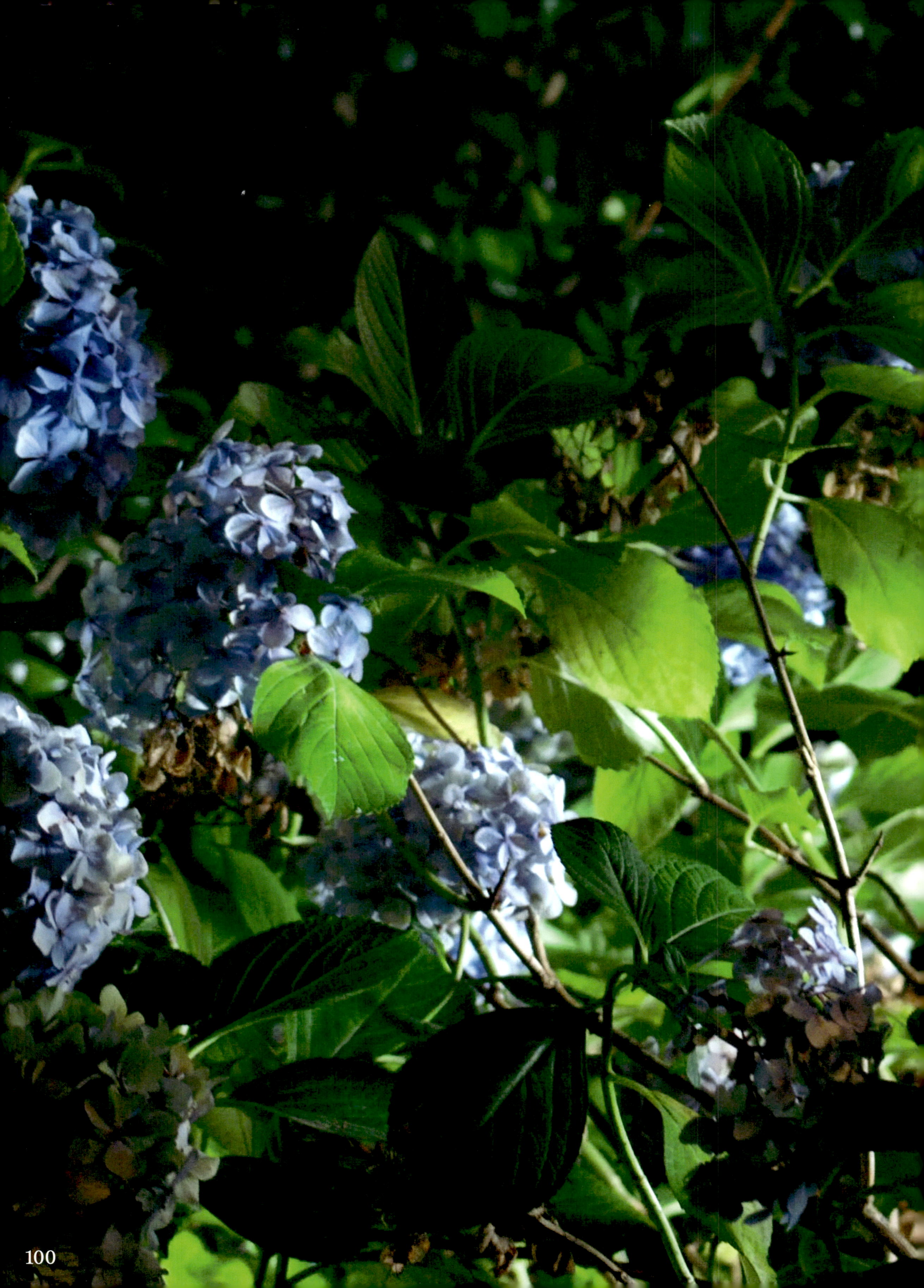

Jede hinreichend fortschrittliche Technologie ist von Natur nicht zu unterscheiden.
(Karl Schroeder)

In seinem Buch zu den Erfahrungen aus dem ersten Corona-Lockdown 2020 vergleicht Bruno Latour die neue ausgangsbeschränkte Lebensweise mit der Metamorphose Gregor Samsas.[1] Doch die Figur des „Ungeziefers", sonst ein prominentes Emblem gesellschaftlicher Entfremdung in der Moderne, will er unter jetzigen Vorzeichen positiv werten. Seinem eigenen Körper fremd, unfähig zur menschlichen Kommunikation, isoliert, vernachlässigt und unbeweglich auf wenige Meter in seinem Zimmer beschränkt, lernt das Krabbeltierchen als Mensch seine körperlichen Grenzen im Anthropozän neu und angemessen zu verorten. Auch bei vergleichbaren Gegenwartsdenkenden wie Donna Haraway ist eine solche Affirmation des Getiers, der Viecher, seit einiger Zeit en vogue. So soll nicht nur unsere symbiotische Eingebundenheit in natürliche Prozesse beschrieben und die menschliche Einzigartigkeit demütig rhetorisch ausgehebelt werden. Sie dient auch als metaphorische Wendung für die netzwerkförmige Lebenswelt, die wir uns gebaut haben. Wenn Haraway etwa für ein „tentakuläres Denken"[2] wirbt, ist das die organischere, weichere und gefühlvollere Version kollektiver Verflechtung, Verwicklung und gemeinsamer Intelligenz der erschöpfend und unterdrückend anmutenden netzwerkförmigen sozialen Sphäre. In einer Gesellschaft, die zunehmend als fragmentiert, formlos und lose Verknüpfung von Randbereichen und -interessen verstanden wird – einer Menschengemeinschaft, die über keine vermittelnde „Mitte" mehr zu verfügen scheint und die in vielen Teilen von sich ausfransenden Ideologien geprägt ist – passt es, dass man sie metaphorisch von ihren monströsen, abfallenden, heraushängenden Enden her anpackt.

1 Bruno Latour, *Wo bin ich. Lektionen aus dem Lockdown*, Berlin, Suhrkamp, 2021, S. 12 ff.
2 Donna J. Haraway, *Staying with the Trouble: Making Kin in the Chthulucene*, Durham, Duke University Press, 2016, S. 30 ff.

Im Bereich der Kunst und des Ästhetischen war dem im gewissen Sinne Adornos grimmige Beobachtung einer „Verfransung"[3] der Künste eine frühere Entsprechung. Nicht mehr von festen Gattungsgrenzen bestimmt, stellen künstlerische Medien Verbindungen und Beziehungen zu ihnen fremden Medien und dem Außerästhetischen her.

Any sufficiently advanced technology is indistinguishable from nature.
(Karl Schroeder)

In his book on the experiences of the first Covid Lockdown in 2020, Bruno Latour compares the new, restricted way of life with the metamorphosis of Gregor Samsa.[1] The "verminous" figure, previously an emblem of alienated life in modern society, is repositioned as positive in the current state of things. Alienated from its own body, incapable of human communication, isolated, neglected and immobile, confined to a few metres of a room, the creepy-crawly learns, as a human being does, to relocate its bodily limits to align with in the Anthropocene. Even among comparable contemporary thinkers like Donna Haraway, such an affirmation of the creepy-crawly, the creature, has been in vogue for some time. Not only is it a way to describe our symbiotic embeddedness in natural processes and cancel out the idea of human uniqueness by humble rhetorical means, it also serves as a metaphor for the new networked lifeworld we have built for ourselves. For instance, when Haraway promotes "tentacular thinking",[2] it is the more organic, softer and soulful version of collective interconnectedness, entanglement and shared intelligence of an exhaustive and oppressive networked social sphere. In a society that is increasingly seen as fragmented and formless, a loose linkage of marginal spheres and interests, as a community of people that no longer seem to have a mediating "middle" and that is characterised in many parts by frayed ideologies, it is fitting that it be metaphorically approached from its monstrous, drooping, hanging-out ends.

1 Bruno Latour, *After Lockdown: A Metamorphosis* (Cambridge: Polity Press, 2021), pp. 2ff.
2 Donna J. Haraway, *Staying with the Trouble: Making Kin in the Chthulucene* (Durham, NC: Duke University Press, 2016), pp. 30ff.

In the realm of art and the aesthetic, Adorno's grim observation of and "in-fringe-ment" of the arts was an earlier equivalent to this in a certain sense.[3] No longer determined by fixed genre boundaries, artistic means form connections and relationships with media foreign to them and to the non-aesthetic. The "fringes", the previously surplus, and how they connect with each other now establish new contexts of meaning.

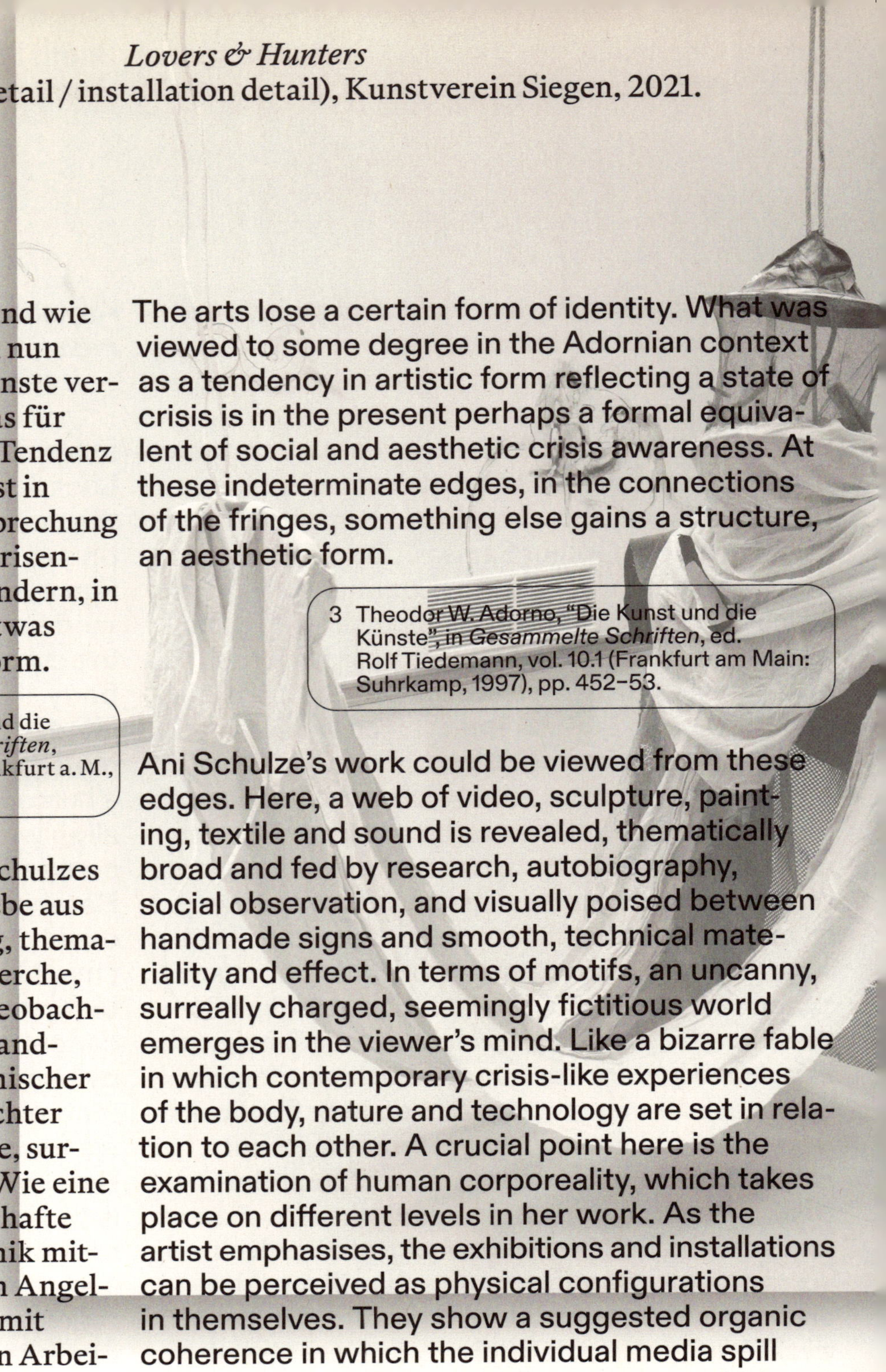

Lovers & Hunters
(Installationsdetail / installation detail), Kunstverein Siegen, 2021.

Die „Fransen", das zuvor Überschüssige, und wie sie sich untereinander verbinden, knüpfen nun neue Bedeutungszusammenhänge. Die Künste verlieren eine gewisse Form der Identität. Was für Adornos Kontext zum Teil als krisenhafte Tendenz der künstlerischen Form verstanden war, ist in der Gegenwart vielleicht eine formale Entsprechung von gesellschaftlichem wie ästhetischem Krisenbewusstsein. An diesen unbestimmten Rändern, in den Verbindungen der Fransen, gewinnt etwas Anderes eine Struktur, eine ästhetische Form.

3 Theodor W. Adorno, „Die Kunst und die Künste", in: Ders., *Gesammelte Schriften*, hg. v. Rolf Tiedemann, Bd. 10.1, Frankfurt a. M., Suhrkamp, 1997, S. 432–453.

Von diesen Rändern aus könnte man Ani Schulzes Arbeit betrachten. Hier zeigt sich ein Gewebe aus Video, Skulptur, Malerei, Textil und Klang, thematisch breit gefächert und gespeist aus Recherche, Autobiographischem, gesellschaftlicher Beobachtung, und visuell balancierend zwischen handgemachten Markierungen und glatt-technischer Materialität und Wirkung. Bei dem Betrachter entsteht (dabei) motivisch eine unheimliche, surreal aufgeladene, fiktiv anmutende Welt. Wie eine bizarre Fabel, bei der zeitgenössisch krisenhafte Erfahrungen von Körper, Natur und Technik miteinander in Beziehung gesetzt werden. Ein Angelpunkt hierbei ist die Auseinandersetzung mit menschlicher Körperlichkeit, die sich in den Arbeiten auf unterschiedlichen Ebenen abspielt. Wie die Künstlerin betont, können dabei die Ausstellungen und Installationen in sich als körperliche Formationen empfunden werden. Sie zeigen einen suggerierten organischen Zusammenhalt, in dem die einzelnen Medien ineinander überschwappen, zu pulsieren scheinen, und dabei hierarchisch flach sind. Man könnte von einem „nassen Raster"[4] sprechen, einem rückgratlosen Körper vielleicht, wirbellos, der ganz weich ist und wie ein Oktopus an allen seinen Enden und Ausläufen denkt und fühlt. Schauen wir uns an, wie dies passiert. Wie der Körperlichkeitstopos dadurch eine Form findet, indem eine gewisse Art des posthumanistisch „Abjekten" und des Formlosen formal und in der Konstellation der Arbeiten aufgehoben wird:

4 Lars Spuybroek, „The Structure of Vagueness", in: Ders., *The Architecture of Continuity: Essays and Conversations*, Rotterdam, V2Publishing, 2008, S. 137.

The arts lose a certain form of identity. What was viewed to some degree in the Adornian context as a tendency in artistic form reflecting a state of crisis is in the present perhaps a formal equivalent of social and aesthetic crisis awareness. At these indeterminate edges, in the connections of the fringes, something else gains a structure, an aesthetic form.

3 Theodor W. Adorno, "Die Kunst und die Künste", in *Gesammelte Schriften*, ed. Rolf Tiedemann, vol. 10.1 (Frankfurt am Main: Suhrkamp, 1997), pp. 452–53.

Ani Schulze's work could be viewed from these edges. Here, a web of video, sculpture, painting, textile and sound is revealed, thematically broad and fed by research, autobiography, social observation, and visually poised between handmade signs and smooth, technical materiality and effect. In terms of motifs, an uncanny, surreally charged, seemingly fictitious world emerges in the viewer's mind. Like a bizarre fable in which contemporary crisis-like experiences of the body, nature and technology are set in relation to each other. A crucial point here is the examination of human corporeality, which takes place on different levels in her work. As the artist emphasises, the exhibitions and installations can be perceived as physical configurations in themselves. They show a suggested organic coherence in which the individual media spill over into each other, seem to pulsate, and yet are hierarchically flat. One might speak of a "wet grid",[4] a spineless body perhaps, all soft, thinking and feeling like an octopus from all its ends and outlets. Let us look at how this happens. How the topos of corporeality thereby finds a form by suspending a certain kind of posthumanist "abjection" and formlessness both formally and in the constellation of the works.

4 Lars Spuybroek, "The Structure of Vagueness", in *The Architecture of Continuity: Essays and Conversations* Conversations (Rotterdam: V2Publishing, 2008), p. 137.

Much of Schulze's work creeps, worms, twists, curls and ripples, slithers and slides. It shows a sensorium of loose ends. It implies the hanging, the flapping, the meandering, the dangling. Things are outlandish and stand out. At the same time, they seem strangely surrendered to grav-

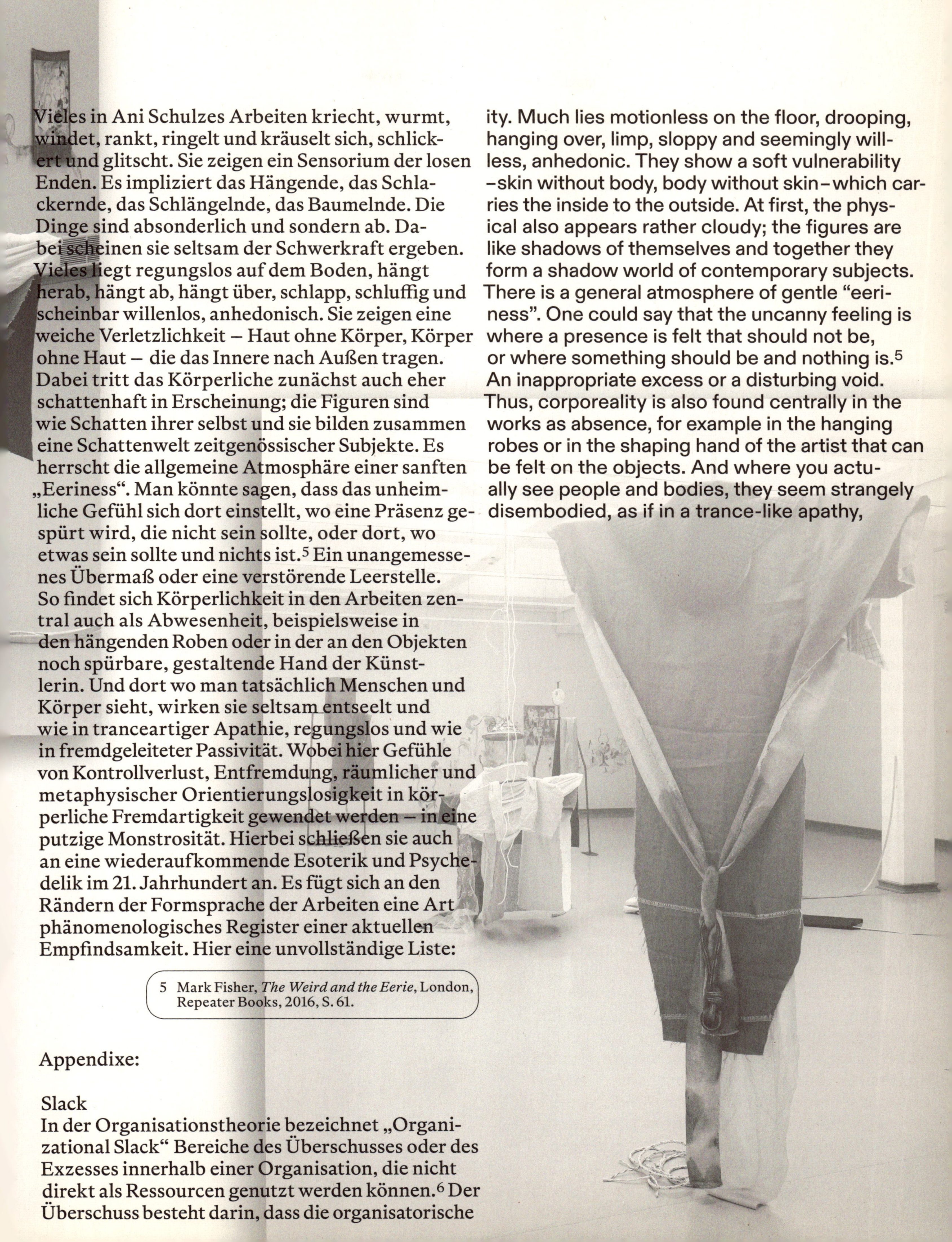

Lovers & Hunters
(Installationsdetail / installation detail), Kunstverein Siegen, 2021.

Vieles in Ani Schulzes Arbeiten kriecht, wurmt, windet, rankt, ringelt und kräuselt sich, schlickert und glitscht. Sie zeigen ein Sensorium der losen Enden. Es impliziert das Hängende, das Schlackernde, das Schlängelnde, das Baumelnde. Die Dinge sind absonderlich und sondern ab. Dabei scheinen sie seltsam der Schwerkraft ergeben. Vieles liegt regungslos auf dem Boden, hängt herab, hängt ab, hängt über, schlapp, schluffig und scheinbar willenlos, anhedonisch. Sie zeigen eine weiche Verletzlichkeit – Haut ohne Körper, Körper ohne Haut – die das Innere nach Außen tragen. Dabei tritt das Körperliche zunächst auch eher schattenhaft in Erscheinung; die Figuren sind wie Schatten ihrer selbst und sie bilden zusammen eine Schattenwelt zeitgenössischer Subjekte. Es herrscht die allgemeine Atmosphäre einer sanften „Eeriness". Man könnte sagen, dass das unheimliche Gefühl sich dort einstellt, wo eine Präsenz gespürt wird, die nicht sein sollte, oder dort, wo etwas sein sollte und nichts ist.[5] Ein unangemessenes Übermaß oder eine verstörende Leerstelle. So findet sich Körperlichkeit in den Arbeiten zentral auch als Abwesenheit, beispielsweise in den hängenden Roben oder in der an den Objekten noch spürbare, gestaltende Hand der Künstlerin. Und dort wo man tatsächlich Menschen und Körper sieht, wirken sie seltsam entseelt und wie in tranceartiger Apathie, regungslos und wie in fremdgeleiteter Passivität. Wobei hier Gefühle von Kontrollverlust, Entfremdung, räumlicher und metaphysischer Orientierungslosigkeit in körperliche Fremdartigkeit gewendet werden – in eine putzige Monstrosität. Hierbei schließen sie auch an eine wiederaufkommende Esoterik und Psychedelik im 21. Jahrhundert an. Es fügt sich an den Rändern der Formsprache der Arbeiten eine Art phänomenologisches Register einer aktuellen Empfindsamkeit. Hier eine unvollständige Liste:

5 Mark Fisher, *The Weird and the Eerie*, London, Repeater Books, 2016, S. 61.

Appendixe:

Slack
In der Organisationstheorie bezeichnet „Organizational Slack" Bereiche des Überschusses oder des Exzesses innerhalb einer Organisation, die nicht direkt als Ressourcen genutzt werden können.[6] Der Überschuss besteht darin, dass die organisatorische

ity. Much lies motionless on the floor, drooping, hanging over, limp, sloppy and seemingly willless, anhedonic. They show a soft vulnerability –skin without body, body without skin–which carries the inside to the outside. At first, the physical also appears rather cloudy; the figures are like shadows of themselves and together they form a shadow world of contemporary subjects. There is a general atmosphere of gentle "eeriness". One could say that the uncanny feeling is where a presence is felt that should not be, or where something should be and nothing is.[5] An inappropriate excess or a disturbing void. Thus, corporeality is also found centrally in the works as absence, for example in the hanging robes or in the shaping hand of the artist that can be felt on the objects. And where you actually see people and bodies, they seem strangely disembodied, as if in a trance-like apathy,

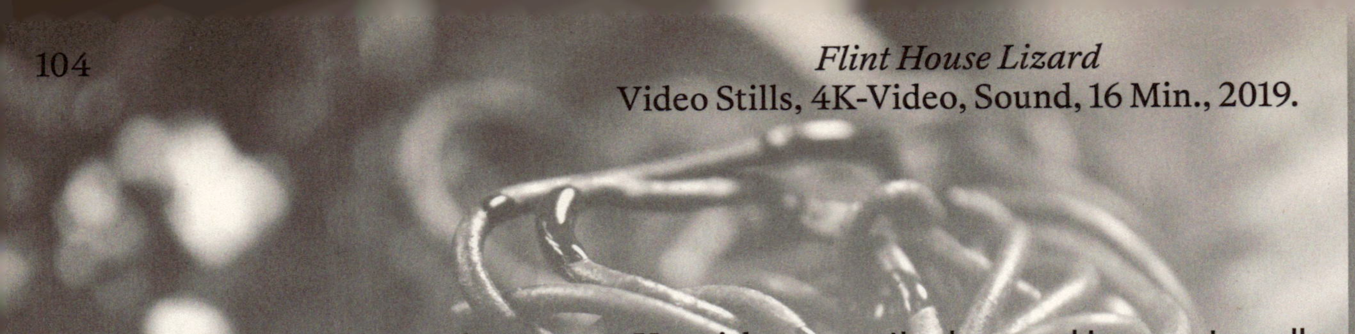

Flint House Lizard
Video Stills, 4K-Video, Sound, 16 Min., 2019.

Struktur über das hinaus geht, was zur Verwirklichung ihrer Produktion notwendig ist. Der Überschuss kann materiell sein, wie etwa ungenutzte Computer oder Räumlichkeiten, aber auch Personal und vor allem ungenutzte Arbeitszeit, lose hängende Enden in einer vollvernetzten Organisation – dieser Leerlauf, der oftmals als Verschwendung und Ineffizienz im flexiblen und auf Optimierung basierten Managementsystem betrachtet wird, erscheint zunehmend auch als Quelle und Bedingung für Innovation und Wachstum. Zeit, die das Personal bummelnd und wartend verbringt ist potentiell nötig zur Steigerung kreativer Energien und wird in modernen Unternehmen sogar künstlich erzeugt. Nicht umsonst heißt ein vor allem durch die Home-Office-Ära erfolgreich gewordener Instant-Messaging-Dienst für Unternehmen „Slack". Die berühmte Verweigerungsfigur des Slackers aus den 90er-Jahren wurde mit der beginnenden, allumfassenden Netzwerkökonomie geboren. Er bildete damals, als sich der Zeitverschwendung widmende Tunichtgut, den widerständigen Helden der Disfunktionalität, der sich jeder Form von Leistung und vor allem auch der Vernetzung verweigerte und lieber lose in den Seilen hing. Eine Figur, die es in dieser unschuldigen und unbeschwerten Form heute vielleicht gar nicht mehr geben kann und in Zeiten einer vollkommen partizipierenden und erschöpften Gesellschaft eher nostalgische Rührung erzeugt. Das Wort „Slack" bezeichnet das Schlaffe, Lose, Hängende, ist mit dem deutschen „lax", aber auch mit der „Schlacke" verwandt. In Ani Schulzes Arbeiten begegnen uns Motive des Slackens und der Schlacke. Vor allem dort, wo ihre Skulpturen als verkörperte Wesen auftreten. In den Stoffarbeiten, die Charaktere aus den Videowerken aufnehmen, hängen die Textilien, die sich gerade so zu erkennbaren Kleidungsfragmenten zusammenschließen, mit ihren Fransen, ihren einzelnen Bahnen und Bändeln, die zum Teil über den Boden laufen, über die Struktur hinausquellen, herab. Sie bestimmen eine allgemeine Abwärtsbewegung, ein durchgängiges Hernieder. Auch die kleinen, tierähnlichen Keramik- und Polymer-Figuren scheinen einer rätselhaften Schwere erlegen. Sie stehen quer zum Raum, wie Stolpersteine, kauern oder sind in scheinbar völliger Erschöpfung ausgestreckt. Gerade solche Stellvertreter, im Raum verteilte Spin-Offs in Verbindung zu anderen Arbeiten, vielleicht ähnlich den Staffagefiguren

motionless and in an externally guided passivity. Here, feelings of loss of control, alienation, spatial and metaphysical disorientation are turned into physical strangeness – into a cute monstrosity. In the process, they also connect to a resurfacing esotericism and psychedelia of the 21st century. A kind of phenomenological register of a current sensibility is added to the edges of the formal language of the works. Here is an incomplete list:

5 Mark Fisher, *The Weird and the Eerie* (London: Repeater Books, 2016), p. 61.

Appendices:

Slack

In organisational theory, "organisational slack" refers to areas of surplus or excess within an organisation, which cannot be used directly as resources.[6] The excess consists of the organisational structure going beyond what is necesary to realise its production. The surplus can be material, such as unused computers or premises, as well as staff and, in particular, unused working time, loose hanging ends in a fully networked organisation – this idle time, often seen as waste and inefficiency in the flexible and optimisation-based management system, increasingly also appears as a source and condition for innovation and growth. Time spent by strolling and waiting staff is potentially necessary for increasing creative energies and is even artificially generated in modern companies. It is not for nothing that an instant messaging service for companies that has become successful, especially in the home office era, is called "Slack". The famous non-compliant figure of the slacker from the 1990s was born with the beginning of the all-encompassing network economy. At that time, as a good-for-nothing who wasted

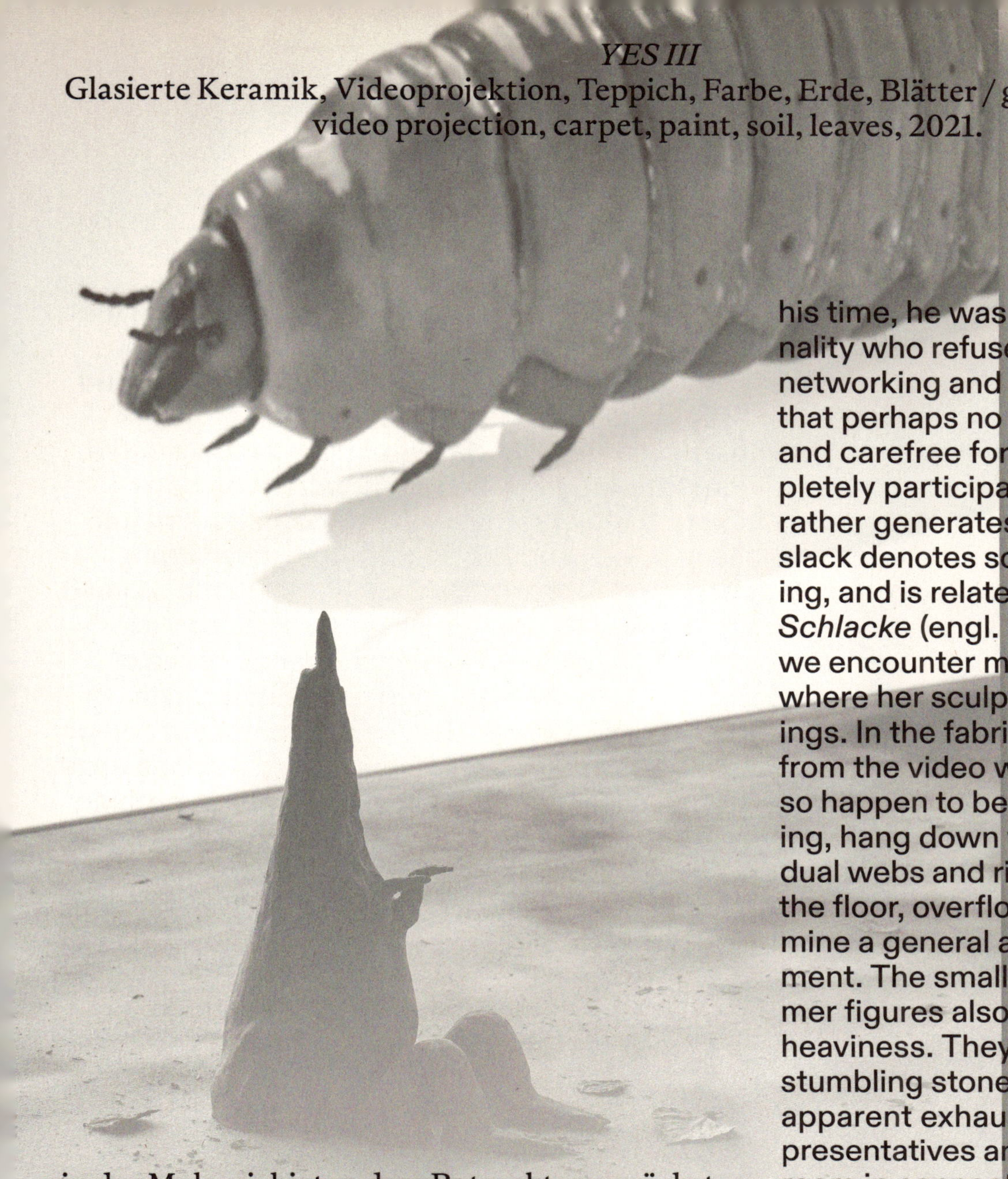

YES III
Glasierte Keramik, Videoprojektion, Teppich, Farbe, Erde, Blätter / glazed ceramics, video projection, carpet, paint, soil, leaves, 2021.

in der Malerei, bieten dem Betrachter zunächst einen Identifikationspunkt, einen Zugang, durch den er in den ästhetischen Zusammenhang eintritt. Doch sie bilden als undurchschaubare Botschafter auch Wächter einer Andersartigkeit, die im Kunstwerk nie vollständig vermittelt werden kann. Und mehr noch, in ihrer überreizten Passivität scheinen sie wie Boten einer anderen Welt, die ihren Job aufgekündigt haben.

6 Urs Stäheli, *Soziologie der Entnetzung*, Berlin, Suhrkamp, 2021, S. 342 ff.

Ooze

Anders als als die deutschen Wörter „Schlamm" und der „Modder" ist „Ooze" grundsätzlich leicht fantastisch konnotiert. Es ist das Hervorquellende, das Abgesonderte, das aus dem Nichts, dem Jenseitigen – also dem weniger Natürlichen – kommt. Es ist immer das, was übertritt, was stets zu viel und am falschen Ort ist, was keiner Form folgt. Neben dem Nebel ist für Eugene Thacker „Ooze" die Markierung eines magischen Ortes, der eine andere Welt offenbart. Nicht ganz reine Natur und auch nicht ganz reine Übernatur zeigt sich darin eine verborgene Welt ohne Grenzen und Vermittlung.[7] „Ooze" ist die uncodierte Ursuppe, nicht

his time, he was the resistant hero of dysfunctionality who refused any form of performance or networking and preferred to hang loose. A figure that perhaps no longer exists in this innocent and carefree form today, and in times of a completely participatory and exhausted society, rather generates nostalgic emotion. The word slack denotes something flaccid, loose, hanging, and is related to the German *lax* but also to *Schlacke* (engl. "slag"). In Schulze's works we encounter motifs of slack and slag. Especially where her sculptures appear as embodied beings. In the fabric pieces, which take characters from the video works, the textiles, which just so happen to be recognisable fragments of clothing, hang down with their fringes, their individual webs and ribbons, some of which run across the floor, overflowing the structure. They determine a general and continuous downward movement. The small, animal-like ceramic and polymer figures also seem to be shot by a mysterious heaviness. They stand across the room, like stumbling stones, crouching or stretched out in apparent exhaustion. It is precisely such representatives and spin-offs scattered around the room in connection with other works, perhaps similar to the characters in painting, that initially offer the viewer a point of identification, a point of access through which to enter the aesthetic context. But as obscure messengers, they also constitute guardians of an otherness that can never be fully conveyed in the artwork. And more than that, in their overstimulated passivity, they seem like messengers of another world who have quit their jobs.

6 Urs Stäheli, *Soziologie der Entnetzung* (Berlin: Suhrkamp, 2021), pp. 342ff.

Ooze

Unlike the German *Schlamm and Modder*, "ooze" has, in essence, a slightly fantastical connotation. It is the outpouring, the separate, which comes out of nothingness and the otherworldly – and therefore out of the less natural. It is always transgressing. It is always too much and in the wrong place and does not follow any form. Along with the mist, for Eugene Thacker "ooze" is the marker of a magical place that reveals another world. Not quite pure nature and not quite pure supernature either, it reveals a hidden world without boundaries or mediation.[7]

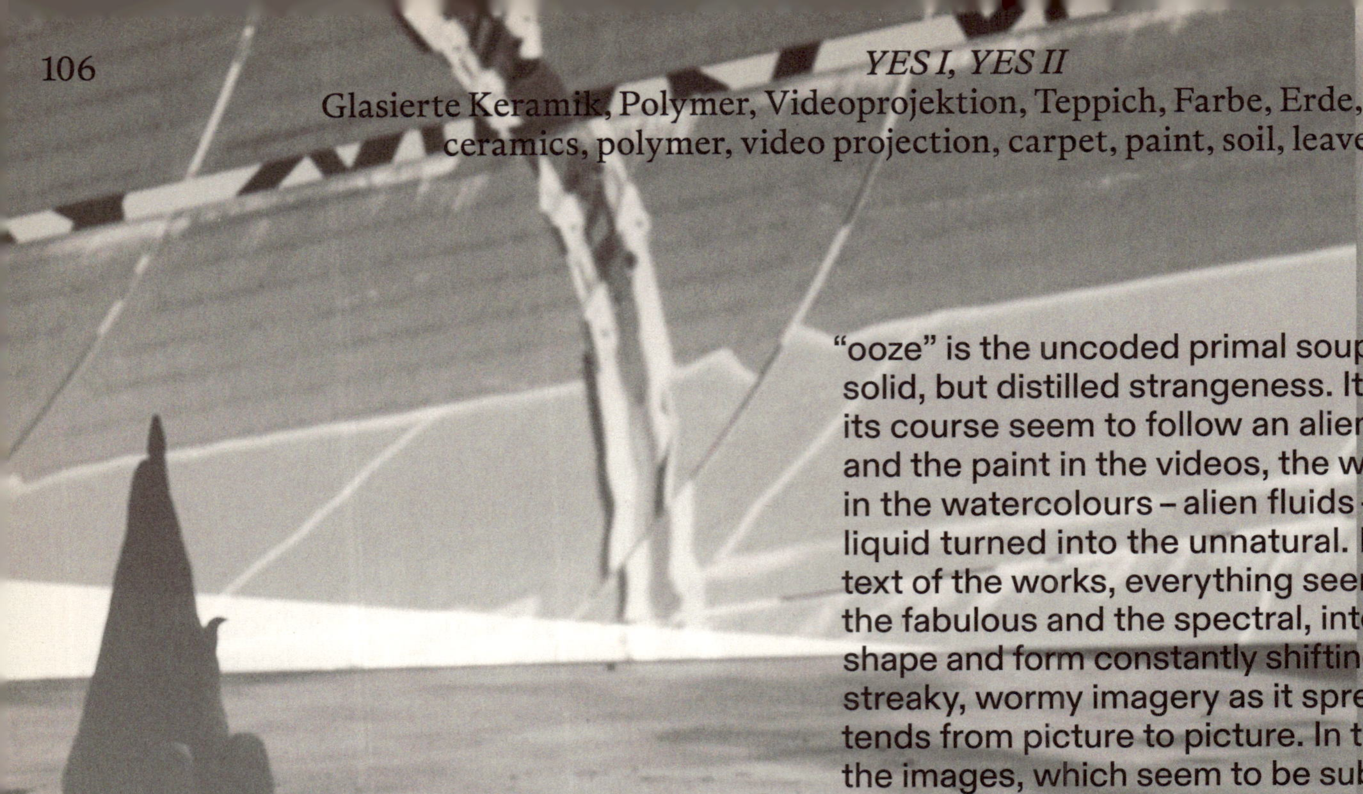

YES I, YES II
Glasierte Keramik, Polymer, Videoprojektion, Teppich, Farbe, Erde, Blätter / glazed ceramics, polymer, video projection, carpet, paint, soil, leaves, 2021.

flüssig, nicht fest, destillierte Fremdheit. Ihr Triefen und ihr Verlauf folgt scheinbar einem fremden Willen. Der Schlamm und die Farbe in den Videos, das Wasser, die Farbe in den Aquarellen – fremde Flüssigkeiten, zeigen eine solche, ins Unnatürliche gewendete Feuchtigkeit. Dabei scheint im Kontext der Arbeiten alles ins Fabelhafte und Spektrale gewendet, ins Vage, Gestalt- und Formwandlerische. In der organischen, schlierigen, wurmigen Bildsprache, wie sie sich von Bild zu Bild verteilt und erstreckt. In den Figuren der Bilder, die in sich selbst, im Medium der Malerei unterzugehen scheinen: die Farbe selbst, der künstlerische Ausdruck zeigt sich als „Ooze".

Doch im Gegensatz zu wirklich „abjekten" Ästhetiken, ist hier nichts tatsächlich abstoßend. In den einzelnen Figuren und Erzählungen der Arbeiten wirkt viel mehr der lockende Charme eines milden Slapstick-Narrativs. Die vagen, leicht atavistisch-cartoonhaften Formen, schwenken die Darstellungen gerade in ihrer oft hilflosen Widerstandslosigkeit ins Hintergründige, Niedliche.

7 Eugene Thacker, *In the Dust of This Planet*, Winchester, Zero Books, 2011, S. 83.

Creep

Wenn *Slack* die Haltung und Motorik und *Ooze* die Form dieser sich ausgliedernden Unförmigkeit sind, dann ist „Creep" ihr sensorischer Reiz, die Empfindung an den Rändern, eine unangenehme Einfühlung in die Umgebung. In den Arbeiten wimmelt es vor Kriechendem, Gliedrigem, Insektoidem und auf dem Boden schleifendem, Primärerscheinungen des / der „Creepiness". Doch „creepy" ist auch das glitschige Geräusch, sowie das unvermittelte Zirpen und Kitzeln eines Tierchens am Ohr, das einem überraschenderweise, ungeahnt

"ooze" is the uncoded primal soup, not liquid, not solid, but distilled strangeness. Its oozing and its course seem to follow an alien will. The mud and the paint in the videos, the water, the ink in the watercolours – alien fluids – show such a liquid turned into the unnatural. In the context of the works, everything seems to turn into the fabulous and the spectral, into the vague, shape and form constantly shifting. In the organic, streaky, wormy imagery as it spreads and extends from picture to picture. In the figures of the images, which seem to be submerged in themselves, in the medium of painting: the colour itself, the artistic expression shows itself as ooze.

But unlike truly "abject" aesthetics, nothing here is actually off-putting. In the individual figures and narratives of the works, there is much more the alluring charm of a mild slapstick narrative. The vague, slightly atavistic, cartoonlike forms turn the representations, precisely in their often helpless non-resistance, into the enigmatically cute.

7 Eugene Thacker, *In the Dust of This Planet* (Winchester: Zero Books, 2011), p. 83.

Creep

If *slack* is the posture and motor activity and *ooze* the form of this disarticulating shapelessness, then "creep" is their sensory stimulation, the sensation at the edges, an uncomfortable empathy with the environment. The works swarm with the creeping, the limbed, the insectoid and the dragging on the floor, primary manifestations of "creepiness". But creepy is also the slippery sound, the abrupt chirping and tickling of a little animal on the ear that has surprisingly, unexpectedly come too close – the biologically teeming, in chaotic and divergent form, creates a creeping abyss of biology.[8] Such a feeling of alienating closeness also works in a figurative sense in a contradictory tactility – for example, when material opposites touch each other: the extraordinarily grainy and the overly smooth. When, for example, the handcrafted or the naturally organic object meets the artificial and the all too clean, a strange contradiction arises. An effect of alienating closeness is revealed here, a presence of the different in odd intimacy. It is a sudden and unrelated contact. The sensation of a sensual mismatch can make one shudder. The very general becomes alien. On the one hand, this sensa-

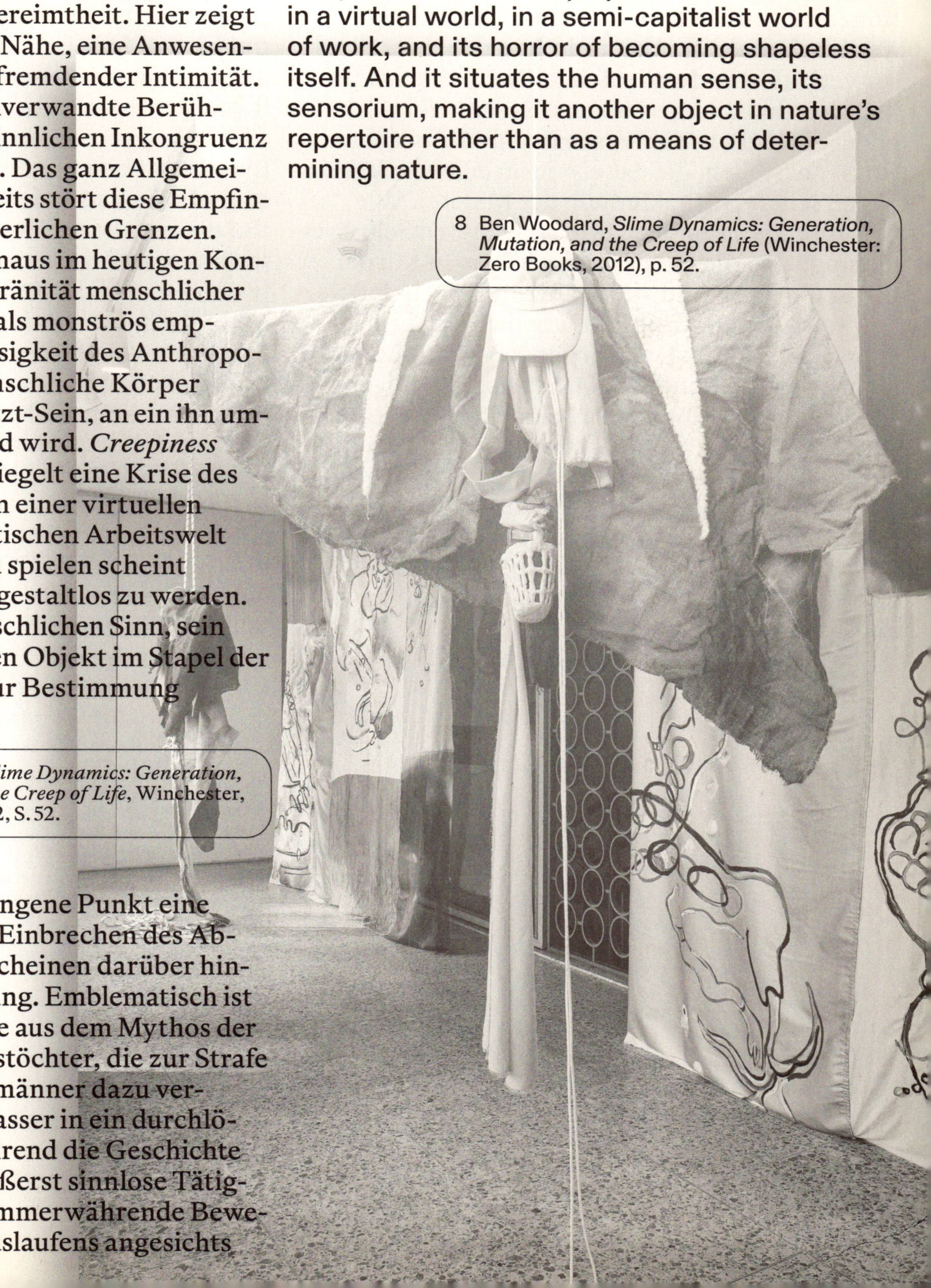

Lovers & Hunters
(Installationsdetail / installation detail), Kunstverein Siegen, 2021.

zu nahe gekommen ist – das wimmelnd-biologische, in chaotischer und divergenter Form, schafft einen schleichenden Abgrund der Biologie.[8] Solch ein Gefühl einer befremdenden Nähe wirkt im übertragenen Sinne auch in einer widersprüchlichen Taktilität, wenn etwa stoffliche Gegensätze sich berühren: das außerordentlich Körnige und das zu Glatte. Wenn etwa das handwerkliche oder das natürlich organische Objekt auf das Artifizielle und nur allzu Saubere treffen, entsteht eine befremdliche Ungereimtheit. Hier zeigt sich ein Affekt der seltsamen Nähe, eine Anwesenheit des Andersartigen in befremdender Intimität. Es ist eine plötzliche, eine unverwandte Berührung. Das Empfinden einer sinnlichen Inkongruenz kann einen schaudern lassen. Das ganz Allgemeine wird einem fremd. Einerseits stört diese Empfindung die Integrität der körperlichen Grenzen. Man könnte aber darüber hinaus im heutigen Kontext sagen, dass sie die Souveränität menschlicher Einheit im Gegenüber einer als monströs empfundenen, maßlosen Formlosigkeit des Anthropozäns in Frage stellt. Der menschliche Körper wird geführt an ein Ausgesetzt-Sein, an ein ihn umgebendes Sein, das ihm fremd wird. *Creepiness* untergräbt Kohärenz. Sie spiegelt eine Krise des menschlichen Körpers, der in einer virtuellen Welt, in einer semiokapitalistischen Arbeitswelt immer weniger eine Rolle zu spielen scheint und seinen Schrecken selbst gestaltlos zu werden. *Creepiness* verortet den menschlichen Sinn, sein Sensorium, zu einem weiteren Objekt im Stapel der Natur und nicht als Mittel zur Bestimmung der Natur.

8 Ben Woodard, *Slime Dynamics: Generation, Mutation, and the Creep of Life*, Winchester, Zero Books, 2012, S. 52.

Leak

Und während der vorangegangene Punkt eine unangenehme Ahnung vom Einbrechen des Absonderlichen beschreibt, erscheinen darüber hinaus Motive der Durchdringung. Emblematisch ist dabei ein Bild, das eine Szene aus dem Mythos der Danaiden zeigt, jener Königstöchter, die zur Strafe für die Ermüdung ihrer Ehemänner dazu verdammt wurden, auf ewig Wasser in ein durchlöchertes Fass zu gießen. Während die Geschichte zum geflügelten Wort für äußerst sinnlose Tätigkeiten wurde, verweist die immerwährende Bewegung des Füllens und des Auslaufens angesichts

tion disturbs the integrity of bodily boundaries. But beyond that, in today's context, one could say that it questions the sovereignty of human unity in the face of what is perceived as the monstrous, immoderate formlessness of the Anthropocene. The human body is led to a condition of being exposed, to a being that surrounds it and becomes alien to it. *Creepiness* undermines coherence. It reflects a crisis of the human body, which seems to play less and less of a role in a virtual world, in a semi-capitalist world of work, and its horror of becoming shapeless itself. And it situates the human sense, its sensorium, making it another object in nature's repertoire rather than as a means of determining nature.

8 Ben Woodard, *Slime Dynamics: Generation, Mutation, and the Creep of Life* (Winchester: Zero Books, 2012), p. 52.

Montur #6, Montur #4
Eingebranntes Leder, gewebte und gefärbte Baumwolle, Epoxy Ton, Aluminium. Seile / burnt leather, woven and dyed cotton, epoxy clay, aluminium, ropes, Pavilhão Branco, Lissabon / Lisbon, 2021.

gegenwärtiger Erschöpfung- und Selbstausbeutungstopoi auch generell auf eine Porosität und Durchlässigkeit des modernen Menschens. Er erscheint als Wesen, das ständig leckt, dessen Durst gestillt werden muss, während es im Überfluss lebt; aber auch der Umgebung schutzlos ausgeliefert ist. Der Körper ist ein Fass ohne Boden, das das Sein nicht in dessen Gesamtheit enthalten und halten kann, sondern sie durch die Poren seiner Oberfläche nach außen dringen lässt. Die Installationen zeigen Medien, die selbst durchlässig werden, ineinander thematisch und in ihrer Struktur verlaufen und auslaufen, teilweise buchstäblich über den Bildrand hinaus. Es schließen sich hier andere Bilder an, die Wesen in unaufhörlichem Durst darstellen, die dabei wie im eigenen Saft zu baden scheinen, im Medium der Malerei. Wie versunken wirken sie, wie in einer steten Selbstvergiftung. Und die offenen, aufgeplatzten Körper der Skulpturen sind wie kränkelnd und befallen. Sie erscheinen membranlos und kehren ihr Inneres nach außen. Der Körper ist grundsätzlich löchrig, er leckt und und öffnet sich zur ungewissen Umwelt, über die er seine Souveränität zu verlieren scheint. Seine Grenzen lösen sich auf, er ergibt sich der eigenen Formlosigkeit. Es sind die beschriebenen Ränder, an denen dieser Kontrollverlust Gestalt findet, die melancholische Angst, seine Einheit zu verlieren und die esoterische Scham, im kosmischen Energiehaushalt mit sich und der Natur nicht eins zu sein.

Leak
And while the previous point describes an uneasy sense of the intrusion of the outlandish, motifs of infiltration appear beyond it. Emblematic of this is an image depicting a scene from the myth of the Danaids, those royal daughters who were condemned to pour water into a perforated barrel for eternity as punishment for the fatigue of their husbands. While the story has become a dictum for extremely meaningless activities, the perpetual movement of filling and draining in the face of topoi of contemporary exhaustion and self-exploitation also generally points to a porosity and permeability of modern man. He appears as a being who is constantly leaking, whose thirst must be statisfied while living in abundance; but who is also defencelessly at the mercy of the environment. The body is a bottomless barrel that cannot contain and hold being in its entirety but allows it to leak out through the pores of its surface. The installations show media that themselves become porous, running into and out of each other thematically and in their structures, sometimes literally beyond the edge of the images. Other pictures follow here, depicting beings in unstoppable thirst, which seem to bathe in their own juices, in the medium of painting. They appear to be immersed, as if in a constant state of self-poisoning. And the open, bursting bodies of the sculptures appear sick and infested. They are as if without skin, turning their insides inside out. The body is fundamentally holey, it leaks and opens itself to the uncertain environment over which it seems to lose its sovereignty. Its boundaries dissolve, it surrenders to its own formlessness. It is the described edges where this loss of control takes shape, the melancholic fear of losing one's unity and the esoteric shame of not being one with oneself and nature in the cosmic energy balance.

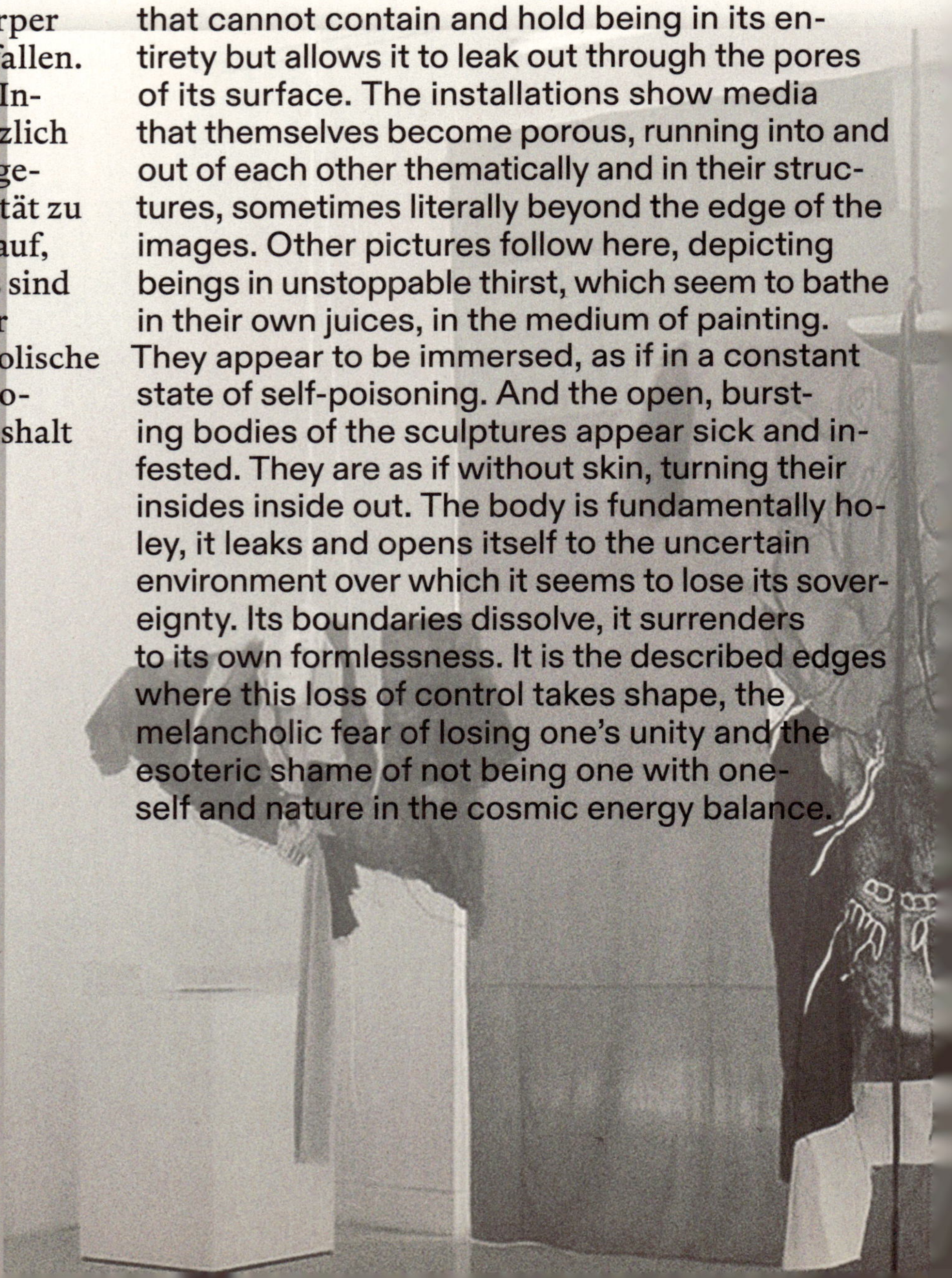

JC Deine Ausstellung *Lovers & Hunters* entfaltet sich installativ und interdisziplinär mit Wandmalereien, Aquarellen, skulpturalen Arbeiten und dem Film *Flint House Lizard*, der von einer markanten Soundspur getragen wird. Wie kam es dazu, dass du so unterschiedliche Medien und Verfahren mit einbezogen hast?

AS Die Ausstellung *Lovers & Hunters* vereint neu produzierte mit älteren Arbeiten. Mir war es wichtig, dass die einzelnen Elemente ineinander wachsen und mit ihren verschiedenen Überlagerungen ein raumgreifendes Gesamtgefüge entwickeln. Deswegen werden diverse Materialien, Texturen, Medien und Erzählfragmente miteinander verwoben. Meine künstlerische Praxis beschäftigt sich mit der Parallelität und den Verflechtungen von Geschehnissen und Narrativen. Die Arbeiten in *Lovers & Hunters* nehmen auf verschiedenen Ebenen so die Räume ein, dass die Besucher*innen auch eine körperliche Erfahrung durchwandern oder durchlaufen. Die Ausstellung beginnt bereits im Schaufenster des Kunstvereins mit der Abstraktion eines Mundes und Kehlkopfs, der die Besucher*innen quasi verschluckt. Mein Ziel war es, eine Art Parcours entstehen zu lassen.

JC In der Ausstellung wird unter anderem das Verhältnis und die gegenseitige Durchdringung von Lebendigem und Nicht-Lebendigem thematisiert. Die vielseitigen Materialien und Techniken erinnern teilweise an Gewebe, Haut und Muskeln und ich muss auch an eine Hülle oder an den Prozess der Häutung denken. Kannst Du das Verständnis von Körper- und Figürlichkeit insbesondere in deinen skulpturalen Arbeiten skizzieren?

AS Manche der Arbeiten entfalten sich als sehr konkrete Figuren. So stellen z.B. die Keramikarbeit und die Skulpturen aus Polymer, die in der Ausstellung im unteren Raum mit dem Video gezeigt wurden, drei humorvolle Charaktere mit den Titeln *Yes I*, *Yes II*, *Yes III* dar. Durch ihre identische Handposition und die ausgestreckten Zungen haben sie etwas Uniformes. Für mich sind sie eine Weiterführung des „Lizard“ Charakters aus dem Video *Flint House Lizard*. Die im oberen Raum und im Schaufenster gezeigten skulpturalen Arbeiten spielen auf körperliche Umhüllung an und erinnern an Überwürfe, Gewänder, Roben oder Uniformen. Ein paar dieser Arbeiten

JC Your installative exhibition *Lovers & Hunters* unfolds in an interdisciplinary way with murals, watercolours, sculptural works and the film *Flint House Lizard*, which is carried by a striking soundtrack. How did you come to include such different media and processes?

AS The exhibition *Lovers & Hunters* combines newly produced works with older ones. It was important to me that the individual elements grow into each other and, with their various superimpositions, develop an overall structure that encompasses the whole space. To achieve this, diverse materials, textures, media and narrative fragments are woven together. My artistic practice is concerned with the parallelism and interweaving of events and narratives. The works in *Lovers & Hunters* occupy the spaces on different levels in such a way that the visitors also wander or walk through a physical experience. The exhibition begins in the window of the Kunstverein with the abstraction of a mouth and larynx that virtually swallows the visitor. My aim was to create a kind of parcours.

JC One of the themes of the exhibition is the interaction and coexistence of the living and the non-living. The various materials and techniques are partly reminiscent of tissue, skin and muscles and I also think of a shell or the process of moulting. Can you outline the understanding of corporeality and figurality in your sculptural works in particular?

AS Some of the works unfold as very concrete figures. For example, the ceramic work and the polymer sculptures that were shown in the exhibition in the lower room with the video depict three humorous characters with the titles *Yes I*, *Yes II*, *Yes III*. There is something uniform about their identical hand position and outstretched tongues. For me, they are a continuation of the lizard character from the *Flint House Lizard* video. The sculptural works on display in the upstairs room and in the shop window allude to the act of covering the body and are reminiscent of capes, robes, gowns or uniforms. A few of these works are also titled *Montur*. On the one hand, they are reminiscent of figures and bodies; on the other, they are characterised by something abandoned and incomplete. This

Lovers & Hunters
(Installationsdetail / installation detail), Kunstverein Siegen, 2021.

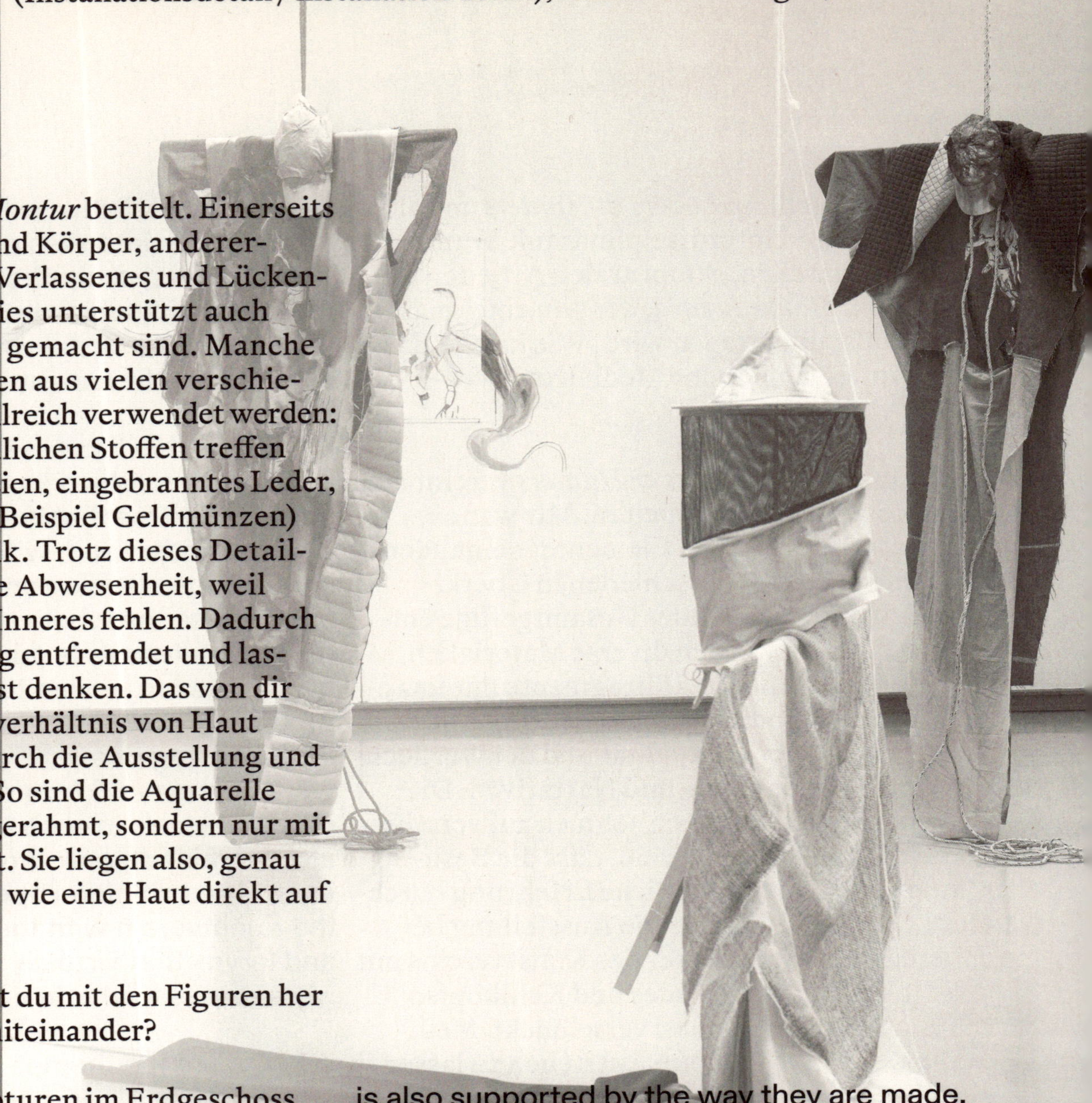

sind auch mit dem Wort *Montur* betitelt. Einerseits erinnern sie an Figuren und Körper, andererseits sind sie durch etwas Verlassenes und Lückenhaftes gekennzeichnet. Dies unterstützt auch die Art und Weise wie sie gemacht sind. Manche dieser Skulpturen bestehen aus vielen verschiedene Materialien, die detailreich verwendet werden: Malereien auf unterschiedlichen Stoffen treffen unteranderem auf Stickereien, eingebranntes Leder, eingenähte Objekte (zum Beispiel Geldmünzen) und Elemente aus Keramik. Trotz dieses Detailreichtums signalisieren sie Abwesenheit, weil es so wirkt, als würde ihr Inneres fehlen. Dadurch erscheinen sie merkwürdig entfremdet und lassen auch an Kontrollverlust denken. Das von dir beschriebene Spannungsverhältnis von Haut und Häutung zieht sich durch die Ausstellung und betrifft auch die Wände. So sind die Aquarelle auf Papier bewusst nicht gerahmt, sondern nur mit Glas an die Wand gebracht. Sie liegen also, genau wie das gezeigte Stoffbild, wie eine Haut direkt auf der Wand an.

JC Welche Bezüge stellst du mit den Figuren her und wie interagieren sie miteinander?

AS Die figurativen Skulpturen im Erdgeschoss nehmen diverse Rollen ein. Als Liebende und Bewachende, als Glücksbringer und Reisende befinden sie sich in Transformation zwischen Zeit und Raum. In der Gesamtinszenierung von *Lovers & Hunters* geht es um Sehnsucht, Schutz und Kontrolle. Es tauchen Figuren auf, die an so etwas wie Wächter oder Bodyguards erinnern. So zum Beispiel die beiden hängenden Stoffarbeiten im Schaufenster, die auch als Beschützende des Eingangs der Ausstellung gelesen werden können. In der Mitte des oberen Ausstellungsraums befinden sich die zwei skulpturalen Arbeiten mit dem Titel *The Fluteplayers*. Diese spielen auf Kreativität oder künstlerischer Produktion an und sind daher auch bewusst als Kern im Zentrum der Ausstellung platziert. Diese beiden Flötenspieler werden wiederum beschützt oder bewacht von den Skulpturen mit den Titeln *Les chiens de garde I*, *Les chiens de garde II*, *The Lover* und *Jasmin*. Jasmin ist mein zweiter Vorname, was ein versteckter Bezug zu mir selbst ist. Generell tragen manche dieser Arbeiten autobiographische Spuren. Mehrere Stoffmalereien sind in der Zeit des zweiten Corona-Lockdowns, den ich in Paris

is also supported by the way they are made. Some of these sculptures consist of many different materials, which are used to create detail: paintings on different fabrics meet embroideries, burnt leather, sewn-in objects (for example, coins) and ceramic elements. Despite this richness of detail, they signal absence because it seems as if their inside is missing. As a result, they appear strangely alienated and also suggest a loss of control. The tension between skin and skinning that you describe runs through the exhibition and also affects the walls. The watercolours on paper, for example, are deliberately unframed and only placed on the wall with glass. Just like the fabric painting on display, they lie like a skin hung directly on the wall.

JC What do the figures refer to, and how do they interact with each other?

AS The figurative sculptures on the ground floor take on various roles. As lovers and guardians, as lucky charms and travellers, they are in a state of transformation between time and space. The installation *Lovers & Hunters* is about longing, pro-

verbracht habe, entstanden. Bei *Les chiens de garde I* befindet sich zudem eine kleine, eingenähte Wasserflasche in einer Innentasche. Diese ist mit Wasser aus der Seine gefüllt.

JC Und wie kam es zu dem Titel der Ausstellung *Lovers & Hunters*?

AS Mit dem Titel *Lovers & Hunters* möchte ich einen losen Verweis auf die hybriden Figuren und Charaktere geben, die einem in der Ausstellung begegnen. Die Figuren in der Ausstellung tauchen zumeist als Paare auf. Sie verhandeln mit sich oder untereinander Gegensätzlichkeit, Ambivalenz und Dualität, auf die der Titel auch verweisen könnte. Wie schon beschrieben trägt eine Figur den Titel *The Lover*. Diese Skulptur ist mit Keramikherzen und Liebesschlössern behangen. *The Lover* habe ich entwickelt, während ich das Buch „Lob der Liebe" von Alain Badiou gelesen habe. In diesem schreibt er von „der Liebe unter dem Aspekt von Sicherheit" und der „Vollkaskoversicherung der Liebe".

JC Kommen wir zu deinem Film, der in der Ausstellung im unteren Raum des Kunstvereins gezeigt wird. *Flint House Lizard* schafft einen surrealen Mikrokosmos, in dem Menschen, Tiere, Pflanzen, Maschinen, belebte wie unbelebte Dinge und bio-technische Hybride miteinander verwoben sind. Das Video entfaltet sich als eine audiovisuelle Collage. Es gibt unter anderem sehr kurze, abstrakte Aufnahmen von reflektierenden Parabolspiegeln eines Solarkraftwerkes, von Eidechsen, Sonnenstelen, Körpern und Landschaft. Diese werden mit extremen Nahaufnahmen abgewechselt. Die Kamera begibt sich auf Materialerkundung und taucht zum Beispiel ein oder wandert vorbei an seltsamen Porzellan- oder Plastikfiguren, schleimigen und klebrigen Flüssigkeiten, Würmern und Maden. Diese sehr starken Detailaufnahmen gehen dann in eine kurze Sequenz einer computergenerierten Animation über. An dieser Stelle wird das Video auch plötzlich ganz leise und dumpf ohne Sound. Wie genau planst du deine Filmaufnahmen im Voraus und welche Aspekte weißt du schon im Vorhinein?

AS Während ich an einem Video arbeite, setze ich in der Regel ein Skelett, eine Art Rhythmus oder ein offenes Skript fest. Dieses wird dann vor

tection and control. Figures emerge that are reminiscent of something like guards or bodyguards. Witness the two hanging textile works in the shop window, which can also be read as protecting the entrance to the exhibition. In the middle of the upper exhibition space are the two sculptural works entitled *The Fluteplayers*. These reference creativity or artistic production and are therefore also placed at the heart of the exhibition. These two flute players are in turn protected or guarded by the sculptures entitled *Les chiens de garde I*, *Les chiens de garde II*, *The Lover* and *Jasmin*. *Jasmin* is my middle name, which is a hidden reference to myself. In general, some of these works bear autobiographical traces. Several textile paintings were made during the time of the second Covid lockdown, which I spent in Paris. *Les chiens de garde I* also has a small, sewn-in water bottle in an inside pocket. It is filled with water from the Seine.

JC And where did the title of the exhibition *Lovers & Hunters* come from?

AS With the title *Lovers & Hunters*, I want to make a loose reference to the hybrid figures and characters that one encounters in the exhibition. The figures in the exhibition mostly appear as couples. They negotiate opposites, ambivalence and duality with themselves or with each other, which the title could also refer to. As already described, one figure is entitled *The Lover*. This sculpture is hung with ceramic hearts and love locks. I developed *The Lover* while reading the book *In Praise of Love* by Alain Badiou. In this book he describes "love in terms of security" and the "comprehensive insurance of love".

JC Let's move on to your film, which is shown in the exhibition in the lower room of the Kunstverein. *Flint House Lizard* creates a surreal microcosm in which humans, animals, plants, machines, animate and inanimate things and biotechnical hybrids are interwoven. The video unfolds as an audiovisual collage. Among other things, there are very short, abstract shots of reflecting parabolic mirrors in a solar power plant, of lizards, monumental sun stones, bodies and landscapes. These alternate with extreme close-ups. The camera goes on a material exploration. The view dives in and wanders past

Flint House Lizard
Video Stills, 4K-Video, Sound, 16 Min., 2019.

den zentralen Filmaufnahmen finalisiert. Denn obwohl meine Filme oft sehr collagenhaft entstehen, gibt es in der Regel einen „traditionellen“ Filmdreh. Bei *Flint House Lizard* dauerte dieser ein paar Tage. Dazu habe ich mit einem kleinen Filmteam und mit Performer*innen an verschiedenen Orten in Portugal gefilmt. Ein anderer wichtiger Teil dieses Videos sind die von dir beschriebenen Aufnahmen, die ich in Andasol in Andalusien gemacht habe. Andasol ist eines der größten Solarwärmekraftwerke Europas. Die Solarflächen sind wie ein versteckter Motor des Films. Sie tauchen an den Höhepunkten auf und sind Energiespender für den Film. Das Skript von *Flint House Lizard* orientierte sich an der Sonne. Mir war es wichtig, dass das Video im Dunkeln beginnt und dort auch wieder endet. Der Betrachtende wandert mit dem Licht durch einen Tag. Dieses von Beginn an bestehende offene Storyboard meiner Videos verselbstständigt sich in der Regel dann ein wenig im späteren Schnitt und mit der Arbeit am Sound. Die Grundstruktur oder das Grundskelett bleibt dabei bis zum Ende immer bestehen.

JC Welche Bedeutung hat der Sound für dich und wie entsteht dieser?

AS Bei meinen letzten drei Filmen *Suffusion of Yellow*, *Flint House Lizard* und *Merchants Freely Enter* spielt der Sound eine sehr bedeutende Rolle. Durch die Tonspur gewinnt das jeweilige Video eine ganz andere Kraft. Der Sound entsteht in Kollaboration mit dem Sounddesigner und Musiker Filip Caranica von Contemporary Sound aus Berlin. Bei der Entwicklung der Videos existiert als erstes nur der visuelle, fertig geschnittene Film. Daraufhin lege ich eine lose Komposition oder Skizze von Vorstellungen und Vorschlägen für den Klang fest. In einer Art Ping-Pong-Verfahren arbeiten Filip und ich collagenhaft weiter. Wir tunen den Sound soweit bis wir das Gefühl haben, dass der Sound und die Bilder ineinander schmelzen. Diese Arbeit macht sehr viel Spaß und wäre ohne die Kollaboration mit Filip unmöglich.

JC Deine interdisziplinäre Arbeitsweisekönnte man auch als künstlerische Forschung bezeichnen. Mit *Flint House Lizard* beziehst du dich unter anderem auf eine Theorie des Kosmologen Alexander Chizhevsky (1897-1964). Diese besagt, dass gesellschaftliche Entwicklungen und Massenbewe-

strange porcelain or plastic figures, slimy and sticky liquids, worms and maggots. These very strong detail shots then merge into a short sequence of computer-generated animation. At this point the video also suddenly becomes very quiet and muffled, without sound. How exactly do you plan your filming in advance and what aspects do you know in advance?

AS While I am working on a video, I usually decide on a skeleton, a kind of rhythm or an open script. This is then finalised before the main filming. This is because although my films are often created in a very collage-like way, there is usually a “traditional” film shoot. With *Flint House Lizard* this took a few days. I filmed with a small film crew and with performers at various locations in Portugal. Another important part of this video is the footage you described, which I shot in Andasol in Andalusia. Andasol is one of the largest solar power plants in Europe. The solar panels are like a hidden engine. They pop up at the climaxes and generate energy for the film. The script of *Flint House Lizard* was oriented towards the sun. It was important to me that the video begins and ends in the dark. The viewer wanders through a day with the light. The open storyboard of my videos usually takes on a life of its own in the later editing and with the work on the sound. The basic structure or skeleton, however, always remains until the end.

JC What is the importance of the sound for you and how is it created?

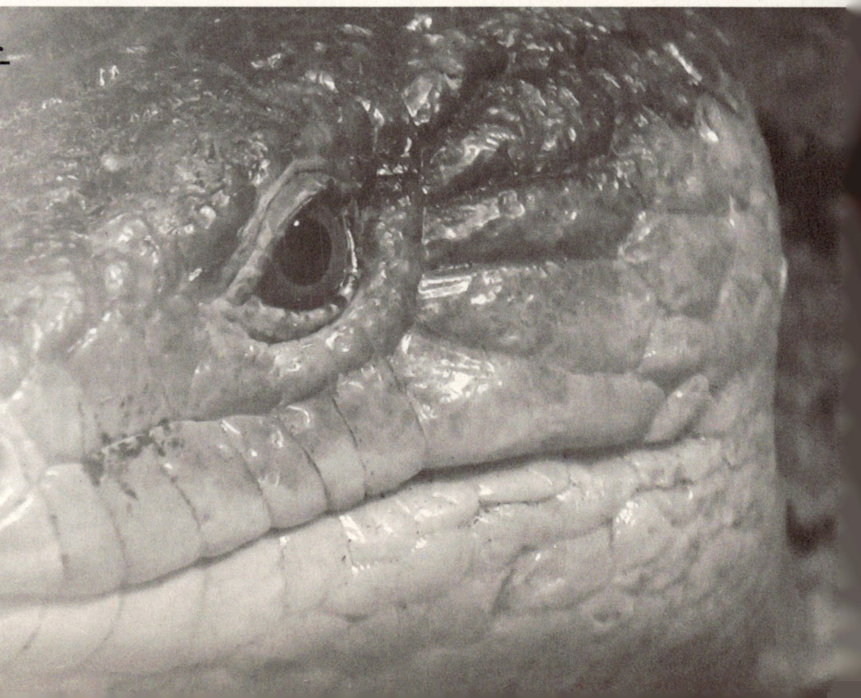

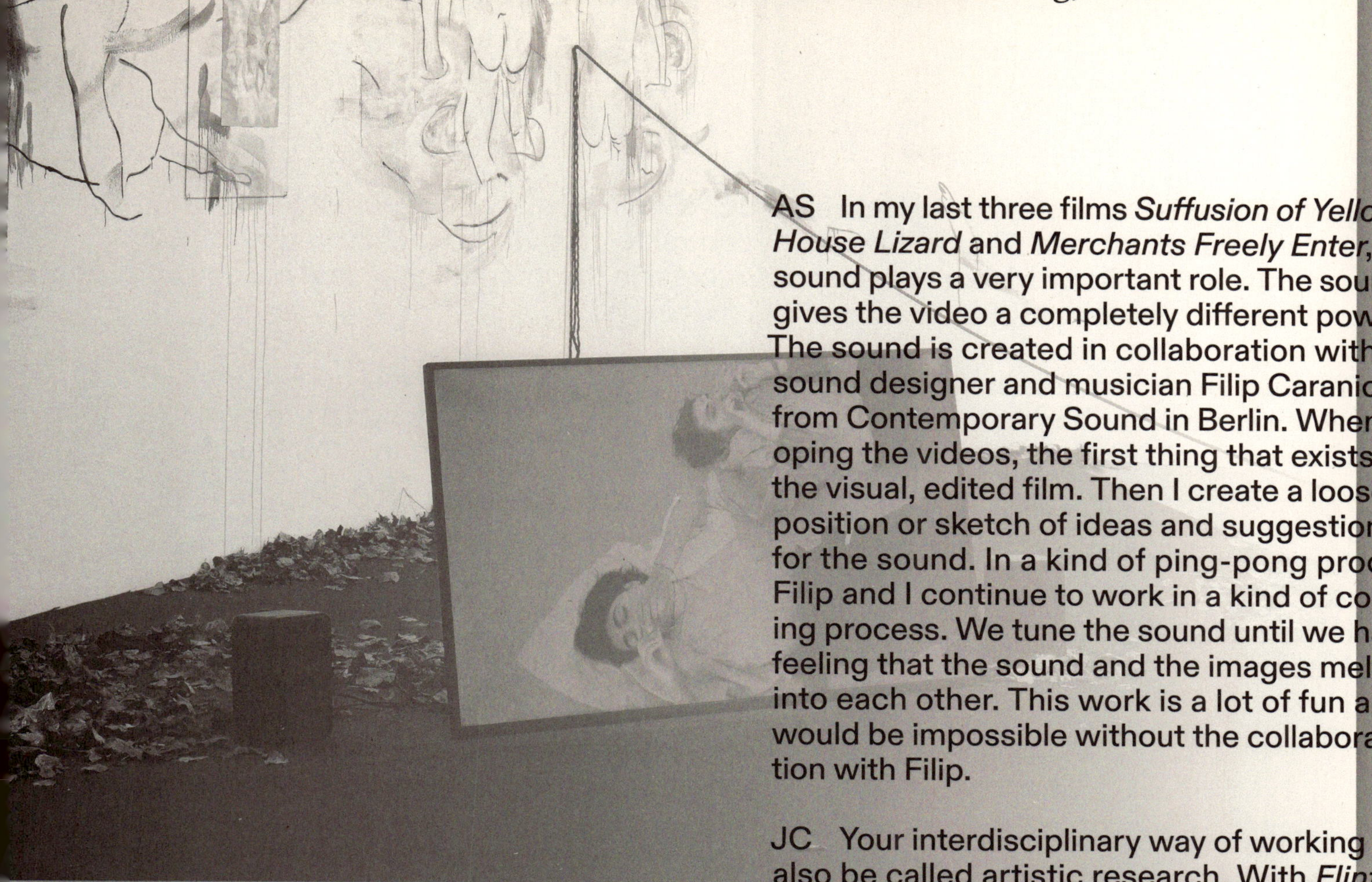

Suffusion of Yellow
(Installationsdetail / installation detail), Galerie HBK Braunschweig, 2021.

gungen mit periodischen Sonnenzyklen zusammenhängen und von diesen beeinflusst werden. Inwiefern hast Du bisher in Deiner Arbeit mit Wissenschaftler*innen, bzw. mit anderen Disziplinen zusammengearbeitet?

AS Oft sammele ich für meine Arbeiten so viel visuelles Material und Erzählfragmente wie möglich. Bei der Entwicklung meiner Arbeiten setze ich mich mit verschiedenen Perspektiven auseinander. Meine Untersuchungen beeinflussen das spätere Video nur minimal. Im Zuge meiner Recherchen für *Flint House Lizard* besuchte ich zum Beispiel das Max-Planck-Institut in Göttingen, da sich die Wissenschaftler*innen dort mit Sonnenzyklen befassen. Das wurde dann im späteren, fertigen Film zwar nicht direkt ersichtlich, war aber sehr wichtig für meine Hintergrundrecherchen. Bei der Entwicklung von *Merchants Freely Enter* habe ich mich unter anderem damit beschäftigt, wie Drohnen vermehrt in der Landwirtschaft eingesetzt werden. In der Zeit habe ich viel mit Landwirt*innen und Wissenschaftler*innen, die in die Richtung forschen, kommuniziert. Meinen älteren Film *Fecund Soil* habe ich in Antwerpen in einem Naturschutzgebiet gefilmt. Dieses befindet sich neben einem der größten Chemiecluster der Welt. Im Zuge dessen tauschte ich mich mit einem Ornithologen aus, der sich um das Naturschutzgebiet kümmert. Ohne ihn wäre die Entstehung des Filmes unmöglich gewesen.

AS In my last three films *Suffusion of Yellow*, *Flint House Lizard* and *Merchants Freely Enter*, the sound plays a very important role. The soundtrack gives the video a completely different power. The sound is created in collaboration with the sound designer and musician Filip Caranica from Contemporary Sound in Berlin. When developing the videos, the first thing that exists is the visual, edited film. Then I create a loose composition or sketch of ideas and suggestions for the sound. In a kind of ping-pong process, Filip and I continue to work in a kind of collaging process. We tune the sound until we have the feeling that the sound and the images melt into each other. This work is a lot of fun and would be impossible without the collaboration with Filip.

JC Your interdisciplinary way of working could also be called artistic research. With *Flint House Lizard* you refer, among other things, to a theory of the cosmologist Alexander Chizhevsky (1897–1964). This theory states that social developments and mass movements are connected to periodic solar cycles and are influenced by them. To what extent have you collaborated with scientists and other disciplines in your work so far?

AS I often collect as much visual material and narrative fragments as possible for my works. When I develop them, I deal with different perspectives. My research might only influence the later video in a minimal way. In the course of my investigations for *Flint House Lizard*, I visited the Max Planck Institute in Göttingen. The scientists there deal with solar cycles. This was later not directly visible in the finished film, but it was very important for my background research. During the development of *Merchants Freely Enter*, I looked at how drones are increasingly being used in agriculture. During that time, I communicated a lot with farmers and scientists who were doing research in this area. I filmed my older film *Fecund Soil* in Antwerp in a nature reserve. This is next to one of the largest chemical clusters in the world. In the course of this, I exchanged ideas with the ornithologist who takes care of the reserve. The making of the film would have been impossible without him.

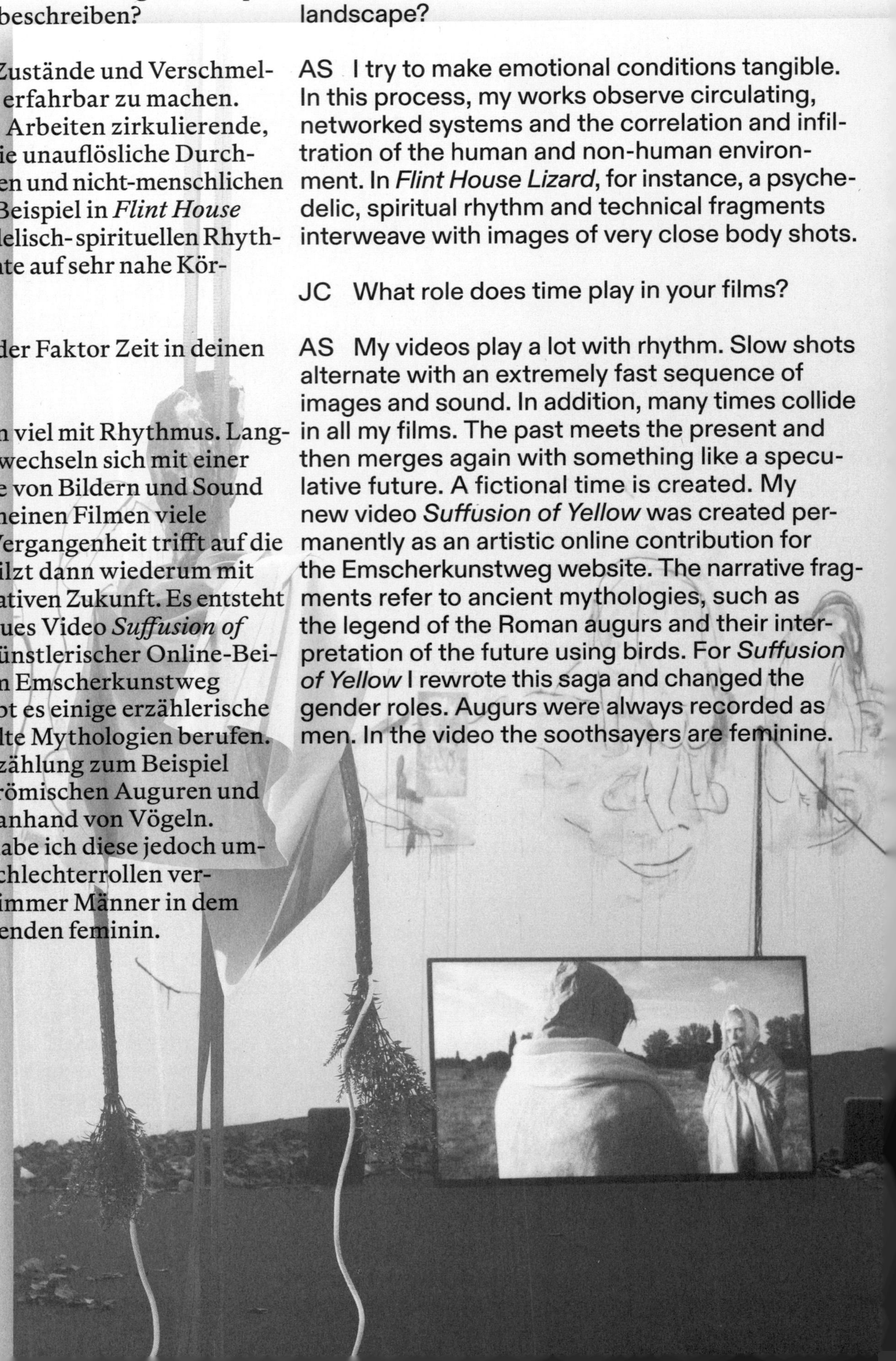

Suffusion of Yellow
(Installationsdetail / installation detail), Galerie HBK Braunschweig, 2021.

JC Körperliche Landschaftserfahrungen scheinen zentral für deine Arbeit zu sein. Könntest Du Dein Interesse an der Wechselwirkung von Körper, Technik und Landschaft beschreiben?

AS Es sind emotionale Zustände und Verschmelzungen, die ich versuche erfahrbar zu machen. Dabei beobachten meine Arbeiten zirkulierende, vernetzte Systeme und die unauflösliche Durchdringung der menschlichen und nicht-menschlichen Umwelt. So treffen zum Beispiel in *Flint House Lizard* durch den psychedelisch-spirituellen Rhythmus, technische Fragmente auf sehr nahe Körperaufnahmen.

JC Welche Rolle spielt der Faktor Zeit in deinen Filmen?

AS Meine Videos spielen viel mit Rhythmus. Langsame Blicke der Kamera wechseln sich mit einer extrem schnellen Abfolge von Bildern und Sound ab. Zudem prallen in all meinen Filmen viele Zeiten aufeinander. Die Vergangenheit trifft auf die Gegenwart und verschmilzt dann wiederum mit so etwas wie einer spekulativen Zukunft. Es entsteht eine fiktive Zeit. Mein neues Video *Suffusion of Yellow* ist dauerhaft als künstlerischer Online-Beitrag für die Webseite vom Emscherkunstweg entstanden. In diesem gibt es einige erzählerische Fragmente, die sich auf alte Mythologien berufen. Dabei bezieht sich die Erzählung zum Beispiel lose auf die Legende der römischen Auguren und deren Zukunftsdeutung anhand von Vögeln. Für *Suffusion of Yellow* habe ich diese jedoch umgeschrieben und die Geschlechterrollen vertauscht. Auguren waren immer Männer in dem Video sind die Vorhersagenden feminin.

JC Bodily landscape experiences seem to be central to your work. Could you describe your interest in the interaction of body, technology and landscape?

AS I try to make emotional conditions tangible. In this process, my works observe circulating, networked systems and the correlation and infiltration of the human and non-human environment. In *Flint House Lizard*, for instance, a psychedelic, spiritual rhythm and technical fragments interweave with images of very close body shots.

JC What role does time play in your films?

AS My videos play a lot with rhythm. Slow shots alternate with an extremely fast sequence of images and sound. In addition, many times collide in all my films. The past meets the present and then merges again with something like a speculative future. A fictional time is created. My new video *Suffusion of Yellow* was created permanently as an artistic online contribution for the Emscherkunstweg website. The narrative fragments refer to ancient mythologies, such as the legend of the Roman augurs and their interpretation of the future using birds. For *Suffusion of Yellow* I rewrote this saga and changed the gender roles. Augurs were always recorded as men. In the video the soothsayers are feminine.

Lovers & Hunters

57–72 (Installationsansichten / installation views) *Lovers & Hunters,* Kunstverein Siegen, 2021.

61 *Les chiens de garde I, II* Kupfer, Wolle, Filz, Wasserfarbe auf Baumwolle, Münzen, Kappe, Seil, Acrylfarbe auf Leinen, Ball / copper, wool, felt, watercolour on cotton, coins, cap, rope, acrylic paint on linen, ball, 2021.

70 *The Lover, By Sun's Passionshape* Stahl. glasierte Keramik, verschiedene Stoffe, Liebesschlösser, Acrylfarbe auf Leinwand, Leinen / steel, glazed ceramics, various textiles, love locks, acrylic paint on canvas, linen, wall painting, 2021.

72 *The Lover, Jasmin, By Sun's Passionshape* Stahl, glasierte Keramik, verschiedene Stoffe, Liebesschlösser / steel, glazed ceramics, various textiles, love locks, 2021.

Lovers & Hunters (Details)

73 diverse Materialien / various materials, 2020, 2021.

Flint House Lizard

81–87 HD-Projektion, Polymer, Teppich, Farbe, Erde, Blätter / HD-projection, polymer, carpet, paint, earth, leaves, 2021.

88 *YES III* Glasierte Keramik Teppich, Farbe, Erde, Blätter / glazed ceramic carpet, colour, earth, leaves, 2021.

89–100 Video Stills, 4K-Video, Sound, 16 Min., 2019.

Ani Schulze, *Hang in There, Baby*

101 Baptist Ohrtmann, *Slack, ooze, creep, leak.* / *Slack, ooze, creep, leak.*

109 Gespräch zwischen Ani Schulze und Jennifer Cierlitza / Conversation between Ani Schulze and Jennifer Cierlitza

Suffusion of Yellow

117 (Installationsdetail / installation detail) Stahl, Seile, verschiedene Stoffe, WC-Schalldämmer, Ukulelen, Wandmalerei, Blätter, Teppich / steel, ropes, various textiles, WC-sound absorbers, ukuleles, wall painting, leaves, carpet.

118 (Installationsansicht / installation view)
HBK Braunschweig, 2021.
120 (Installationsdetail / installation detail) Seil, glasierte Keramik, Stoff / rope, glazed ceramics, textiles, 2021.
121 (Installationsdetail / installation detail) Seil, Plastik Lavendel / rope, plastic lavender, 2021.
122 (Installationsdetail / installation detail) Stahl, Seile, Holz, verschiedene Stoffe, glasierte Keramik, Flachbildschirm, Wandmalerei, Blätter, Teppich / steel, ropes, wood, various textiles, glazed ceramics, flat screen, wall painting, leaves, carpet.
124, 125 Video Stills, 4K-Video, Sound, 10 Min., 2021.
126 (Installationsansicht / installation view) Stahl, Seile, Holz, verschiedene Stoffe, glasierte Keramik, Flachbildschirm, Wandmalerei, Blätter, Teppich / steel, ropes, wood, various textiles, glazed ceramics, flat screen, wall painting, leaves, carpet, 2021. Algae, lamp von / by Erik de Luca, ceramics von / by Katharina Hauke.
128 (Installationsdetail / installation detail) Glas, Acrylfarbe auf Papier, Acrylfarbe auf Wand / glas, watercolour on paper, acrylic paint on the wall, 2021.
130 (Installationsdetail / installation detail) *Suffusion of Yellow* (Video), Wandmalerei, Blätter, Teppich / wall painting, leaves, carpet, 2021.
131, 132 (Installationsdetail / installation detail) Lackierter Stahl, bemalter Stoff, Stahlketten, glasierte Keramik / painted steel, painted textile, steel chains, glazed ceramics, 2021.

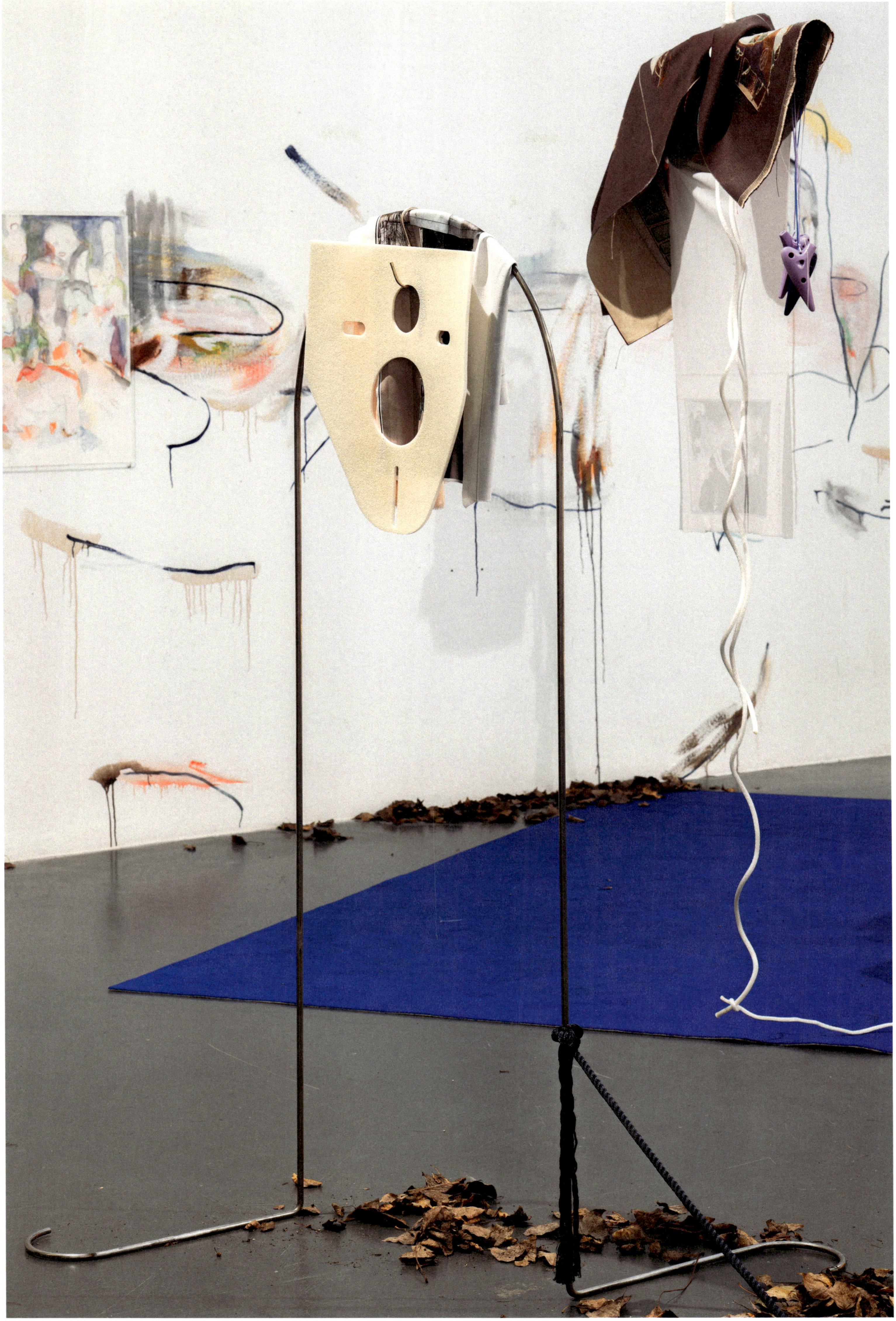

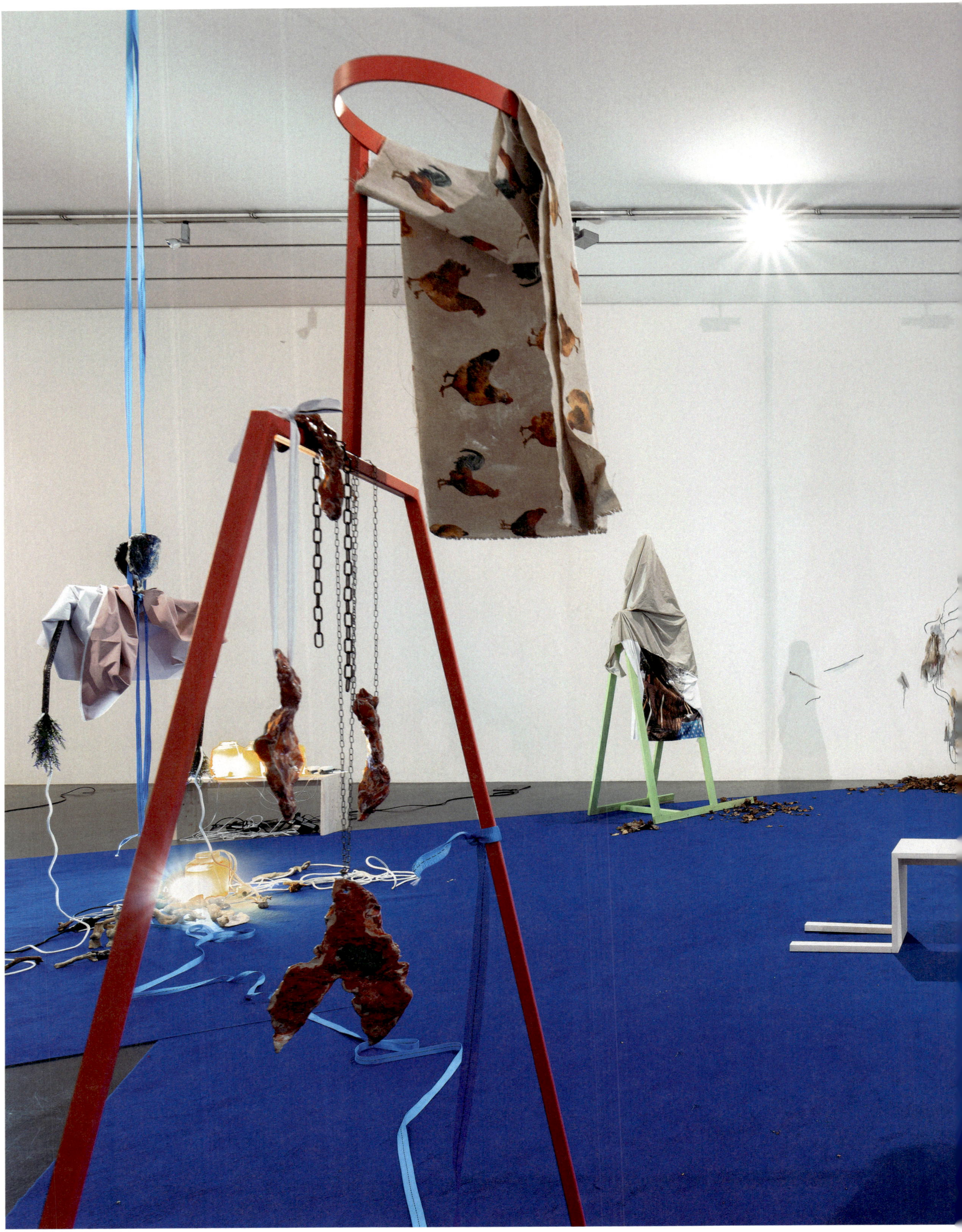

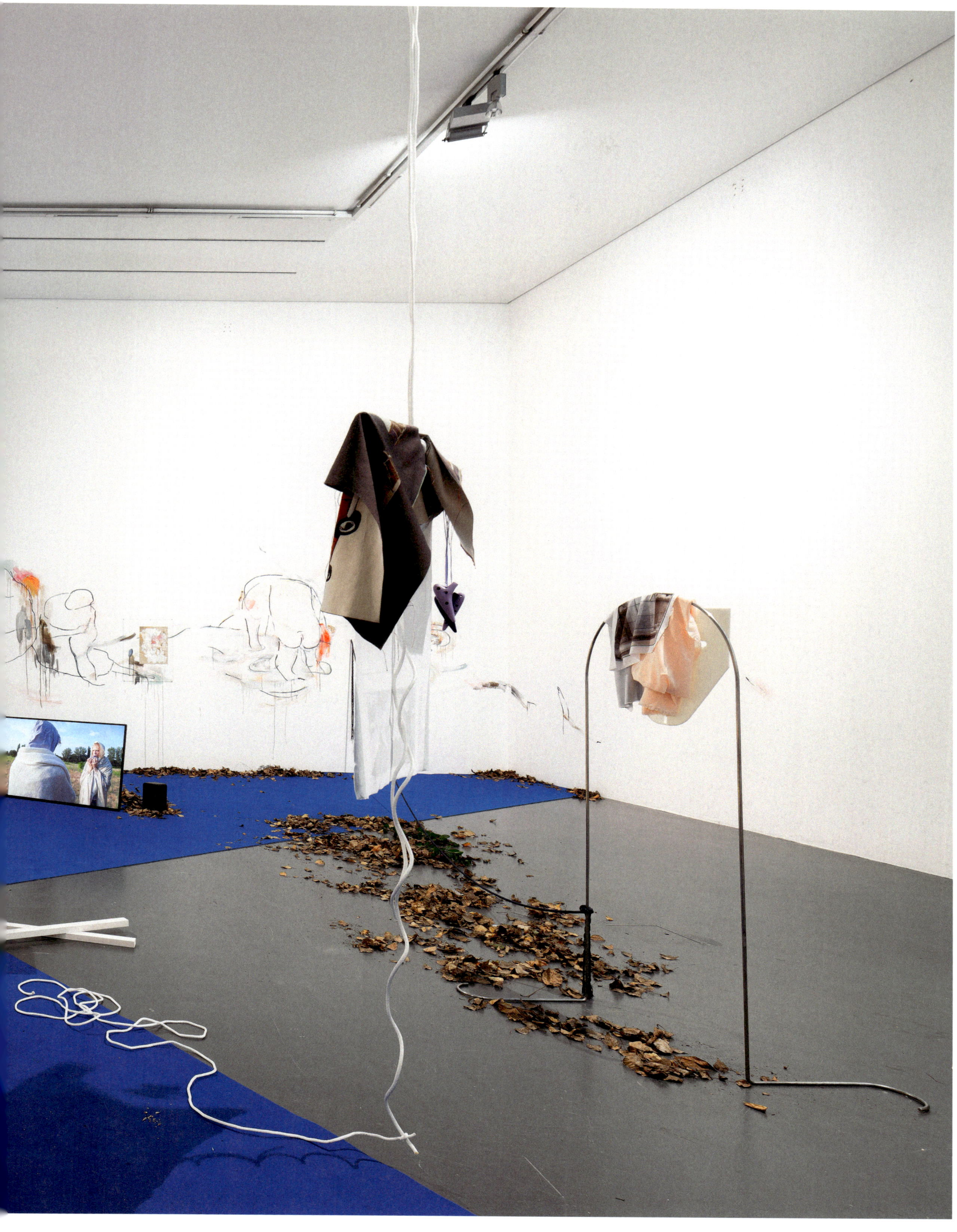

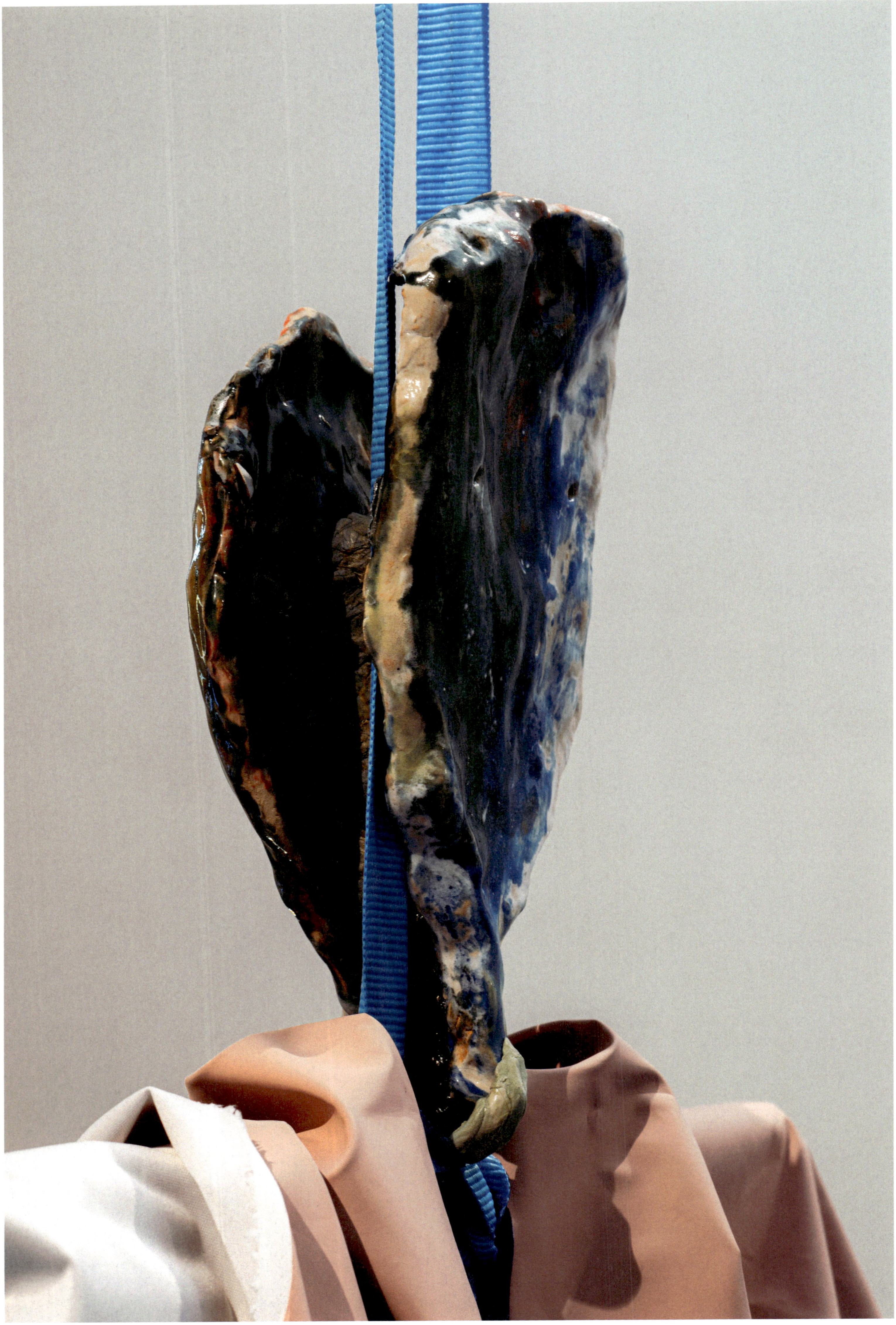

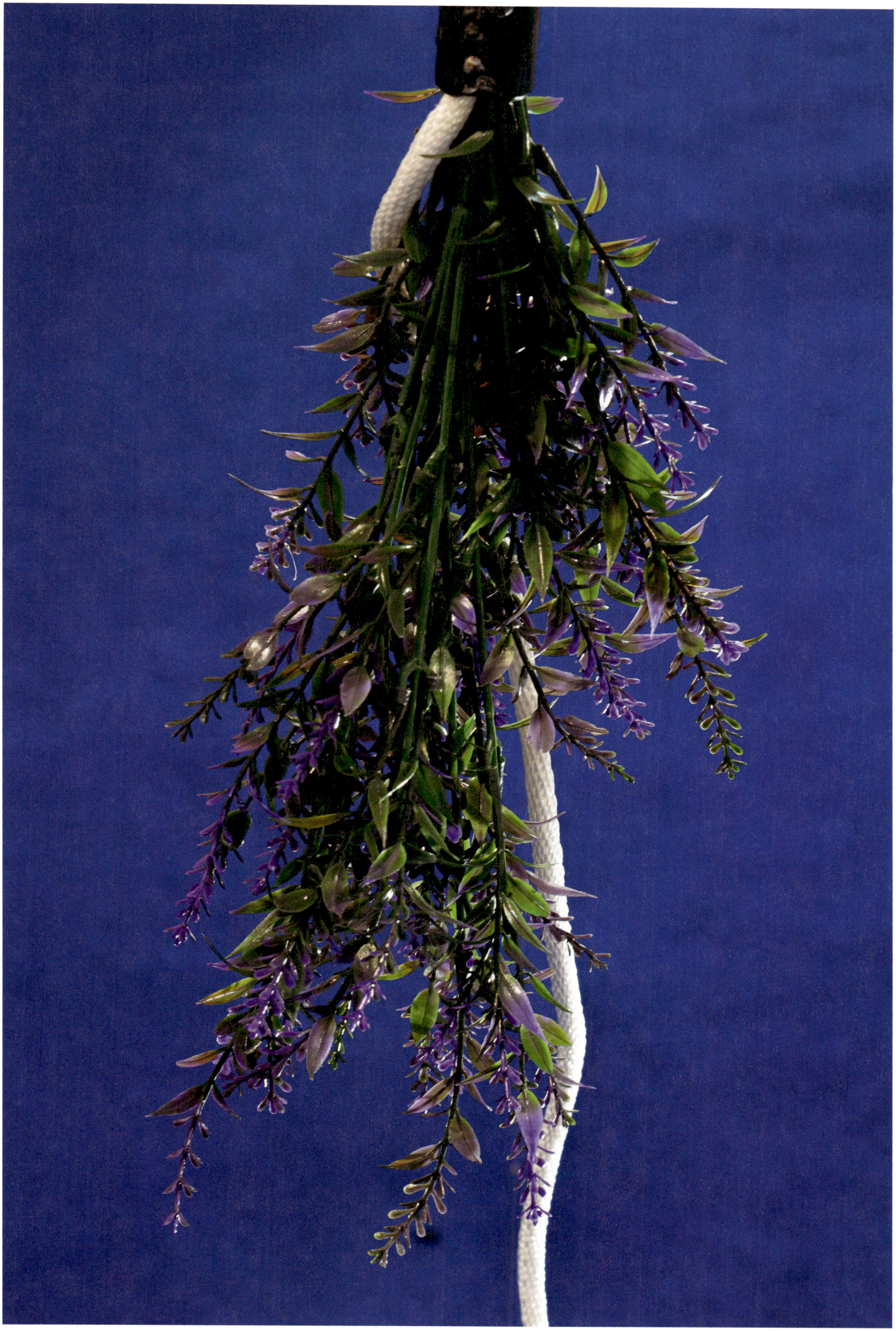

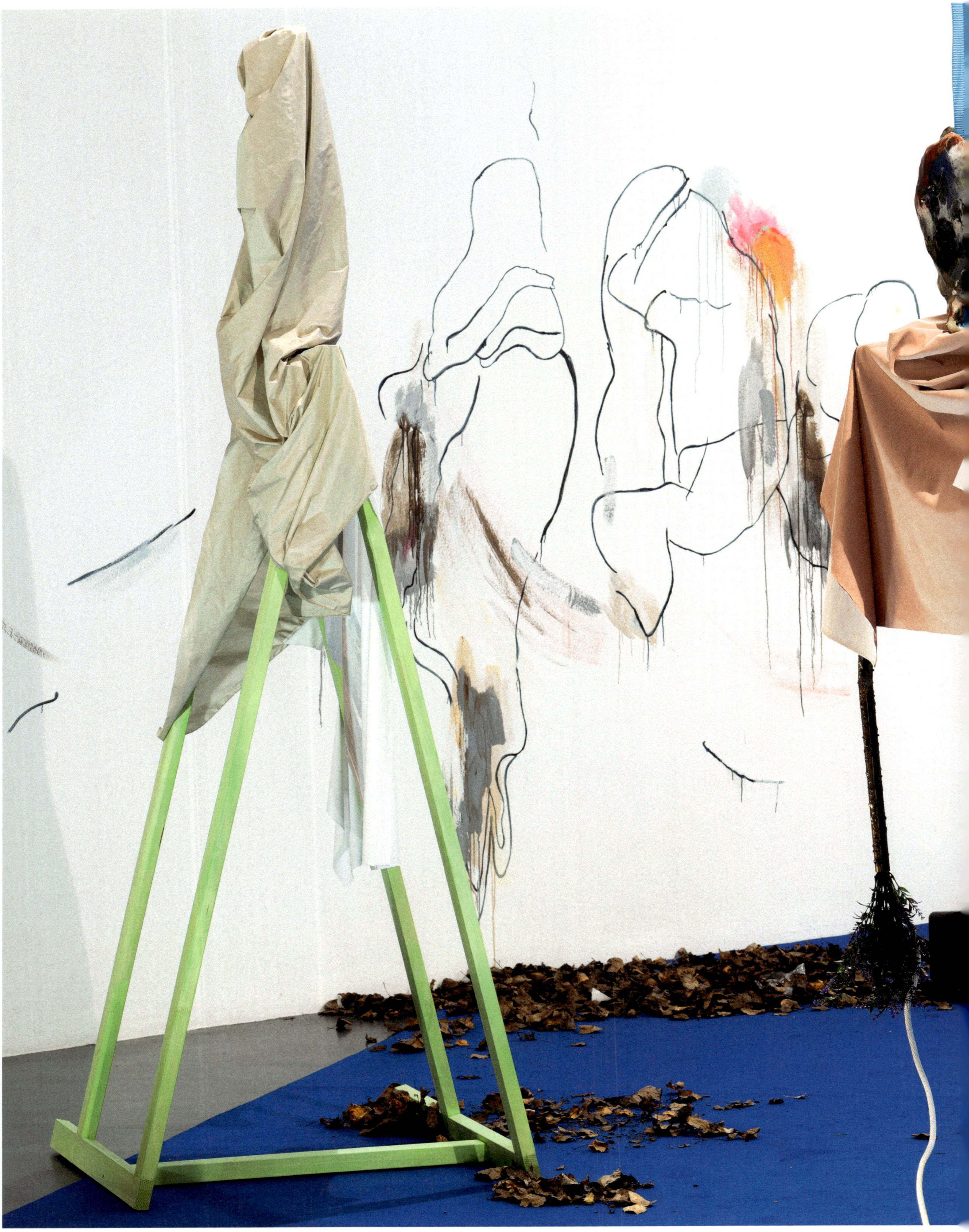

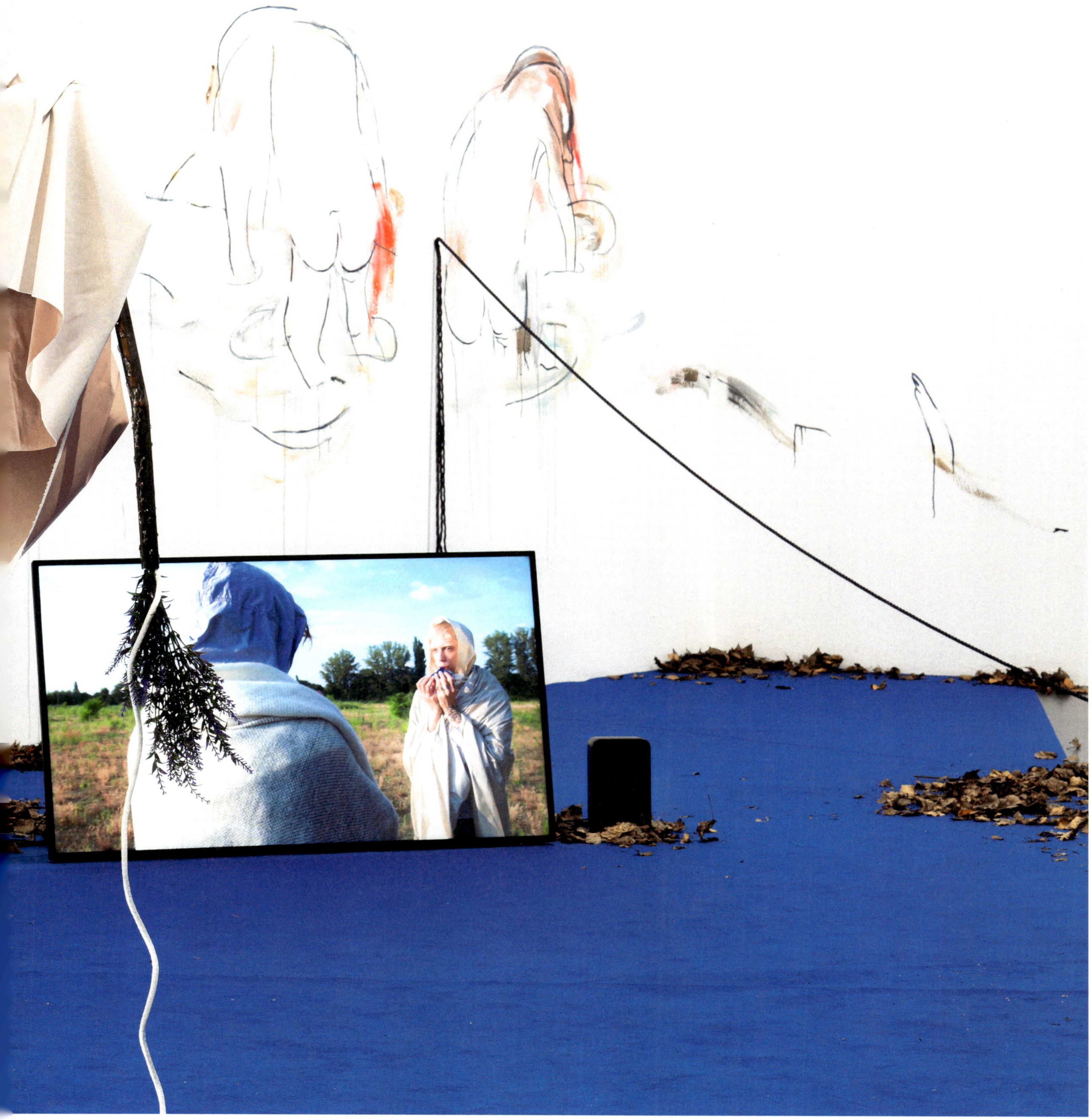

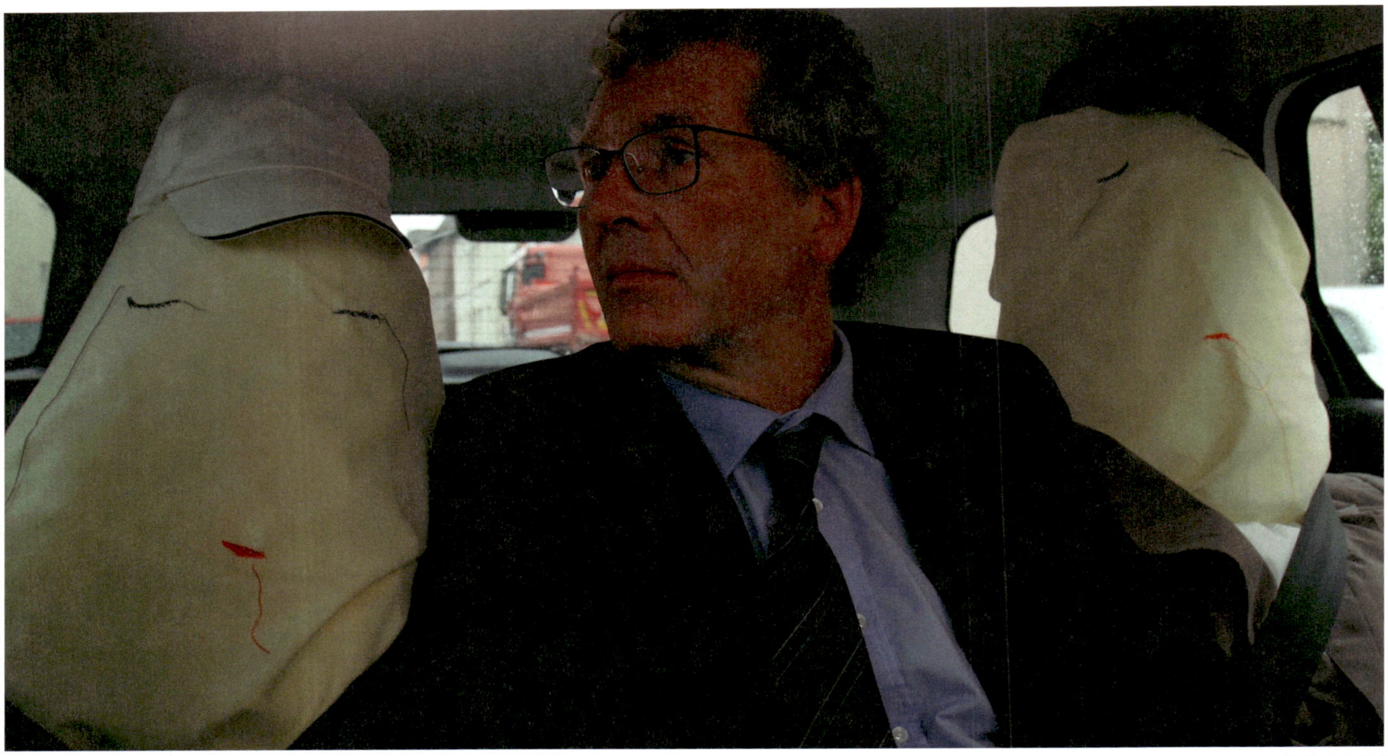

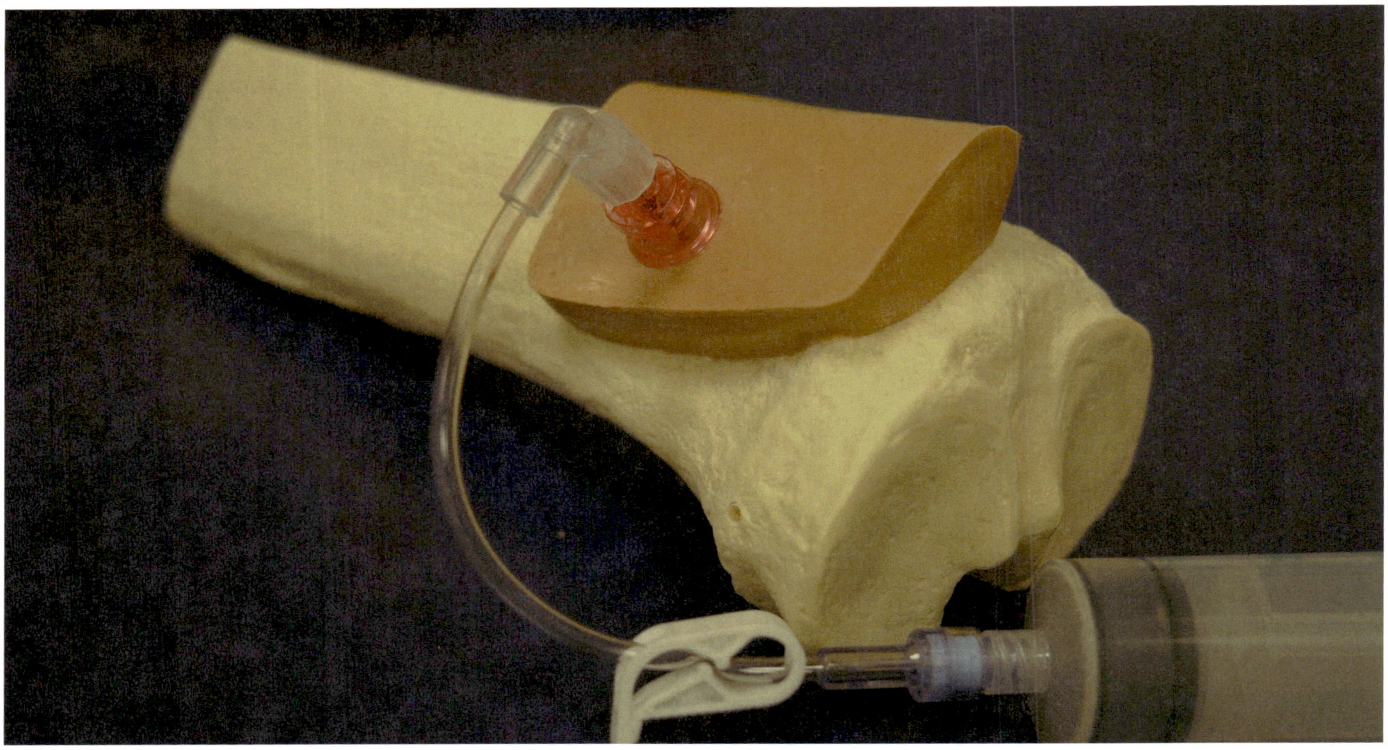

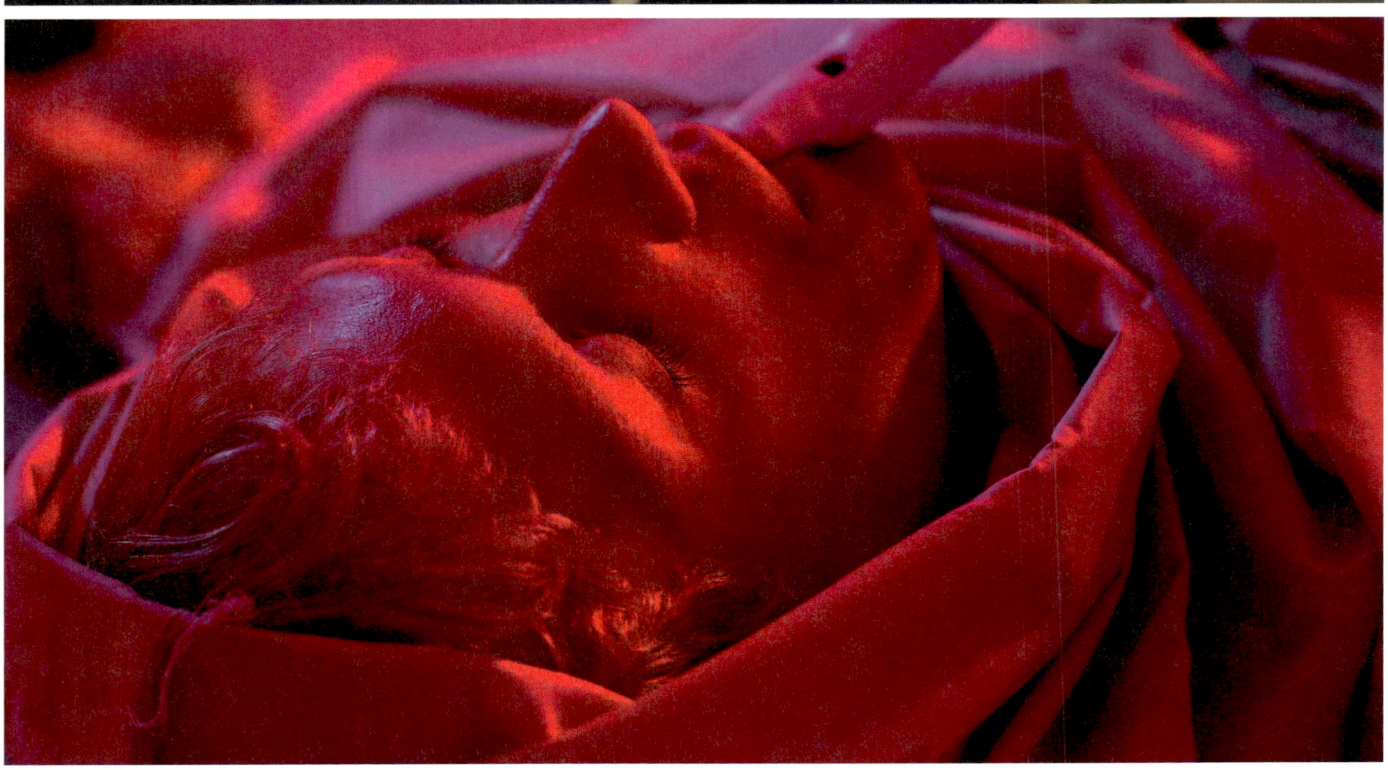

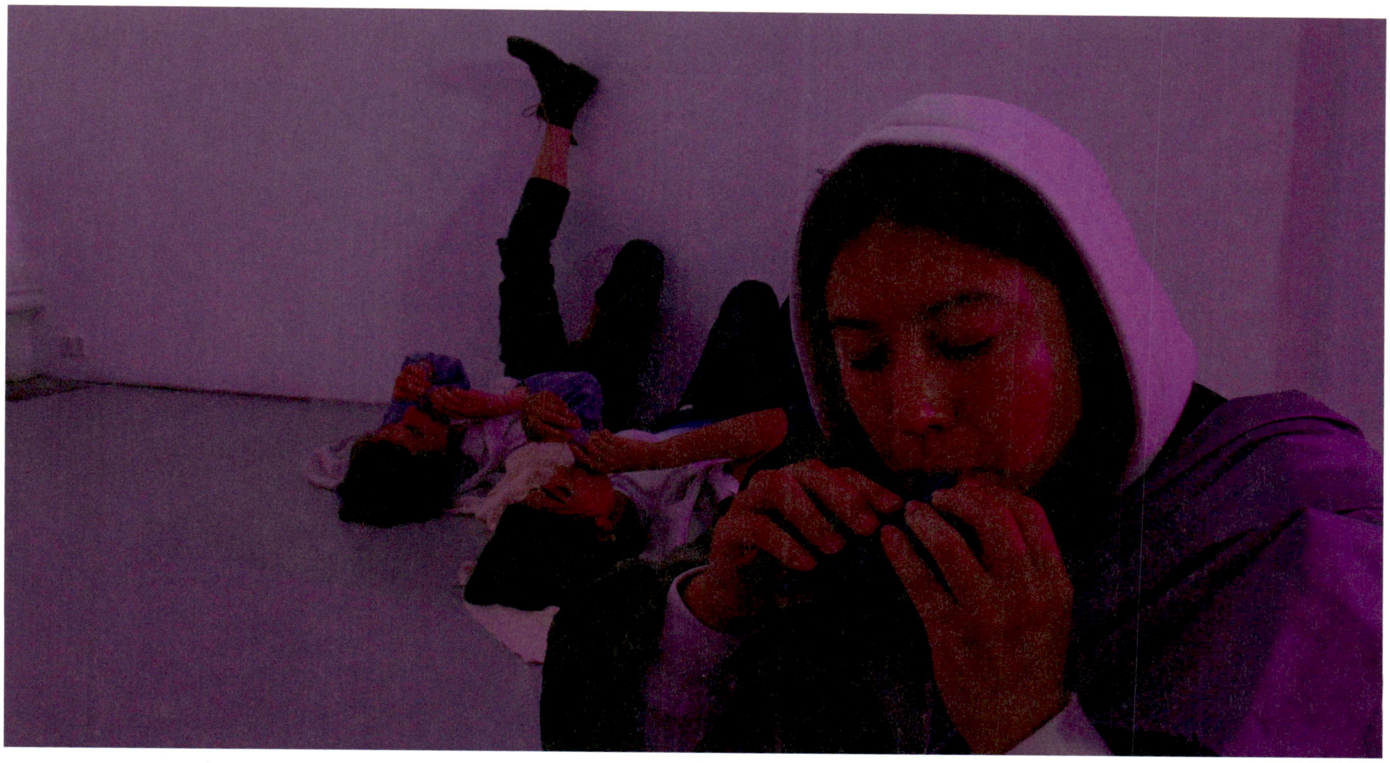
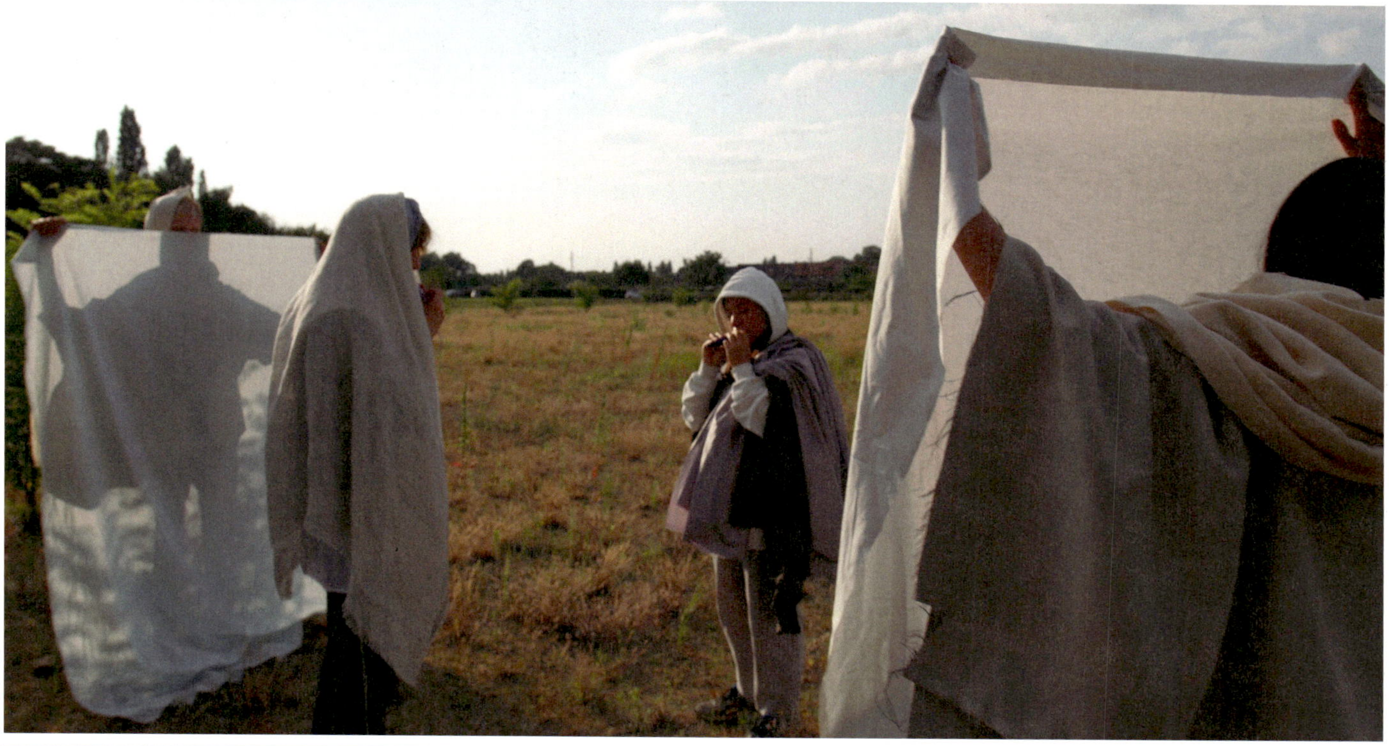
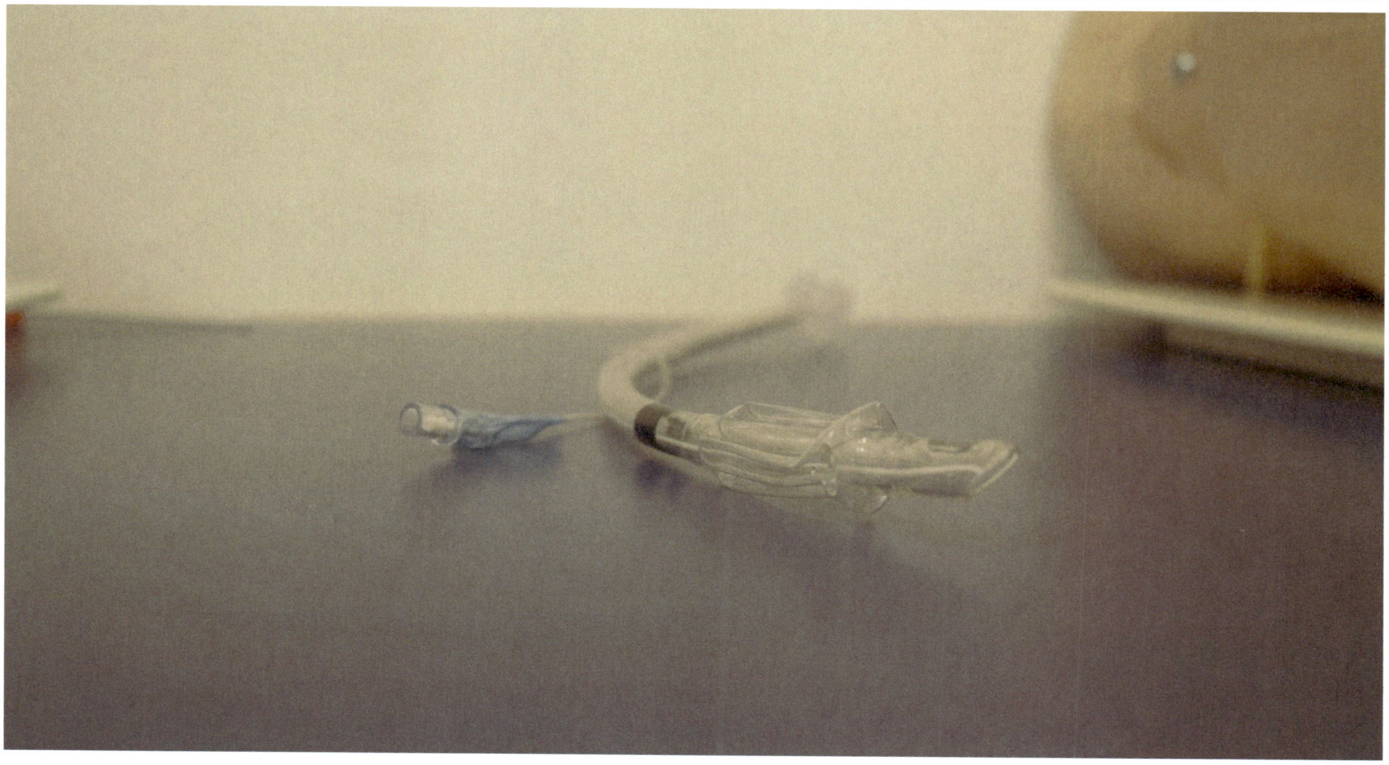

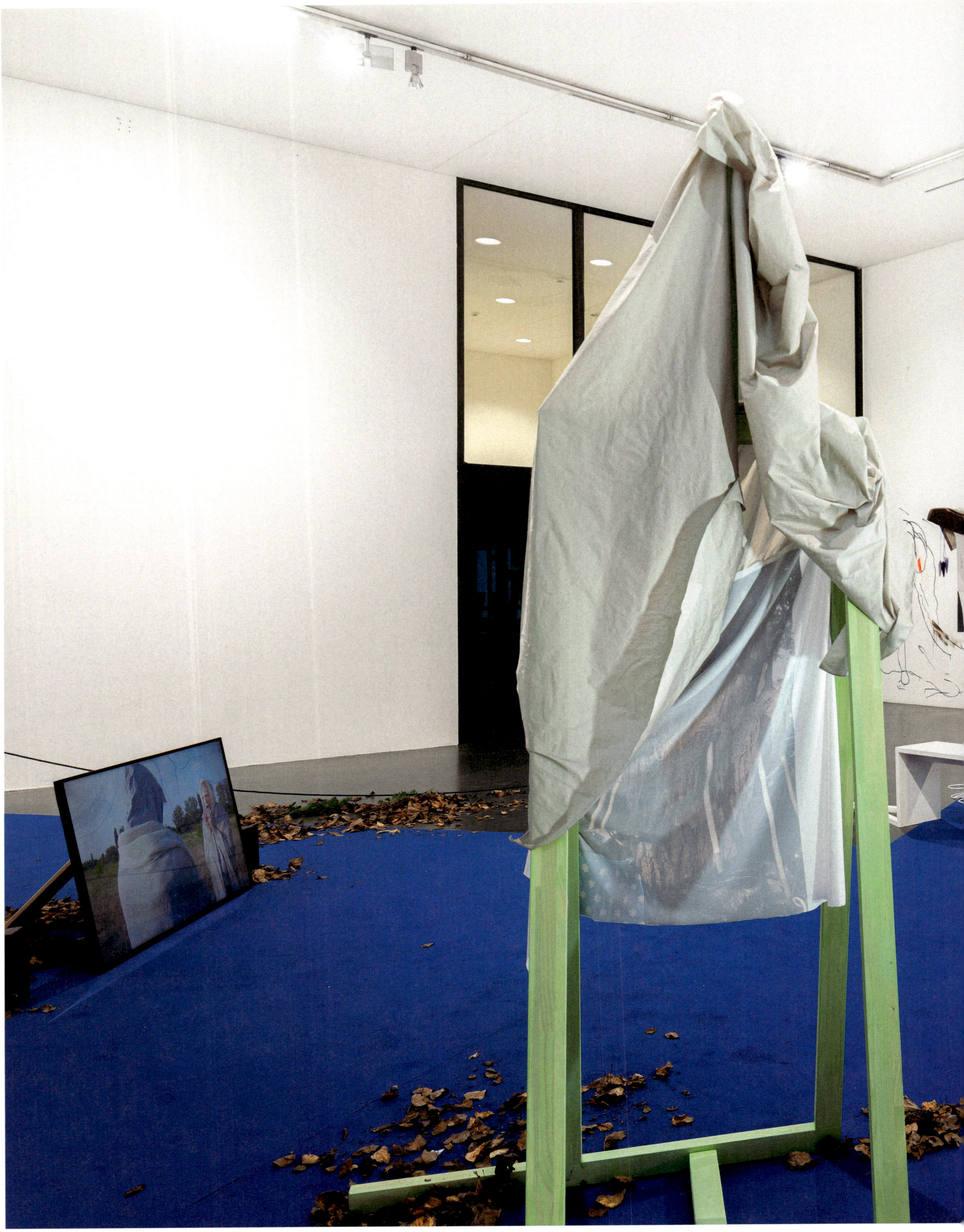

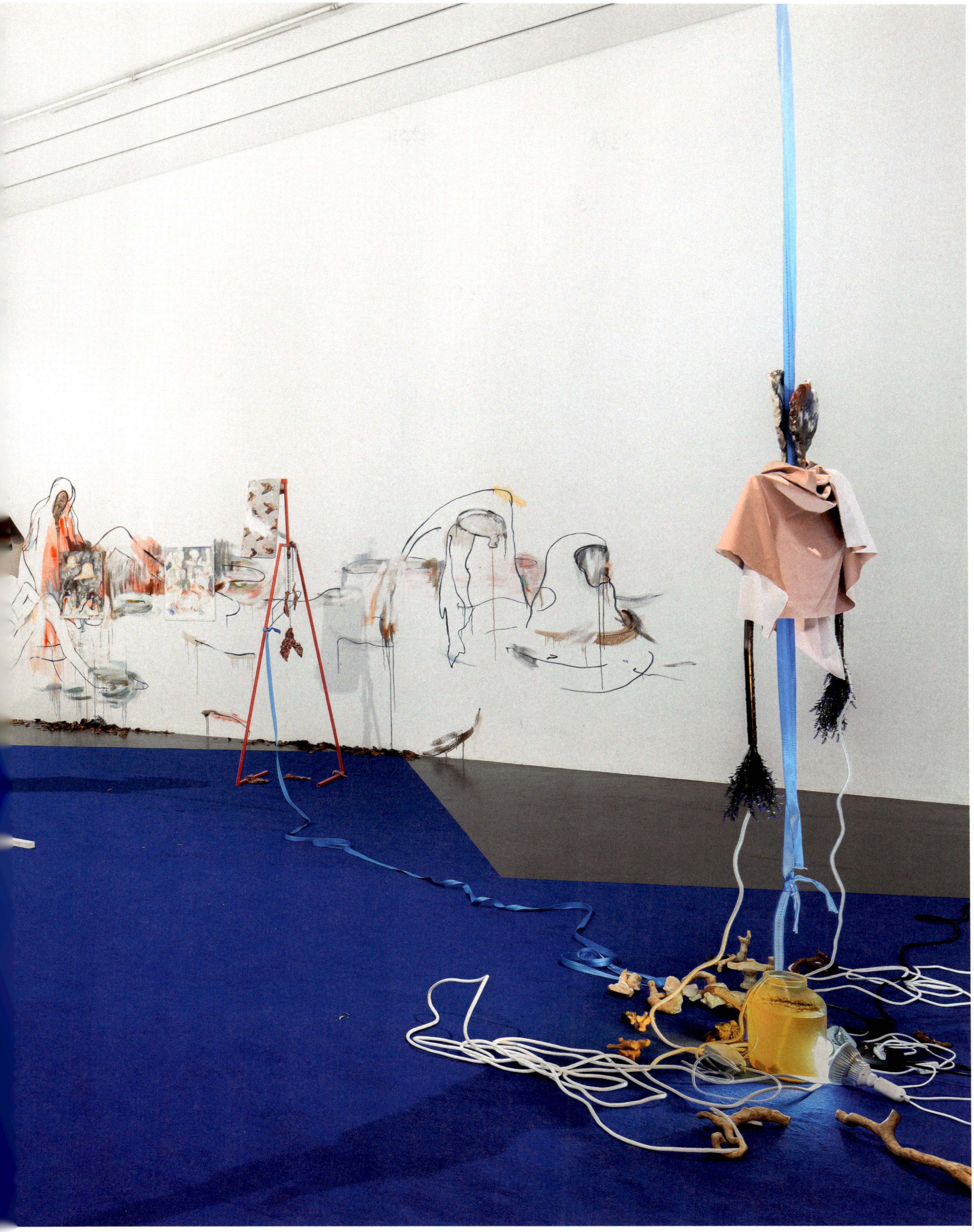

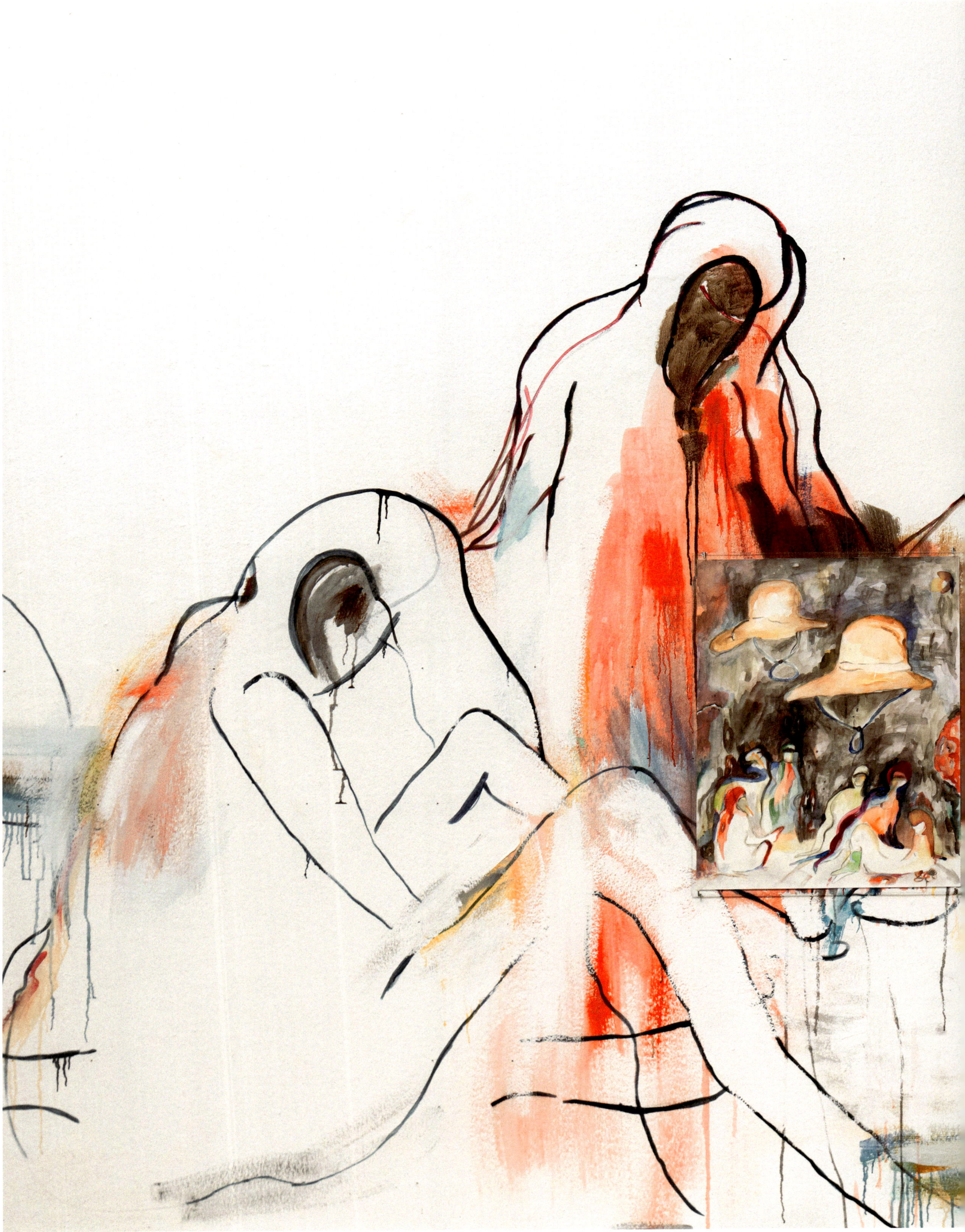

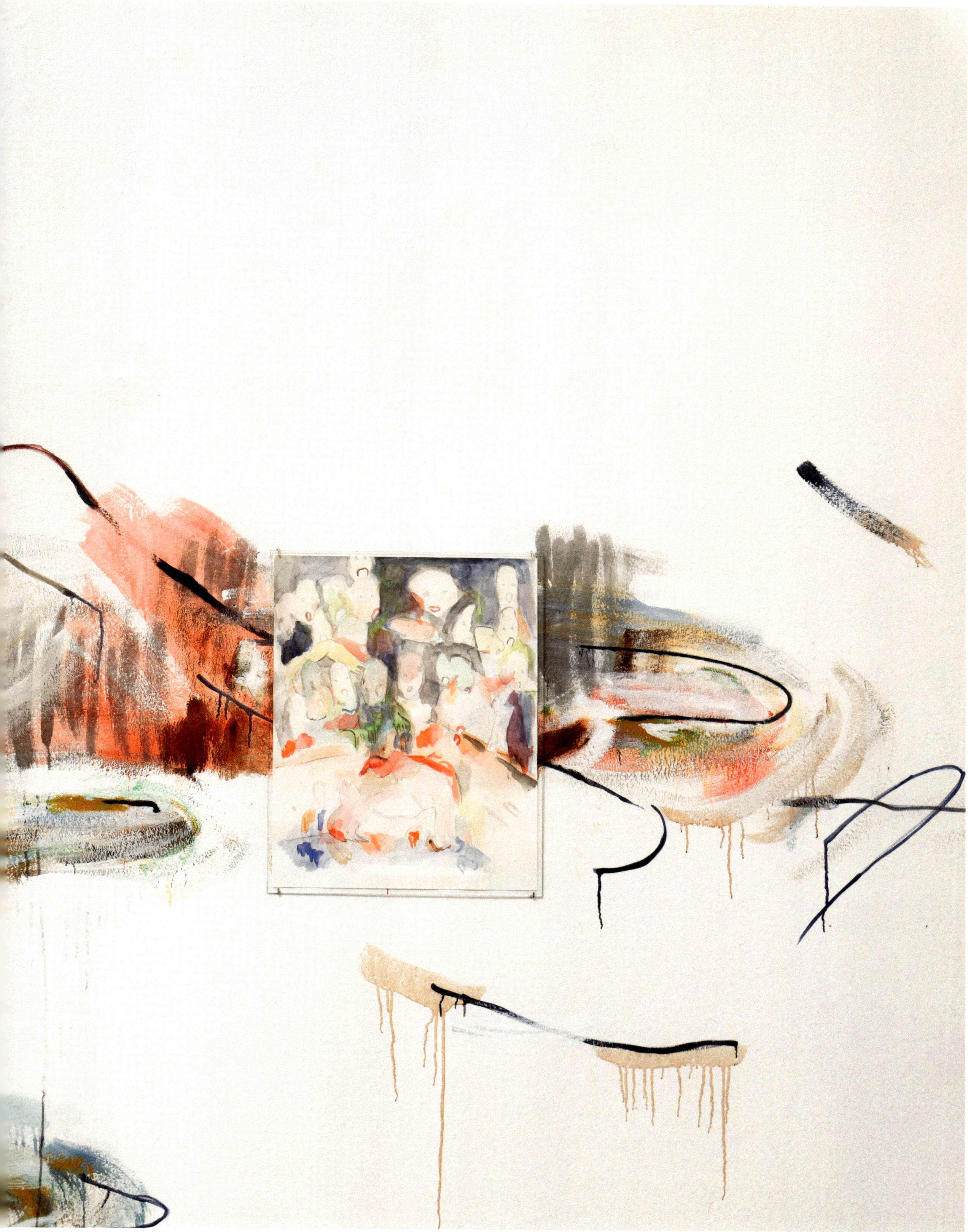

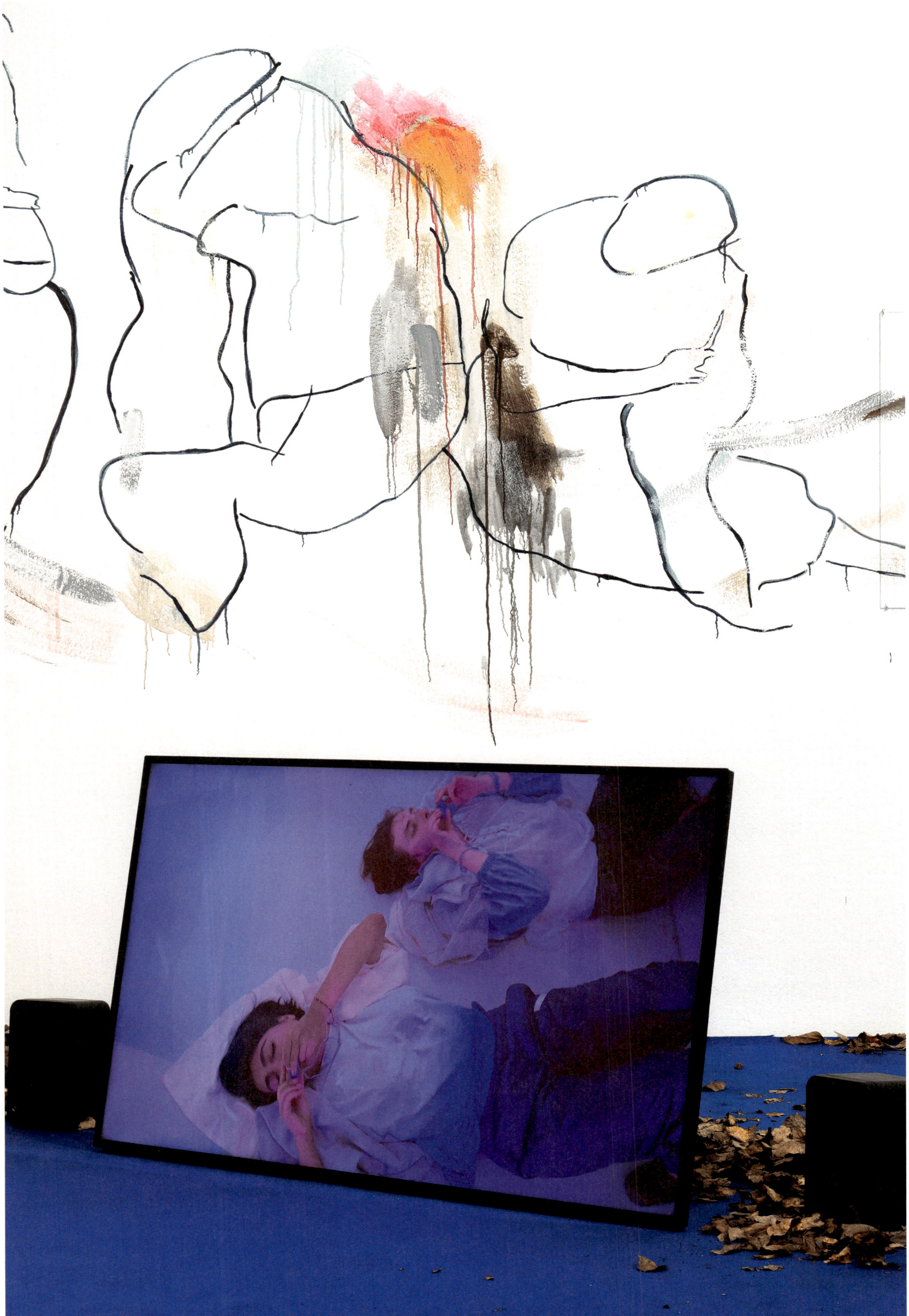

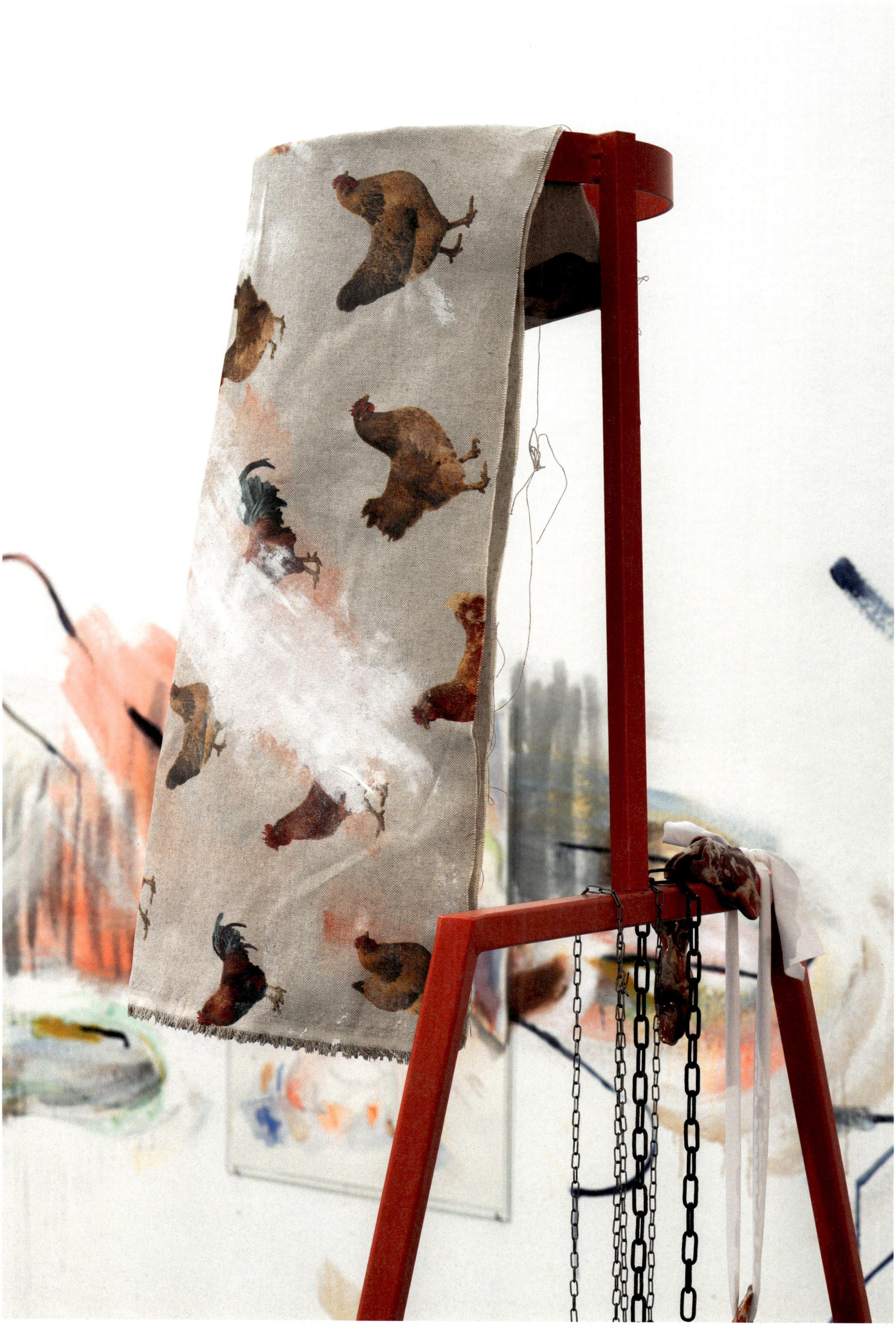

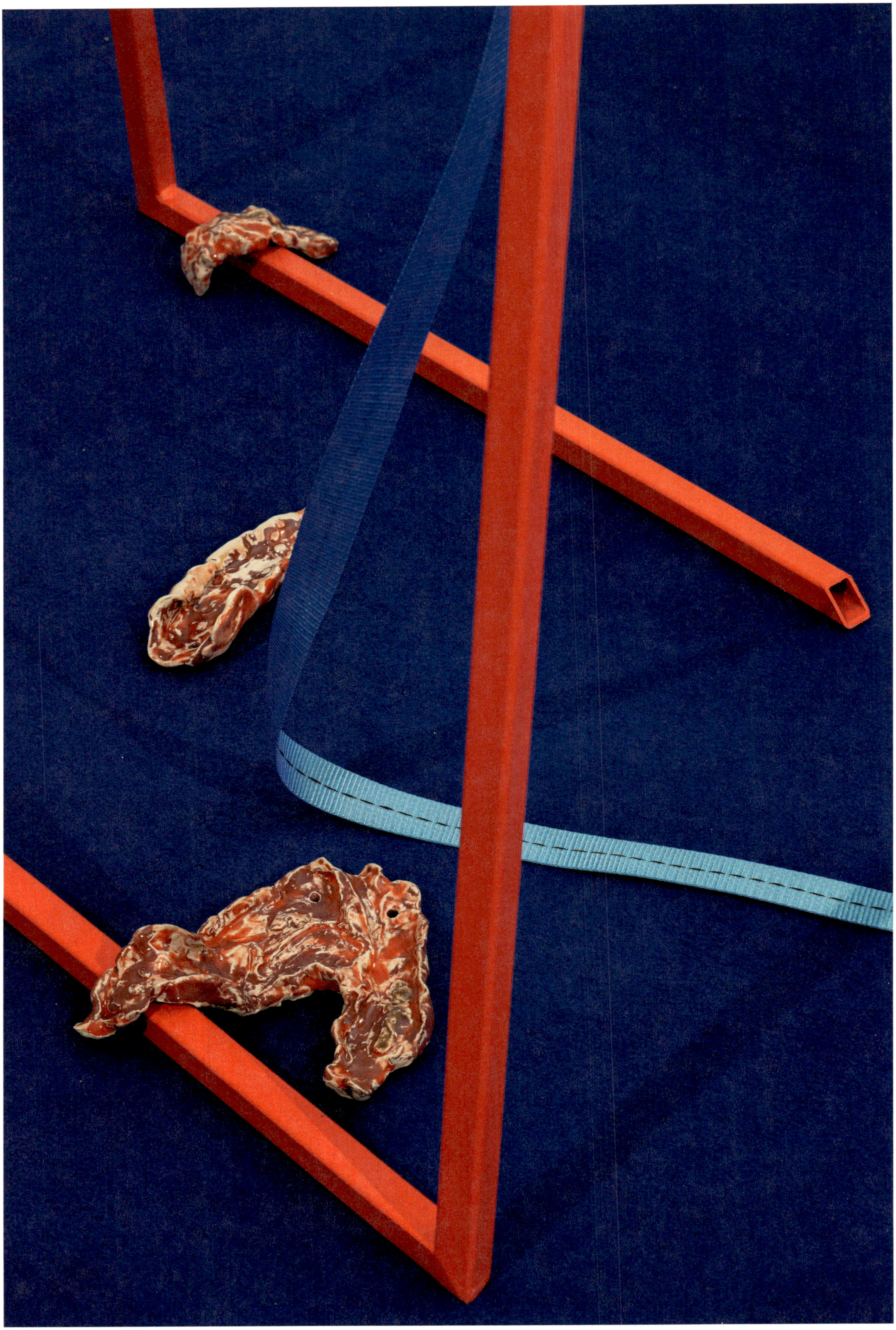